资治通鉴智慧故事 全三册

① 品德与修养

姜鹏 著

陕西新华出版 三秦出版社

果麦文化 出品

前言
《资治通鉴》应该怎么读

我们都知道《资治通鉴》是我国优秀的编年体历史经典，北宋史学家司马光花费近20年才编写成这部恢宏巨著。全书从周威烈王二十三年（前403）写至五代后周世宗显德六年（959）征淮南，涵盖16朝1362年的历史，共294卷，约300万字。要把这么一部巨著从头到尾读完，实在是太难了。我在复旦大学开设《资治通鉴》导读课约有15年了，在社会上讲授《资治通鉴》也有十余年。听过我现场授课的学员少说也有几万人了，但真的能把《资治通鉴》通读一遍的，少之又少。

为什么《资治通鉴》这样一部优秀的经典史书，却没有多少人能读完呢？我想：其一，在于古文晦涩难读，而多数现代读者习惯于白话文；其二，《资治通鉴》记载的历史跨越千年，从战国到五代，读者如果缺乏相应的历史背景、古代文化知识，对很多内容也无法很好地理解；其三，整部

《资治通鉴》内容较多,即便读者能在生活中挤出时间来阅读,也经常是读到后面忘了前面,效率很低。

我讲授《资治通鉴》至今,发现了这些阅读难点,因此发愿要编一部不仅适合现代读者,甚至是能让小朋友都读得懂的《资治通鉴》读本。《资治通鉴》虽为编年体史书,但历史的故事和经验才是我们学习的重点。经过思考,我打破了原著按照时代编年的框架,挑选出对现代人,尤其是对现在的小朋友成长有所帮助的主题,将相应的故事汇集在一起,进行解读与改编。故事内容也不局限于《资治通鉴》原文,同时补充了其他相关的历史内容,丰富了历史人物形象、故事情节等。

本书一共分为三卷:第一卷的主题是"品德与修养",第二卷的主题是"思维与格局",第三卷的主题则是"能力与践行",每册25个故事。在"品德与修养"这一卷中,我特别指出了"智慧"与"聪明"的区别。不投机取巧、用正确的价值观和真诚的品德去对待人和事,是真正的"智慧"。真正的"智慧",有时候看上去甚至有点儿"笨",但也许这才是真的"大智若愚"。《资治通鉴》中有足够的案例告诉我们,不要要眼前的小聪明,放眼长远,"智慧"即正道。掌握这一点,对孩子的成长尤其重要。

在"思维与格局""能力与践行"这两卷里,我挑选了

50个古人谋划、做事的经典案例。把每个案例都剖析透，让读者们看到，故事里的这些人如何思考问题？哪些品质促成了他们的成功或失败？哪些心理素质和性格品质，是在做成一件事的过程中必备的？在不同的环境、条件下，应该如何切换思维？"思维与格局"这一卷侧重对思考能力的开拓，"能力与践行"这一卷侧重对行动能力的总结。

为了便于小读者领会故事的精髓，在每个故事后面，我提炼了"以史为鉴"环节，点明核心内容，也设计了"思考与辨析"环节，引导小朋友进一步探索和自主思考。最后，我将《资治通鉴》的部分原文放在"通鉴小文言"环节中，可以逐步训练小朋友的古文阅读能力。对于小朋友来说，阅读本书应该是一个相对轻松又能有所收获的过程。

我希望通过这样的编排，能让《资治通鉴》这部经典著作，对今天的读者真正有所帮助。能在价值观塑造、思维开拓、能力提升等方面，对小朋友的成长起到辅助作用。

姜 鹏

2023年4月

目录

第一讲 **三家灭智伯** 001

第二讲 **礼贤下士的魏文侯** 007

第三讲 **立木取信** 012

第四讲 **孟尝君的处世之道** 018

第五讲 **蔺相如与廉颇** 024

第六讲 **西入关中** 030

第七讲 **投机取巧的丁公** 038

第八讲 **拯救名将季布** 045

第九讲 **汉文帝珍惜"露台之金"** 051

第十讲 **丙吉与汉宣帝** 057

第十一讲 **"模范丈夫"汉宣帝与宋弘** 063

第十二讲 **以权谋私的田延年** 070

第十三讲 **杨震拒金** 076

第十四讲 **"跋扈将军"梁冀** 082

第十五讲 **慕容熙亡国** 087

第十六讲 **何氏家族的灭亡** 093

第十七讲 **谢弘微治家** 098

第十八讲 **大文学家谢灵运** 104

第十九讲 高允勇担"国史案" 111

第二十讲 翟黑子的故事 118

第二十一讲 得意忘形的颜竣 124

第二十二讲 侯景之乱 130

第二十三讲 颜之推与《颜氏家训》 137

第二十四讲 颜真卿的格局与担当 144

第二十五讲 反面教材贺兰进明 151

第一讲

三家灭智伯

·品德比才能更重要·

"三家灭智伯"的故事发生在春秋末年的晋国。当时诸侯争霸，晋国是最强大的诸侯国之一，但这个国家的政治、经济、军事命脉又掌握在四大家族手中。其中实力最强大的是智氏家族，其次是赵氏、魏氏、韩氏三个家族。智伯，就是智氏家族的宗主，也是这个故事的主角。

智伯是一个非常有才能的人，不仅是一个作战技巧娴熟的武士，还是一个多才多艺、口才极好的人，做起事情来也非常有决断力和行动力。若能具备这些才能中的一两项，就很了不起了，智伯居然同时具备这么多项！但别忘了，这个故事叫"三家灭智伯"，也就是这么能干的智伯，最后居然被灭了，灭他的正是赵氏、魏氏、韩氏三个家族。怎么会这样呢？原来智伯这个人虽然有那么多才能，却有一个致命的缺点，《资治通鉴》在介绍他的时候，说他"甚不仁"，也就是非常不厚道,没有仁爱之心。同样是有才能的人,有些人谦虚低调,不因为自己有才就轻易地看不起别人,更不会动不动就欺负别人,这就是德才兼备的一类人。还有些人呢,仗着自己的才能,待人傲慢,处处自以为是,甚至仗着实力欺凌别人,这种人就是有才无德的一类。智伯就属于后一类人。

有一次,傲慢的智伯和两个家族的宗主魏桓子、韩康子一起喝酒。喝着喝着,智伯就开始羞辱韩康子和他的家臣。韩康子及其家臣很没面子,但又不敢公开发作,他们担心闹起事来打不过智伯,只能灰溜溜地走了。智伯欺负别人几次

以后，看别人不敢反抗，就更加自尊自大了。后来甚至发展到向其他家族勒索土地。无论是在古代还是在今天，土地都是非常宝贵的资源。智伯先是向魏、韩两家索地。魏桓子和韩康子都是城府比较深的人，乖乖地把地给了智伯。这是因为，一来他们不愿意和智伯发生正面冲突；二来也想留一个坐山观虎斗的机会，希望别的家族不满智伯的贪婪，跟智伯打起来，那么自己就可以渔翁得利了；再者，他们也打算联合被欺负的家族共同对付智伯。果然，当智伯勒索到赵氏家族的时候，出事了。赵氏家族的宗主赵襄子，是一个初出茅庐、血气方刚的年轻人。他觉得智伯太蛮横无礼了，哪有这样肆意勒索别人的？盛怒之下断然拒绝了智伯的要求。

对于赵襄子的这个行为，智伯很生气，心想："别人都不敢拒绝我，你居然敢拒绝我！"不讲理的人都是这样的，从来不反省自己的行为对不对，只要别人一不顺他的意，他就认为是别人的错。智伯不开心了怎么办呢？他就率领军队去攻打赵襄子，而且他还联合了魏桓子、韩康子的家族。赵襄子一开始遭到智、魏、韩三大家族的合攻，节节败退。后来赵襄子派人去找魏桓子和韩康子，对他们说："你们难道不懂唇亡齿寒的道理吗？人的嘴唇和牙齿是紧连着的，因为有了嘴唇的遮挡，牙齿才能免于遭受风寒以及其他外来事物的侵害。如果嘴唇不存在了，风一吹，牙齿就感到寒冷了。"赵襄子的意思就是：韩、赵、魏三家就像是嘴唇和牙齿的关系，相互依存，同命相连。智伯今天能消灭赵氏，明天也能消灭韩氏和魏氏。如果赵氏不存在了，到时候谁来帮助韩氏和魏氏抵抗智伯呢？其实魏桓子和韩康子何尝不明白。听赵襄子的使者这么一说，魏桓子和韩康子当即表示："我们三家应该联合起来，共同反对蛮横的智伯。"于是三家约定了时间，打算共同起事，一起推翻智伯。

到了约定的那天，赵襄子决堤用水淹了智伯的军队，并率领军队从城里冲杀出来，正面对智伯的军队发动进攻。而魏桓子、韩康子则从两翼发动进攻，协助赵襄子打败了智伯。最终，不仅智伯在混战中被杀，智氏家族也遭受了灭顶之灾，从此退出了权力舞台。

以史为鉴

司马光评论这个故事说："智伯之亡也，才胜德也。"智伯的灭亡，就是因为他太有才能，却忽略了品德。因为有才能，所以他可以去做想做的事，而且能比其他人做得更好。但他没有品德，没有做人的基本原则、基本底线，因此他做的是那些不该做的事情。

司马光又说:"才者,德之资也;德者,才之帅也。"什么意思呢?如果一个有品德的人,再加之有才能,那么才能就是一种资本,能帮助这个人把事做得更好,这叫"才者,德之资也"。人的才能,必须由品德来驾驭,才可以确保这些才能是被用在正确的用途上。因为,只有当一个人拥有了品德,才知道什么是可以做的,什么是不可以做的。一个有才能无品德的人,靠着才能去干坏事,也能比一般人干坏事更具有破坏力!就像智伯这样。所以,离开了品德的才能,未必是好的。

思考与辨析

我们常说:"金无足赤,人无完人。"对人不能求全责备。"人无完人"应该从才能的角度去理解。当然不能要求一个人具备所有才能,比如不能要求一位历史老师必须是长跑健将。但"人无完人"不能扩展到品德领域,人缺什么都不能缺德。品德有缺失,就很难成为合格的社会人。我们与人相处,必须遵守一些共同准则。品德不仅是一种自我修养,也是在社会上与他人相处的基本准则。拥有品德,不仅仅是为了体现涵养,也是为了能让其他人更好地接受我们。像智伯这样,只注重才能,不注重品德,无论实力多强,最终都难免失败,因为大家都不能接受他的无德。

赵襄子使张孟谈潜出见二子,曰:"臣闻唇亡则齿寒。今智伯帅韩、魏而攻赵,赵亡则韩、魏为之次矣。"二子曰:"我心知其然也;恐事未遂而谋泄,则祸立至矣。"张孟谈曰:"谋出二主之口,入臣之耳,何伤也!"二子乃阴与张孟谈约,为之期日而遣之。襄子夜使人杀守堤之吏,而决水灌智伯军。智伯军救水而乱,韩、魏翼而击之,襄子将卒犯其前,大败智伯之众。——《资治通鉴·卷一·周纪一》

第二讲

礼贤下士的魏文侯

·待人以诚的处世智慧·

战国初年,魏国住着一位名叫段干木的贤人,魏国国君魏文侯久仰他的大名,很想拜见他。但段干木不想当官,不想结交权贵,因此躲着不见魏文侯。后来魏文侯不请自来,不派人事先通知,直接登门拜访。魏文侯身为国君,出行的时候仪仗盛大,远远就能听见车马喧嚣。他们一行快到段干木家的时候,段干木在家里已经听到了外面越来越近的车马声。段干木很聪明,他猜测应是魏文侯又来找他了,赶紧从后门逃走了,让魏文侯扑了个空。一般而言,国君碰到这种事肯定很生气,认为:"我重视你、想见你,那是看得起你、给你面子啊!你倒好,三番五次推阻,现在我都到你家门口了,你又逃走了,像话吗?怎么这么不识抬举!"日常生活中一不顺意就生气的人很多,尤其当他有些地位、权势的时候。但魏文侯不太一样,他是一位有大格局的政治家。

面对白跑一趟的状况，魏文侯不仅没有生气，反而更加敬重段干木，明白了段干木的确是一位高洁之士，是真不愿意结交权贵。为了成全段干木的志向，魏文侯之后再也不去打扰他了。但魏文侯对段干木的景仰之情丝毫不减，每次乘车路过段干木居住的地方，都会站在车上远远地向他致意。

这个故事传开了之后，打动了很多有能力、有才学的人。他们认为，魏文侯贵为国君，却能如此礼贤下士，即便看不到段干木本人，只要看到他的房子，就要致意，这种重视人才、尊重人才的品质真是太难能可贵了。于是很多人才甚至是他国人才纷纷加入魏国，帮助魏文侯治理国家、图强争霸。这相当于

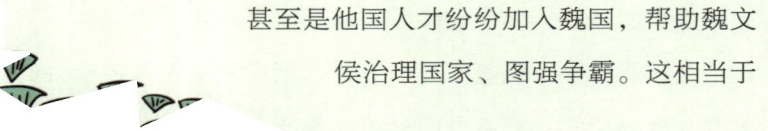

魏文侯通过礼敬段干木,为魏国打造了一张国家名片,当时的各类人才一想到魏国,就把它和尊重人才联系起来;一谈到哪里最尊重人才,马上就想到魏国。这么多人才的到来,充分说明魏文侯礼贤下士的效果非常好。很多战国名人,都曾在魏文侯手下效力。比如战国早期法家代表人物李悝,他写过一部《法经》,主张治理国家要同时重视农业和法治。魏文侯在李悝的帮助下实施的变法,是整个战国时代变法风云的先声。再比如名将吴起,也曾在魏国一显身手。中国古代将"孙吴"并称,孙就是《孙子兵法》的作者孙武,吴就是吴起。另外还有一位小学语文课本里就有的人物——西门豹,他是《西门豹治邺》这篇课文里的主角,也是魏文侯手下的大臣。史书上称赞魏文侯"首霸中原",魏国能成为战国七雄中第一个脱颖而出的国家,靠的就是这些人才。

有一次魏文侯和大臣们一起饮酒,非常尽兴,但天却下起了雨。魏文侯命人准备车驾,打算去郊外。这时候就有人来劝阻魏文侯说:"刚才喝酒已经很尽兴了,天又在下雨,还要去郊外干什么呢?难道是嫌今天不够快乐吗？"魏文侯回答道："我和掌管山林的官员约定了今天要去打猎，得跟他见一面，不能失约。"于是魏文侯冒着雨，乘着车来到郊外。他是去干什么？是想继续冒雨打猎吗？不是。魏文侯找到管理山林的官员，亲口告诉他："下雨了，之前和你约定打猎的事，取消吧。"

以史为鉴

魏文侯作为战国时期魏国的开国君主，励精图治。不仅注重人才的挖掘和任用，也信守对他人的承诺。对于魏文侯来说，天下雨，不去打猎的理由很充足，他贵为国君，即便爽约，山林管理员也不敢埋怨他。但站在山林管理员的立场来看，这事不一样。魏文侯交代过的事他必然不敢懈怠，即便下雨，他也会把该准备的准备好，在岗位上等待着。万一魏文侯去了而他没准备好，那可吃罪不起。为了跟山林管理员确认活动取消，魏文侯不辞辛劳，冒着雨亲自走了一趟，体现出一位优秀国君对小人物、小事件的诚信与责任心。

思考与辨析

我们日常生活中的一些人,如果和重要人物有约,比如职位高,辈分长,或者能给予自己发展机会的,都会认真对待,甚至于战战兢兢,想尽一切办法让对方满意,更不敢失信;但对于那些职位低,年资浅,或者对自己没什么帮助的人,往往就不会用同样认真的态度去对待。这种差别对待的行为和心态,我们要拒绝,要平等待人,言而有信。

通鉴小文言

魏文侯以卜子夏、田子方为师。每过段干木之庐必式。四方贤士多归之。

文侯与群臣饮酒,乐,而天雨,命驾将适野。左右曰:"今日饮酒乐,天又雨,君将安之?"文侯曰:"吾与虞人期猎,虽乐,岂可无一会期哉?"乃往,身自罢之。——《资治通鉴·卷一·周纪一》

第三讲

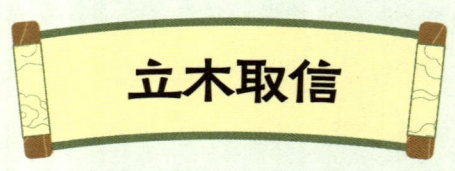
立木取信

·诚信是立国之基，为人之本·

战国时代，是《资治通鉴》向读者讲述的第一个重要历史时期。在这个时期，有很多诸侯国争霸称强，试图提升国力，拓展统治。其中影响最大的诸侯国有七个，后人称之为"战国七雄"，它们分别是：魏国、赵国、韩国、齐国、秦国、楚国、燕国。这几个国家之所以能从众多诸侯国中脱颖而出，是因为它们都采取了一些改革和变法措施来适应时代的变化，增强自身的竞争力。而其中变法最彻底、最成功的是秦国，所以最终完成统一大业的也是秦国。

秦国实施变法最重要的历史事件，是商鞅变法。商鞅帮助秦国进行全方位的社会改革，成效显著，使秦国从一个边远贫弱的诸侯国，一跃成为可以逐鹿中原的强国。《资治通鉴》在第二卷中，详细向我们介绍了商鞅变法的具体内容和实施经过。商鞅变法是国家层面的历史事件，那么它对于我们每个人的成长而言，有什么借鉴意义呢？司马光写了一段很长的评论告诉我们，商鞅变法最值得重视的经验就是两个字——诚信。诚信是立国之基，同样也是为人之本。

商鞅在改革变法过程中的诚信态度，主要是通过"立木取信"这个故事体现出来的。当时秦国的国君是秦孝公，商鞅在帮助秦孝公改革图强的过程中，制定了一系列新的法令，但很担心老百姓不相信朝廷真的会这样大刀阔斧地进行改革，从而导致老百姓普遍怠慢新法。所以他们不敢贸然颁布这些法令。商鞅就在想，怎样才能让老百姓相信朝廷是言出必行、说到做到的呢？

终于，商鞅想到一个办法。他让人在秦国国都的南门立了一根长达三丈的木头，发布公告说，谁能把这根大木头搬到北门，就给予他十金的赏钱。当时的城池并不像现在的城市规模那么大，从南门到北门一般也就是几里地，这样的距离并不算太远。而十金赏金却是非常可观的一笔数字，一金大约可以换一万钱。对于老百姓来说，这简直就是天文数字啊！所以，很多百姓看了告示之后感到莫名其妙，不明白这究竟是什么意思。他们想，朝廷为什么下令让老百姓搬木头？把一块木头从南门搬到北门，路途不算远，凭什么就能得到这么大一笔钱呢？天底下哪有这种好事？而且，把这根木头搬过去又有什么用处呢？百姓们议论纷纷，猜不透这葫芦里卖的什么药。百姓本来就是见官怕三分，再加上这么无厘头的状况，自然没人敢冒冒失失地去搬这块木头了，生怕其中有陷阱。

商鞅看没人敢上前，于是决定提高赏金，而且一翻就是五倍，宣布谁能把这根木头搬到北门，就给五十金赏钱。五十金啊，谁要能得到五十金，就好比今天买彩票中了大奖！对那时候普普通通的老百姓来说，种几辈子田也攒不了这么多钱。俗话说："重赏之下必有勇夫。"看在钱的份上，有人决定豁出去了，不管朝廷葫芦里卖的什么药，冲着五十金，都值得去尝试一下。于是就有一个人站出来，按照公告的要求，把木头从南门扛到了北门。

商鞅的目的在于通过这件事显示朝廷法令的公信力，让老百姓都知道，朝廷是言出必行的。所以围观的人都没想到，等这位勇士完成搬木头这项指令后，真的得到了五十金赏钱。搬木头得赏金这件事传开后，成为当时秦国街头巷尾热议的"头条新闻"。本来看上去是一桩非常莫名其妙的事，没想到朝廷竟能言出必行，说给五十金就给五十金，分文不差。那么民众就会明白，朝廷正式发布的各项条令必然会严格执行，毫无懈怠。商鞅通过这件事达到了取信于民的目的。有了在民众中的公信力和号召力，商鞅的新法令才有得以推行的基础。

讲完这个故事之后，司马光发表了一篇非常长的评论，可谓字字珠玑，值得生活在今天的我们认真学习。司马光首先说："夫信者，人君之大宝也。"信誉、信义、信用，这都是为政者最重要的法宝。国家靠谁来保全？人民。人民靠什么来凝聚？信誉。没有信誉，怎么能领导民众？没有民众，谁来守卫国家？所以古时候优秀的领导者，都非常注重信誉。善于治国者，不欺骗自己的百姓；善于齐家者，不欺骗自己的亲人。不善于治国、齐家者恰恰相反，在外交上欺骗邻国，在国内欺骗百姓，在家里欺骗亲人。在上者没有信誉，在下者凭什么相信在上者呢？这样的恶性循环，必然导致上下离心，国破家亡。

以史为鉴

《资治通鉴》讨论的治国，离我们太遥远。但道理总是相通的，即便作为一个普通人，无论是在社会上立足，还是和朋友、亲人相处，诚信也是一项基本原则。一个人如果不讲信义，甚至利用他人的善良、朋友的信任、家人的亲情，背信弃义、欺骗他人、出卖亲友，有时候虽然可能会获得眼前的一点儿小利益，但最终一定会受到非常严厉的惩罚。为什么呢？他的无信无义，别人都会看在眼里，所以谁还会跟这样的人讲信义呢？如果他在这个社会上不能获得最基本的信任，那么他还有自立于这个社会的根基吗？所以，对于一个不讲信义的人来说，他的所得一定不足以弥补他的损失。这个道理非常浅显易懂，上到国，下到家，具体到人，信义原则是普遍适用的，而不讲信义的反面效果也是一样的。

思考与辨析

我们总结一下：商鞅"立木取信"的核心在于言出必行，哪怕自己的承诺是荒唐的、好笑的，只要对别人作出了承诺，就应该履行。这个故事对我们普通人的生活也有所启发，我们每一个人都应该重视自己的信义，把信守承诺落实在日常行为当中。做不到的事情，不要轻易答应别人；已经答应别人的事，要努力去做到。

通鉴小文言

令既具未布，恐民之不信，乃立三丈之木于国都市南门，募民有能徙置北门者予十金。民怪之，莫敢徙。复曰："能徙者予五十金！"有一人徙之，辄予五十金。乃下令。令行期年，秦民之国都言新令之不便者以千数。——《资治通鉴·卷二·周纪二》

第四讲

孟尝君的处世之道

· 严于律己，宽以待人 ·

孟尝君是战国时代的一位大名人，他是"战国四公子"之一。"战国四公子"分别是齐国的孟尝君、赵国的平原君、魏国的信陵君、楚国的春申君，他们都是那个时代的大贵族，和本国国君之间有着直接或间接的血缘关系。四位公子还有一些

共同特点，他们都喜欢招揽各式各样的人才，只要有一技之长，就有可能获得他们的赏识。四位公子把这些人才养在自己门下，称为"门客"。四位公子都喜欢行侠仗义，帮助别人解决困难，所以他们在战国时代的威望很高。

孟尝君原名叫田文，"田"是战国时代齐国的国姓。孟尝君的父亲田婴，被封为靖郭君，长期执掌着齐国国政。孟尝君继承他父亲的产业和地位，成了一个非常有影响力的人。

有一次，孟尝君奉命出使楚国。楚国国君送了一具象牙床给孟尝君，这是非常贵重的一份礼物。楚王派一个名叫登徒直的人，帮孟尝君把象牙床运送回齐国。登徒直不愿意去送，因为象牙床价值千金，路上稍有损伤，他倾家荡产也赔偿不起。但楚王的命令又不能公然违抗，怎么办呢？登徒直打听到孟尝君手下有位门客，名叫公孙戌，是一个能言善辩、很有口才的人。于是登徒直找到公孙戌，对他说："你要是能说服孟尝君拒绝接收这具象牙床，免了我这趟差事，我就把家里那把祖传的宝剑送给你。"登徒直那把祖传的宝剑，价值也很高昂，公孙戌非常心动，就满口答应了登徒直的请求。

公孙戌找了个时间去拜见孟尝君，对孟尝君说："您名满天下，人们都仰慕您，是因为大家都知道您是个能够为人排忧解难，却不贪慕钱财的人。很多小国家甚至把宰相印信呈送给您，就是希望您能帮助他们这些弱小的国家解决困难。现在您一到楚国，就接受这么贵重的礼物。楚国是大国，物产丰富，送具象牙床给您不算什么。但这件事一旦传出去，那些等着您去排忧解难，却拿不出珍贵礼物献给您的弱小国家怎么办？他们拿不出像样的礼物，还好意思让您帮忙解决困难吗？这样一来，您还当得起解人危难、不贪钱财的声誉吗？"

我们经常说，要像鸟儿爱惜羽毛一样爱惜自己的名誉，古代的名人更是如此，都非常珍惜名誉，尤其像孟尝君这样的大人物，名誉简直就是他们的生命。孟尝君听完公孙戍的建议，觉得他讲得很在理，就决定拒绝楚王的礼物。公孙戍一看游说成功，就神情洋溢地走了。他心里惦记着登徒直答应送他的那把祖传宝剑，走路时的神态难免有些得意忘形。结果还没走出门就被孟尝君叫回来了。孟尝君问他："子何足之高，志之扬也？"意思是说，你走就走呗，这么趾高气扬干什么？

公孙戍也很诚实，把登徒直对他说的话一五一十地告诉了孟尝君。换成一般人，听到公孙戍这个解释会怎么想？也许会勃然大怒，会对公孙戍说："你居然敢坑骗我，让我拒绝楚王送的象牙床，而你自己却从别人那里得到一把宝剑，坏我的好事成全你自己！"但孟尝君并不这么想，他的气量非常大，他不仅没有生气，还告诉公孙戍说："你可以放心地收下这把宝剑，我并没有觉得你的行为有什么不妥。"

孟尝君为什么会这么想、这么做呢？我们先来看后面发生的故事。接下来，孟尝君在自己的房门口写下这么一句话："有能扬文之名，止文之过，私得宝于外者，疾入谏！"什么意思呢？这里的"文"，是孟尝君称自己的名字，他原名叫田文。孟尝君从这件事上受到启发，告诉手下的门客："只要你们能传播我的好名声，阻止我犯错误，你们有任何意见，都可以直接向我提出来，哪怕是你私下收了别人的好处，变着法帮别人说话，我也不介意，只要你说得在理，有助于树立我的好名声，我一概接受。"

孟尝君这么做，其实是一下子抓住了问题的本质。人在犯错误的时候，自己不一定知道，需要别人的提醒和规劝。如何避免犯错，使自己成长为更好的人，才是本质问题。如果我们仅仅因为别人提意见的态度有问题，或者提意见的时候另有目的，就无视他所提的意见，无视自己身上的缺点，无视自己所犯的错误，那我们很容易就找到拒绝改正、拒绝进步的理由，也就永远不可能成长为更好的人。所以，关键在于他提的意见是否正确，我们是否需要改进，而不是他提意见时的态度和目的。公孙戍虽然有私心，但他指出来的问题和所提的建议是正确的，是有利于孟尝君改进自身形象的，所以孟尝君马上接受了。孟尝君能一下子抓住问题的本质，不愧是盛名满天下的大人物。

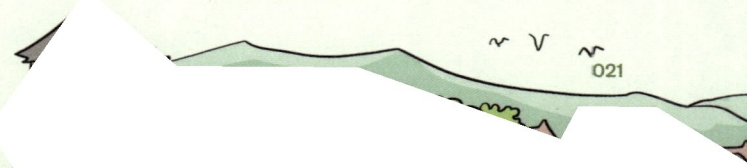

以史为鉴

中国古代典籍《诗经》里有这么一句话:"采葑采菲,无以下体。"什么意思呢?葑和菲是两种草本植物,古人采摘以作食物。这两种菜的叶子和根茎都可以食用,叶子通常是甘美的,但根茎有时甘美可食,有时苦恶不可食,要看具体情况。人们在采摘的时候,不能因为它的根是苦的,就连叶子也扔了。诗句中的"下体"指的就是根茎。公孙戌给孟尝君提意见的动机很糟糕,贪图得到别人的宝剑,但他说的道理本身是对的,这就好比是根茎苦涩、叶子甘美的葑和菲。孟尝君是善于采摘的人,没有因为公孙戌不纯的动机而连带否定他所陈述的道理本身。听得进这样的意见,这既是孟尝君的气度与能力,也是他成功的秘诀。

思考与辨析

世界上有一种人,表面上和蔼谦逊,对别人提的意见恭恭敬敬,背地里却不以为然,永远觉得自己才是正确的,对不同意见完全不屑一顾,更别提按别人的意见来改正了。孟尝君不是这种人,更难能可贵的是,只要道理对,哪怕对方提建议时怀有别的心思,他也能就事论事,汲取对方正确的部分。有了这样的态度,那些本来就怀着诚意、毫无私心地帮助我们的人,岂不是能更积极地给我们提供更多的宝贵意见,帮助我们取得进步?这不就形成了人与人之间的良性互动吗?

通鉴小文言

　　孟尝君聘于楚,楚王遗之象床。登徒直送之,不欲行,谓孟尝君门人公孙戌曰:"象床之直千金,苟伤之毫发,则卖妻子不足偿也。足下能使仆无行者,有先人之宝剑,愿献之。"公孙戌许诺,入见孟尝君曰:"小国所以皆致相印于君者,以君能振达贫穷,存亡继绝,故莫不悦君之义,慕君之廉也。今始至楚而受象床,则未至之国何以待君哉!"孟尝君曰:"善。"遂不受。公孙戌趋去,未至中闺,孟尝君召而反之,曰:"子何足之高,志之扬也?"公孙戌以实对。孟尝君乃书门版曰:"有能扬文之名,止文之过,私得宝于外者,疾入谏!"——《资治通鉴·卷二·周纪二》

第五讲

蔺相如与廉颇

· 与人相处应胸怀宽广 ·

廉颇是战国时代赵国的名将，曾为赵国立下赫赫战功，在赵国地位很高。而蔺相如出身微贱，经人推荐来到赵王身边工作。后来赵王得到了当时最名贵的一块宝玉"和氏

璧"，秦国国君听说后派人来对赵王说："秦国愿意拿十五座城池换这块和氏璧。"赵王听了之后很为难，因为当时的秦国很强大，但不讲信誉。要是不答应这桩交易，秦国很有可能以此为借口来攻打赵国；如果答应秦王，把和氏璧给他送去，秦国又有可能失信，拿了宝玉之后不给赵国城池。赵王就找蔺相如商量该怎么办。蔺相如说："如果不把和氏璧给秦王送去的话，他更有理由欺负咱们，不如先把东西给他送去，如果秦国耍赖，不兑现承诺，那把和氏璧再拿回来也不迟。"赵王说："和氏璧都送到秦国了，还想拿回来？这个任务不容易完成啊！"蔺相如自告奋勇地说："我可以去试一下。"蔺相如到了秦国之后，发现秦国果然没有拿城池换和氏璧的诚意，就勇敢地和秦国君臣展开了斗争，最终成功护送和氏璧回到了赵国，这就是"完璧归赵"的故事。蔺相如完成这次任务后，赵王很高兴，封他为上大夫。

后来秦王又邀请赵王在渑池（在今河南省三门峡市）相会。宴会的时候，秦王请赵王弹奏一种名叫"瑟"的乐器，赵王弹奏了。秦王就命秦国的史官记载下来：在渑池之会上，赵王为秦王弹奏了乐器。这样记载就像是赵王在为秦王服务，让人感觉秦王地位比赵王高。事实上，秦王也的确是仗着秦国势力更强大而刁难赵王。蔺相如看不下去，马上拿起一种名叫"缶"的打击乐器，请秦王击打。秦王拒绝了蔺相如的要求。蔺相如拿着缶走到秦王面前说:"现在我离您这么近,想跟您拼命的话,您的千军万马可来不及救您!"秦王惊呆了,没想到蔺相如会用性命要挟,因此,秦王勉强地拿起缶击打了一下。蔺相如回头对赵国史官说:"你也记下在渑池之会上,秦王为赵王击缶。"这样一来双方就扯平了,蔺相如凭借着勇敢和智慧为赵王争回了面子。赵王非常高兴,回国以后就封蔺相如为上卿,这个官位比名将廉颇还要高。

廉颇听到这个消息后很不高兴。他说:"我出生入死为赵国立下汗马功劳,蔺相如这家伙只不过凭借三寸不烂之舌,现在居然官位比我还高,这不是让我丢人吗!"廉颇四处宣扬说:"要是碰到蔺相如,我一定当面狠狠羞辱他一顿!"蔺相如听说以后,就尽量避免和廉颇见面,每当碰到大臣们一起朝见赵王的时候,蔺相如就称病不去上朝,就是为了避免和廉颇争位置。乘车出门,只要一碰到廉颇的车队,蔺相如必定绕道躲着走。几次下来以后,蔺相如的手下都受不了了,觉得这样太憋屈了,就跑去问蔺相如:"大人,您是惧怕廉颇吗?为什么老是这样躲着他呢?"蔺相如反问道:"你们觉得是廉颇厉害,还是秦王厉害?"手下都说:"那当然是秦王更厉害。"蔺相如说:"我连秦王都不怕,三番两次当面让他下不来台,我还会惧怕廉颇吗?"手下们一想也有道理,继续问道:"那您为什么老躲着廉颇将军呢？"蔺相如答道："现在秦国对我们虎视眈眈，但不敢轻易来攻打我们，主要就是忌惮我和廉颇将军，他们忌惮我的智谋和廉颇将军的韬略。只要我和廉颇将军同心协力，赵国就有希望。我要是和廉颇将军闹矛盾，最开心的就是秦国呀，他们会趁着我们不团结来进攻我们，那样的话赵国就危险了。所以我情愿让着廉颇将军，也不愿给赵国带来危机啊！"听蔺相如这么一说，手下们才恍然大悟，并对蔺相如的格局和胸怀敬佩不已。

这些话最终传到了廉颇耳朵里。廉颇之前一时气盛，嫉妒蔺相如，但他毕竟是一个贤能之人，听完这些话之后，深刻地反省了自己，觉得蔺相如这话讲得非常在理，自己的格局太小了。于是廉颇负荆登门向蔺相如请罪，两人把手言欢，结为好友，赵国也在这两个人的共同辅佐下变得稳定繁荣。

以史为鉴

蔺相如的智慧和勇敢，帮助赵国解决了很多难题，让这个国家得以持续繁荣安定。同时，这个过程也成就了蔺相如，使得他能够名垂青史。如果蔺相如格局狭小，斤斤计较，面对廉颇的挑衅按捺

不住,继而跟廉颇发生冲突,那么秦国就会趁机攻打赵国,使得赵国衰弱。这样的情况一旦发生,不仅赵国会面临危机,蔺相如和廉颇也会在历史上留下骂名,被指责为只顾个人颜面而不顾国家安危的人。蔺相如正是看到了这一点,所以采取了避让廉颇的策略。蔺相如的故事告诉我们,成大事者必须先有大局观,而大局观恰恰是一种大智慧。为了顾全大局,有时候还得学会忍耐,即便自己在理,也要学会容忍、礼让,甚至主动承担一些后果。

思考与辨析

人是有感情的动物,会因为感情而产生立场,所以始终保持理性、不偏不倚地看待和处理问题是一件很难的事。当别人对你有误会,甚至发起挑衅时,还能继续不偏不倚,那就更难了。一般人的气量和格局有限,装不下那么多的委屈,装不下那么深的误会;肩膀也不够宽厚,挑不起那么沉重的担子。蔺相如也是普通人,但他始终没有忘记自己的责任是维护赵国利益,所以他不会因为别人的误解和挑衅改变初衷。从这里我们可以看到,气度、格局、担当,是成就大事必备的素质。即便不谈成就大事,一个有气度、有格局的人,也更会获得别人的尊重和认可。

通鉴小文言

赵王归国,以蔺相如为上卿,位在廉颇之右。廉颇曰:"我为赵将,有攻城野战之功。蔺相如素贱人,徒以口舌而位居我上,吾羞,不忍为之下!"宣言曰:"我见相如,必辱之!"相如闻之,不肯与会;每朝,常称病,不欲争列。出而望见,辄引车避匿。其舍人皆以为耻。相如曰:"子视廉将军孰与秦王?"曰:"不若。"相如曰:"夫以秦王之威而相如廷叱之,辱其群臣;相如虽驽,独畏廉将军哉!顾吾念之,强秦之所以不敢加兵于赵者,徒以吾两人在也。今两虎共斗,其势不俱生。吾所以为此者,先国家之急而后私仇也!"廉颇闻之,肉袒负荆至门谢罪,遂为刎颈之交。——《资治通鉴·卷四·周纪四》

第六讲

西入关中

· 认清勇敢和残暴的区别 ·

秦朝末年，民不聊生，被逼到绝路的百姓们为了寻找一线生机，纷纷举起义旗，对抗暴秦。在众多反抗势力当中，"楚"算是最重要的一支，它力量强大，深得人心。这个新生力量的顶梁柱就是大英雄项羽和他叔叔项梁。

就在楚军抗秦事业欣欣向荣的时候，意外突生。公元前208年，项梁在一次战役中被秦将章邯诛杀，楚军因此士气大跌，众多将士惨死于乱战之中。面对楚军在前线节节败退的困境，楚怀王决定重整旗鼓，吹起反击的号角。

身为楚军的领袖，楚怀王对各将领说："谁最先攻入秦国的统治核心，最先拿下关中，我就封他为王！"对于诸将来说，楚怀王的允诺就像美味的鱼饵，一方面，它极其诱人，毕竟一旦做了王，就拥有了权力与地位；但另一方面，它又十分危险，如今秦军高歌猛进，经常追杀、屠戮义军。关中是秦国的心脏，攻打那里，就意味着要挑战秦军的精锐部队，这岂不是找死？到最后，别说成王，甚至连身家性命都有可能被这颗"鱼饵"钓走。

所以，众多将军都心怀恐惧，甚至很多人认为攻入关中不能让自己得到什么利益，也就没有人响应楚怀王的号召。一片沉寂之中，项羽声若惊雷，说道："我去！"

项梁死后，项羽无一日不对叔父万分思念，更无一日不对秦军恨之入骨。所以当他得知，有机会攻打秦朝的都城咸阳，有机会推翻秦朝统治，为叔父报仇时，愤怒和兴奋的情绪同时涌向他的大脑。当时，另一位大英雄刘邦已经投奔楚怀王多时，项羽、刘邦二人也曾有过愉快的联手作战经历。因此，项羽便自告奋勇地向楚怀王申请，和刘邦一起西入关中。

然而，楚怀王身边的老将们却不看好这个勇敢的青年，他们苦口婆心地劝说楚怀王："项羽勇敢是勇敢，但这个人太过剽悍凶残。当初他攻克襄城，居然坑杀了全城百姓，一个活口也不留。这不是个案，只要项羽经过的地方，就必定会有毁城、屠戮的事件发生。"

"向西攻入关中的势力还少吗？陈胜、项梁实力如何？不都失败了吗？所以，硬碰硬地去攻打关中，未必是一个好的选择。不如我们换一种思路，找一位敦厚的长者，高举仁义大旗，感化关中百姓。那里的人痛恨秦二世不是一天两天了，也许我们的仁义之师一到，不必武力夺取，百姓自己便会归附。"

这些老将接着说："所以，我们绝对不能派项羽去攻打关中，因为他实在是太凶狠残暴了。在楚国，宽宏大量的将军还真有一位，他就是刘邦。不如，派他前去吧。"

楚怀王接受了老将们的提议，也正是从此刻开始，刘邦和项羽走上了不同的道路。刘邦率领着自己的核心团队，西入关中；项羽则跟随宋义，北上援赵，而后发动了巨鹿之战。

刘邦向西进发时，途经高阳。高阳有一位老先生，名为郦食其，又被人称为郦生，他家境贫寒，生活落魄，在乱世之中做一个看门的小吏。刘邦麾下有一个骑兵，恰好是郦生的老乡。两人在高阳偶遇后，郦生就对他说："途经高阳

的诸侯有数十位，可他们全都心胸狭隘、刚愎自用，唯独刘邦，虽然性格傲慢，却有雄才大略，我愿追随他。请你帮我引荐一下，就说有位老儒生求见。"

骑兵说："没问题。但是，沛公向来不喜欢读书人。宾客之中，只要有戴儒生帽子的，沛公就会把他的帽子摘下来，朝里面撒尿，说话时也会破口大骂，所以你最好不要以儒生的身份去拜见他。"

可郦生却说："没关系，你只要转述我的原话就可以了。"

几日后，郦生拜见刘邦。两人见面时，刘邦正叉开腿坐在床上，让婢女给他洗脚，郦生稍稍作揖，直接问道："您是想帮助秦军攻打各路诸侯，还是想帮助各路诸侯攻打秦军？"

刘邦破口大骂："你个没有见识的腐儒，天下百姓对秦朝愤恨已久，各路诸侯纷纷率军反秦，你从哪里看出来我要帮助秦军？"

郦生怒斥道："既然想要聚集众人，联合义军讨伐暴秦，就不应该用这样不讲礼貌的态度对待我这个长者！"

楚怀王和各位老将没有看走眼，刘邦的确是有仁义之心。他听了郦生的训斥非但没有生气，反而心生愧疚，急忙停止洗脚，起身整理衣服，安排郦生上座，并非常诚恳地向他道歉。郦生也平缓心情，建议刘邦说："您现在的确聚集了一些人马，但也不过几万人，用这几万人去和强大的秦军抗衡，无异于羊入虎口，以卵击石。要想战胜秦军，一定要智取。您可听说过陈留这个地方？这是天下交通要道，城中有大量粮草，历来是兵家必争之地。我和陈留县令是旧相识，我愿意去劝他归降。如果他不肯听，您直接率军前来攻打，我作内应。"刘邦听后大喜，连忙委派郦生出使陈留。很快，在刘邦和郦生的共同努力下，陈留被攻克。郦生也从此投入刘邦的麾下，成了一位重要的说客，替刘邦出使各国。

数月后，刘邦在南阳郡再次大败秦军，南阳郡守吕齮一路溃逃到宛城。刘邦意欲越过宛城，直接向西进军，可他最重要的谋士张良却劝说道："我知道您想要抓紧时间入关，可是，宛城是一个要地，如果不将其攻克，等我们一路向前，驻守在宛城的秦军从后面杀出，关中的秦军从前面阻挡，这是非常危险的。"

于是，刘邦率军包围宛城，准备先解决潜在的威胁。逃到宛城的吕齮心生绝望，拔出刀剑，想要一死了之，可他的舍人陈恢把他拦了下来，笑道："您先别急着寻死。"还没等吕齮反应过来这话是什么意思，陈恢转身而出，越过城墙，来到了刘邦的营帐之中。

陈恢对刘邦说："我听说，您和楚怀王有先入关中者为王的约定。如今，您围攻宛城，您可知道，宛城有数十个大大小小的军事防御工程，官吏和百姓们都认为，即便投降于您,也会被杀,所以他们现在都走上城墙,拼死反抗。可见您的处境很尴尬呀,如果您继续攻城,必定损失惨重。如果越过宛城,宛城军民必定在您离开之后,从后面追杀您。不管怎样,都会耽误您攻入关中的时间。

"我倒是有个计划,您不如招降吕齮,对他封官加爵,让他在宛城镇守。如此一来,不仅宛城军民不会反抗您,其余的郡守看见您如此优待降将,爱护百姓,必定争先恐后地打开城门,投入您的麾下。"

刘邦听后喜笑颜开,听从了陈恢的建议,在吕齮投降后,对他大加封赏。事后,果如陈恢所言,刘邦率军西进,各大城池的守将纷纷投降,关中百姓夹道相迎,刘邦的队伍也得以顺利进入关中。

就这样,在郦生、陈恢等人的帮助下,刘邦的前进道路越来越顺畅。随着战事的深入,刘邦心中也愈发明确,自己攻入关中,跃升为王的愿望终于要实现了。

以史为鉴

勇敢和残暴是一回事吗?答案是否定的。项羽的性格中有勇敢的一面,每次作战他都不惧死亡,身先士卒,成为将士们追随的楷模,但是,当战争结束后，他却把屠刀挥向了手无寸铁的百姓，这就使他从一个勇敢的战神，化身为残暴的魔鬼。

楚怀王身边老臣们的建议是正确的，项羽就像是一阵凄冷的狂风，只会让人感到恐惧，而不会让人感到温暖，这样的人无法得到百姓的认可，更没有办法顺利攻下关中。而刘邦之所以能成功，有一个重要的原因，恰恰就是能更仁厚地对待他人、对待百姓。

可见，无论是历史还是现在，只有那些既勇敢又仁义的领袖，才配得上百姓的爱戴和尊重。

思考与辨析

在日常生活中，常常有人鼓励我们做一个勇敢的人。那"勇敢"的定义是什么呢？在面对挫折、困难、不公等种种挑战时，有胆量，不退缩，这就是勇敢。勇敢当然是一种强大的力量，但你知道吗？有一种力量比勇敢更重要，它就是"爱"。不欺凌弱小，尊重与自己不一样的人，帮助处于困苦之中的人……这些都是"爱"的表现。

如果说勇敢是斩断荆棘的利剑,那爱就是遮风挡雨的披风。一个披上爱的披风、拿起勇敢之剑的人,一定会成为受人尊敬、有所作为的人。

通鉴小文言

初,楚怀王与诸将约:"先入定关中者王之。"当是时,秦兵强,常乘胜逐北,诸将莫利先入关;独项羽怨秦之杀项梁,奋愿与沛公西入关。怀王诸老将皆曰:"项羽为人,慓悍猾贼,尝攻襄城,襄城无遗类,皆坑之;诸所过无不残灭。且楚数进取,前陈王、项梁皆败,不如更遣长者,扶义而西,告谕秦父兄。秦父兄苦其主久矣,今诚得长者往,无侵暴,宜可下。项羽不可遣;独沛公素宽大长者,可遣。"怀王乃不许项羽,而遣沛公西略地,收陈王、项梁散卒以伐秦。——《资治通鉴·卷八·秦纪三》

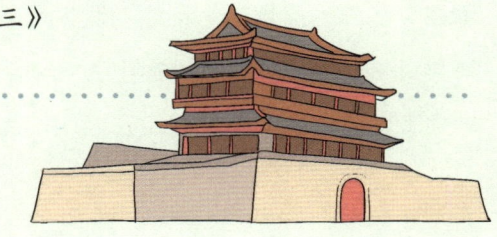

第七讲

投机取巧的丁公

· 忠于职守才是正道 ·

商鞅变法让秦国强大了起来，最终秦始皇统一全国，建立了秦朝。但秦朝的严苛统治，使老百姓的负担沉重，仅仅过了十五年，秦朝就被推翻了。推翻秦朝暴政的义军领袖，主要有两位：一位是楚国名将之后项羽，一位是出身布衣的刘邦。在推翻秦朝之后，项羽和刘邦之间展开了一轮新的争夺，最终刘邦打败了项羽，建立了汉朝。汉朝是一个非常成功，也非常重要的王朝，前后维持了四百多年。

刘邦和项羽争夺天下的时候，因为项羽的称号是"楚"，刘邦的称号是"汉"，所以历史上也把这个角逐称为"楚汉相争"。在战争的早期，刘邦曾率领军队在彭城（在今江苏省徐州市）和项羽发生大战，结果被项羽打败。刘邦只带了一小支人马逃窜出去。项羽派出一支军队追击。被项羽派去追击刘邦的将军，名叫丁固，《资治通鉴》里称他为"丁公"。

丁公率领的楚军，眼看着就要追上刘邦了。当时的刘邦可以用"落荒而逃"这个词来形容，非常窘迫。毫无战斗力的刘邦，看着追上来的丁公，急中生智，对丁公说："两贤岂相厄哉！"什么意思呢？"两贤"的意思就是"我们俩都是很优秀的人啊"。"厄"是一个比较古老的字，今天很少用了，我们可以理解为"为难""给对方制造麻烦"。"两贤岂相厄哉"，这句话用今天的白话翻译一下就是："我们两个优秀的人，为什么要相互为难、相互过不去呢？我们应该相互珍惜呀！"其实我们都知道，这是刘邦在求饶，希望丁公放他一条生路。

刘邦这招管不管用呢？还是挺管用的，丁公听到名重天下的汉王刘邦称赞自己是跟他同样优秀的人，心里得意起来。所以在眼看就能拿下刘邦的情况下，丁公心头一松，竟然收兵把刘邦给放跑了，刘邦顺利地逃过一劫。丁公回去后跟项羽说他没能追上刘邦，把这事敷衍过去了。

丁公真的这么简单，光是听了刘邦一句好话就把刘邦给放了吗？当然不会。那么丁公心里到底是怎么想的呢？我们来分析一下，他应该是这么考虑的："世界上的事变幻万千，前途莫测。现在刘邦和项羽争夺天下，还有很多有实力的人物正在冷眼旁观。谁能笑到最后，是很难预料的事。目前来看，项

羽的确比刘邦强大,但项羽一定能成为最终的赢家吗?即便现在就杀了刘邦,会不会有其他人物站出来挑战项羽呢?这一切,都不好说啊。既然如此,何不给自己多留条后路,让自己在将来多一个选择呢?如果现在放刘邦一马,以后万一形势有变,再去找他,他应该会感激我,给我机会的。"丁公心里打着这些小算盘,就把刘邦放走了。司马光在《资治通鉴》里用四个字评价了丁公的心态,叫"怀私结恩",意思是说丁公怀着私心,向刘邦示好,给自己留后路。

没想到,若干年后形势变化,刘邦真的打败了项羽。那些当年追随项羽对刘邦穷追猛打的将领们,为了躲避刘邦的报复,很多都隐姓埋名,甚至还有人卖身为奴以躲避祸灾。这时候,丁公心里就很开心,心想当年果然没看走眼,刘邦真的赢了。所以等到刘邦称帝以后,丁公不仅不东躲西藏,

　　反而大大方方地来找刘邦了,希望刘邦记得当年的恩情,给自己一个封赏。

　　没想到,刘邦做出了一个出乎所有人意料的决定,他不仅没有感谢、封赏丁公,反而把丁公绑了起来,最后把丁公给杀了。那刘邦的理由是什么呢?刘邦说:"丁公为项王臣不忠,使项王失天下者也。"意思就是说:丁公作为项羽的臣下,却对项羽不忠,放走了项羽最大的敌人,也就是刘邦,使得项羽失去天下的罪人正是丁公啊!这话当然很有道理,如果当年丁公不放走刘邦,历史可能就要改写:说不定刘邦就彻底完蛋了,而项羽未必就这样失败了。听到刘邦这话,我们可能就产生疑问了:丁公虽然对项羽不忠,但他毕竟帮助了刘邦啊!如果不是当年丁公网开一面的话,刘邦哪还有机会继续和项羽战斗,并最终夺得天下呢?刘邦这么做，也太不近人情了吧！

我们来听一听刘邦更进一步的解释吧。刘邦说，之所以杀丁公，是为了"使后为人臣无效丁公也"。原来刘邦是要拿丁公树一个反面典型，警告那些领着俸禄，却不忠于职守，甚至出卖君主的家伙。以前丁公作为项羽的部下，耍着小心眼，帮助刘邦，是为给自己留后路。这是典型的不忠于职守、投机取巧的行为啊！现在丁公来投奔刘邦了，他会不会跟以前一样，拿着刘邦的好处却不忠于刘邦呢？这样看来，奖励了丁公，就等于奖励了不忠于职守、投机取巧的行为。而且，刘邦还有那么多的手下，现在奖励了丁公，不就是等于告诉其他人，能不能忠于职守并不重要，只要投机投对了，同样可以得到回报吗？这种风气一旦散播开，那谁还愿意忠于职守呢？不都想着投机取巧去了！

以史为鉴

我们应该怎样理解刘邦的言行呢？作为个人来说，刘邦是受了丁公的恩惠。但站在是非观、价值观的立场上来说，丁公的行为不应该受到鼓励，甚至应该得到惩罚，以防后人效仿他。刘邦成为汉朝的皇帝之后，肩负着管理天下的重任，要树立良好的社会风气，就需要正确的是非观、价值观做引导。杀丁公、树反面典型，就是告诫所有人，一心想着投机取巧，却不忠于职守的行为是不可取的。丁公放走了刘邦，并成功欺骗了项羽，他一定觉得自己很聪明吧！但他万万没有想到，自己不忠于项羽交代的职守，没有在项羽那里得到惩罚，却在刘邦那里得到了严惩，甚至为之付出了生命的代价。

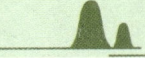

思考与辨析

　　无论多么聪明的人，算计得多么厉害，都无法永久地欺骗所有人。更何况，人们既然生活在同一个社会中，就会有一些需要共同遵守的基本规则和道理。这个故事里，我们需要知道的基本规则和道理就是：认真履行职责，不要投机取巧。有些人靠着投机取巧的小聪明，能获得些眼前的小利益，但不一定能获得长远的成功。人类历史上，没有哪一项伟大的事业，是通过投机取巧而获得成功的。

通鉴小文言

（季）布母弟丁公，亦为项羽将，逐窘帝彭城西。短兵接，帝急，顾谓丁公曰："两贤岂相厄哉！"丁公引兵而还。及项王灭，丁公谒见。帝以丁公徇军中，曰："丁公为项王臣不忠，使项王失天下者也。"遂斩之，曰："使后为人臣无效丁公也！"——《资治通鉴·卷十一·汉纪三》

第八讲

拯救名将季布

·做好事不图回报·

楚汉相争时期,项羽还有一位手下名叫季布,他曾经多次追随项羽围攻刘邦,把刘邦打得很狼狈。刘邦称帝之后,季布害怕遭受打击报复,就隐姓埋名,卖身为奴。后来刘邦知道了季布的下落,不仅赦免了他,还给他官职,重用他。一直到刘邦的儿子汉文帝在位的时候,季布还是一位朝廷重臣。

说起季布最终被刘邦重用,中间还有一段曲折的故事,而且从这段故事中,我们可以领悟到一些新的人生道理。当初和刘邦作战的时候,季布一直很积极,经常打得刘邦非常窘迫。《资治通鉴》的原文是说季布"数窘辱帝","数"就是多次的意思,这里的"帝"指的就是刘邦了。

刘邦后来虽然贵为皇帝,但在他崛起之前,也只是一个普通百姓,没有太多修养,也难免保留了一些狭隘的心理。所以在刚刚称帝的时候,刘邦想报复那些曾经困辱过他的人，季布就是其中之一。刘邦曾允诺谁要是能捉拿到季布，他愿意赏赐一千金。并且下令说："谁要是敢藏匿季布，全族都会受到严重的惩罚。"

但当时民间还是有一些侠义之士，愿意救人于危难之中，所以季布并没有因为刘邦严厉的通缉而无处藏身。一开始，季布躲在河南濮阳一位周姓大侠家里。刘邦派来的人搜查得非常严密、仔细，眼看着就要搜到周家了。这位周大侠就对季布说："我想了个主意帮你逃走，但需要你听从我的安排。"季布答应说："好的，就听你的安排。"于是周大侠找人把季布的头发剃了，并用铁箍束住季布的脖子。为什么这样做呢？这在古代叫"髡钳"，是一种刑罚，髡就是剃掉头发，钳就是用铁箍束住脖子。周大侠通过这种手法，把季布装扮成一个接受了刑罚的囚徒，并让季布穿上只有奴仆才穿的粗衣，和其他几十个奴仆一起护卫着运载棺木的丧车，成群结队往外走。周大侠带着这帮人到了山东，找到了当地一位民间侠士，侠士名叫朱家。周大侠对朱家说："我这些奴仆都是要卖的，干脆卖给你吧。"朱家是比周氏更有名望的民间大侠，他非常聪明，立刻猜到这笔买卖不同寻常，一定不是简单的奴仆交易。而且，朱家应该早就对季布藏身于周氏有所耳闻，所以断定季布就在这批奴仆当中。现在肯定是周家保不住季布了，所以才想出这一招，请他帮忙。洞察到其中原委的朱家非常爽快地答应了，把季布接收了下来。聪明的朱家装作不知道，没有点破季布的身份。

接下来，朱家安排季布在田间从事农活，并告诫自己的儿子说："田里的事你让这个新来的奴仆管理就可以了，记住，平时吃饭的时候要跟他一起。"为什么这么交代呢？因为以前奴仆是不可以和主人一起吃饭的，朱家心里知道这是名将季布，但他儿子不知道啊，朱家也不便于明说，所以就叮嘱儿子不要怠慢了季布。交代完之后，朱家乘着一辆小车去洛阳了。他去洛阳干吗呢？原来刘邦刚称帝的时候，是把朝廷安顿在洛阳，那时候长安城还没有建设好。所以朱家去洛阳，显然是去找刘邦这边的人了。那么他是贪图赏金，去告密、出卖季布吗？当然不是，否则他就称不上是一代大侠了。

朱家到了洛阳之后，找到了跟刘邦关系非常密切的一

位官员,名叫夏侯婴,《资治通鉴》里称他为"滕公"。朱家问滕公:"您觉得季布是一个怎样的人?"滕公说:"抛开楚汉相争的恩怨不谈,季布倒是一个有品格、有能力的贤人。"朱家说:"当初季布身为项羽的下属,困辱陛下只不过是忠于他的职守。现在刘邦胜利了,难道要把之前效忠于项羽的人都杀了吗?一定要杀的话,当初那么多效忠于项羽的人,杀得完吗?陛下刚做了皇帝,就因为个人恩怨,宣告天下要捉拿、杀害季布,岂不是让全天下的人都看到他的狭隘吗?而且,季布这样的贤人、壮士,汉朝若是容不下他,他就只能逃走,要么往北投靠匈奴,要么往南进入闽、越等部落政权,逼着他去为这些势力服务,汉朝不等于给自己树了个强敌吗?你应该找个机会提醒一下陛下才是啊。"

滕公听完朱家的分析之后,觉得非常有道理,于是就找了个机会向刘邦转达了这番话。一来,滕公曾经和刘邦共患难,是刘邦非常信任的人;二来,刘邦整体上还是个开明的人,听得进意见。听完滕公的转述后,刘邦也觉得很有道理,就下令赦免了季布。之后刘邦还召见了季布,封他为官。季布不仅摆脱了危险,而且有了新的人生起点。为此,他非常感激朱家,试图答谢、回报朱家。但朱家在成功解救了季布之后,终其一生都不再见季布了。

以史为鉴

在第七讲《投机取巧的丁公》里，我们也讲到一个项羽的旧部，那就是玩忽职守、试图投机取巧的丁公，他机关算尽，最终不仅没有得到相应的回报，反而为自己错误的行为付出了生命的代价。其实，季布和丁公还有血缘关系，他俩是同母异父的兄弟。这么亲近的关系，他们的命运却形成了强烈的反差。为什么呢？因为季布追随项羽攻击刘邦，是忠于职守，并没有错。后来项羽虽然被消灭了，但季布依然是一个人才。一个忠于职守的人才，是可以重用，值得托付的。这就是为什么最终的人生赢家，是朴实尽职的季布，而不是滑头投机的丁公。

思考与辨析

朱家为什么不接受季布的回报，甚至不再见他了呢？因为在朱家看来，他并不是为了贪图回报才做这些事的，他是一位行侠仗义的侠士，要尽自己所能帮助别人解决困难。如果帮助别人是为了得到回报，那就是生意人了，不是侠者。朱家不见季布，是为了不辜负侠者的名声。朱家虽然不是历史上的大人物,但他这种倾尽全力去帮助别人,却不求回报的精神,令人敬佩。而像朱家这类人物,在中国历史上还有很多。

初,楚人季布为项籍将,数窘辱帝。项籍灭,帝购求布千金;敢有舍匿,罪三族。布乃髡钳为奴,自卖于鲁朱家。朱家心知其季布也,买置田舍;身之洛阳见滕公,说曰:"季布何罪!臣各为其主用,职耳;项氏臣岂可尽诛邪?今上始得天下,而以私怨求一人,何示不广也!且以季布之贤,汉求之急,此不北走胡,南走越耳。夫忌壮士以资敌国,此伍子胥所以鞭荆平之墓也。君何不从容为上言之!"滕公待间,言于上,如朱家指。上乃赦布,召拜郎中,朱家遂不复见之。——《资治通鉴·卷十一·汉纪三》

第九讲

汉文帝珍惜"露台之金"

·勤俭节约是一种美德·

汉文帝刘恒是汉朝开国皇帝刘邦的第四个儿子,于公元前180年继承了皇位。当时的社会,尚未从激烈的秦末战争和楚汉相争中恢复过来,经济并不发达,老百姓的生活也不安定。要在这种环境下让老百姓逐步进入安居乐业的状态,对统治者来说是一种挑战。汉文帝沉着地应对这一挑战,给予老百姓休养生息的机会,让他们安安心心地耕种、生活,不去折腾他们。另外,汉文帝自己在生活上也非常朴素节俭,为天下做表率。包括《资治通鉴》作者在内的很多历史学家都认为,汉朝之所以能够逐步强盛,和汉文帝的这些努力是分不开的。

说到汉文帝的节俭,在不耗费民财上有哪些具体事例呢?汉文帝曾经想在骊山顶上建造一个露台,供登高观光之用。一般皇帝对于这样的事情,都是想到就做,不计成本。皇帝富有四海，造一个小小的露台算什么？汉文帝跟这些皇帝不同，在建造之前他先找来工匠计算一下所需花费。最后算下来，大概要花费一百金。对于皇帝来说，一百金当然不算什么，但在当时的社会条件下，一百金已经是十户中产人家资产的总和，所以对普通老百姓来说一百金就是天文数字。汉文帝想了想，最终放弃了这个计划，觉得太铺张浪费了。

如果汉文帝坚持想造这个露台，以当时的皇家财力来说，应该是可以做到的。汉文帝的可贵之处就在于，即便这是力所能及的事，最终还是决定不去做它。因为这不仅仅是钱的问题，还牵涉到身为皇帝，应该如何为天下做表率的问题。今天造一个抵得上十户中产人家资产的建筑，一点儿都不放在心上，明天就会把一百户中产人家的资产不放在心上，不谨小慎微，必然越来越奢靡。上行下效，皇帝如此，达官贵人一定争相效仿、相互夸耀，把所有民脂民膏用来支撑上层社会的浮华生活，从而积累社会矛盾、引起社会动荡，甚至走向崩溃，"千里之堤，溃于蚁穴"就是这个道理。

从这个角度看，放弃建造露台能体现出汉文帝长远的政治智慧。不仅如此，汉文帝为了积蓄国力、民力，一生保持着勤俭朴素的作风，不仅在他自己的穿着上不重纹饰，只穿粗料衣服，就连他最宠爱的慎夫人也是"衣不曳地"。古代的贵族，尤其是贵妇会穿一些摆尾很长的外衣，让衣服的尾部长长地拖在地上，以显示雍容华贵。但这很浪费布料啊！所谓"衣不曳地"，就是让衣着简单实用，能遮住脚背就可以了。

"露台之金"的故事被后人作为著名的政治典故，用以告诫后世帝王戒奢戒侈。《资治通鉴》也是把它放在汉文帝去世的时候叙述，用这个故事来为汉文帝盖棺定论，体现汉文帝在治国上的过人之处。汉文帝对于凡是需要用金钱来铺垫的奢侈生活，一概不取。妨碍到百姓生活的皇家活动、命令，一概向老百姓让步。汉文帝一生中还多次下旨，减免百姓的税役负担。有钱难道就非得用来建造露

台吗？给老百姓更多实惠不是更好吗？这就是汉文帝能成为后世帝王榜样的原因。

汉文帝勤俭朴素的作风起到了良好的表率作用，使得当时的社会元气逐渐恢复，老百姓安居乐业，国力蒸蒸日上。可见节俭不仅仅是一种个人美德，一个身份重要的人率先践行节俭，还能起到很好的示范作用，给整个国家、民族注入正能量，起到积极推动社会发展的作用。

以史为鉴

司马光写过一篇题为《训俭示康》的文章，教育他儿子司马康要懂得节俭。司马光在文章中说："夫俭则寡欲，君子寡欲，则不役于物，可以直道而行；小人寡欲，则能谨身节用，远罪丰家。故曰：俭，德之共也。侈则多欲，君子多欲则贪慕富贵，枉道速祸；小人多欲则多求妄用，败家丧身。是以居官必贿，居乡必盗。故曰：侈，恶之大也。"意思就是说，一个懂得节俭的人，必然不会被外在的物质欲望牵着鼻子走。一个人不被物欲所控制，才能走上正道，过健康、有意义的生活，这无论对个人还是对家庭，都是有好处的。所以说，节俭是其他所有品德的基础。而一个奢侈的人，必然是被物质欲望迷惑了心窍，贪婪驱使他去做各种各样不正当的事：当他身居官位时，可能会为了满足欲望而受贿；当他只是一个普通百姓时，可能会为了满足欲望而去偷盗。所以，奢侈是一种恶行。

思考与辨析

皇帝可以分成打天下和守天下这两种。打天下的皇帝都曾经历过艰难奋斗，知道成功来之不易，所以做了皇帝以后，往往能保持勤俭朴素的生活作风。守天下的皇帝就不同了，一般他们都是打天下皇帝的后代，自幼锦衣玉食，不知民间疾苦，很容易养成贪图享乐的生活习惯。所以能否克服享乐主义，保持克勤克俭的生活作风，就成为评价一位守天下的皇帝是否合格的重要标准。很多守天下的皇帝克服不了享乐主义，奢侈挥霍，沉湎酒色，最终成为导致国家衰亡的失败皇帝。所以，想成为优秀的守业者，不辜负前人留下的丰厚遗产，就必须克服享乐主义。

通鉴小文言

帝即位二十三年，宫室、苑囿、车骑、服御，无所增益；有不便，辄弛以利民。尝欲作露台，召匠计之，直百金。上曰："百金，中人十家之产也。吾奉先帝宫室，尝恐羞之，何以台为！"——《资治通鉴·卷十五·汉纪七》

第十讲

丙吉与汉宣帝

·保持善良朴实的品性·

汉宣帝刘询原来的名字叫刘病已,他的曾祖父是历史上赫赫有名的汉武帝,他的祖父名叫刘据,是汉武帝的长子,也是那个时期的太子。刘病已虽然有着这么显赫的身世,但他从幼年到青少年时代的经历,却是非常不幸的。当他还是个婴儿的时候,他的祖父,也就是当时的太子刘据,被坏人栽赃陷害,导致刘据和汉武帝之间产生矛盾。刘据被迫起兵,最终兵败自杀。当时刘病已才刚出生几个月,却也被关进了监狱。

管理监狱的官员名叫丙吉,他是个通晓事理的人,深知太子刘据是被冤枉的,尤其同情尚在襁褓之中的刘病已。还在哺乳期的刘病已,被送进监狱后没奶吃。于是丙吉自己掏腰包,为刘病已请了两位奶妈,还每天亲自跑去看两趟,非常仔细谨慎。刘病已要是生病,也是丙吉自己花钱请大夫给他看病。

汉武帝晚年迷信鬼神，健康状况又不好，性格变得多疑而焦躁。才几个月大的刘病已被抓进监狱之后，又有人利用迷信蛊惑汉武帝，声称长安监狱之中有天子之气，意思就是长安监狱里面藏着想篡夺皇位的人。于是汉武帝下了道狠命令，要把长安监狱里的囚犯统统杀掉，当然也包括年幼的刘病已。汉武帝还特意派了使者去执行这道命令。使者到达的时候已经是晚上了，丙吉紧闭监狱大门，拒绝使者进入，并对使者说："我不能让你进来残害这些无辜的生命！"丙吉坚守监狱大门直到天亮。使者很无奈，始终无法进入监狱执行命令，只得回去禀告汉武帝，并且弹劾丙吉，说他阻扰皇帝的命令。庆幸的是，这时候的汉武帝神志清醒了，觉得自己下达格杀勿论的命令的确过分了，不仅没有责怪丙吉，还收回了成命。但对于丙吉来说，这次挺身保护刘病已，冒了相当大的风险。万一汉武帝神志还没有清醒，固执己见，迁怒于丙吉，丙吉很可能要为之付出生命的代价。但丙吉并没有顾虑那么多，可见他的勇敢。

随着时间的推移，刘病已在监狱里慢慢长大。后来汉武帝也去世了，新皇帝汉昭帝即位后，赦免了刘病已的罪名，这样他就可以出狱了。这时候刘病已的父母早已去世，皇家也不肯认养他，怎么办呢？丙吉打听到了刘病已姥姥家的消

息，把刘病已送了过去，由姥姥和舅舅抚养。又过了一阵子，刘病已的名字重新写进了皇家刘氏宗谱，人也被接到宫里，由宦官、宫人负责照顾。

在刘病已从姥姥家被接进宫的这个过程中，丙吉协调联系，发挥了很大作用。可以说刘病已从幼儿到少年期间，丙吉对他的成长帮助最大。丙吉对刘病已的成长倾注了很多心血，对他十分关心。在汉昭帝去世之后，汉朝皇帝人选出现困难的时候，丙吉提醒当时的掌权大臣霍光，说刘病已是汉武帝的嫡曾孙，是继承皇位的最佳人选。霍光接受了丙吉的建议，这样刘病已就摇身一变，变成汉宣帝了。

丙吉为汉宣帝做这么多，是贪图回报吗？根本不是。丙吉从未大肆宣扬过这些事,这才是难能可贵的。汉宣帝受丙吉照顾的时候还是个婴儿,根本没有记忆,所以做了皇帝以后,还不知道丙吉是他真正的大恩人。那丙吉的这些功德又是如何为众人所知的呢?世界上有各种各样的人,有好人,也必然有坏人;有施恩不图回报的,也就必然会有贪图奖赏、冒领功劳的。汉宣帝即位之后,有个宫女上奏说,她曾经抚养、照顾过幼儿期的汉宣帝,请求朝廷给她奖赏。汉宣帝下令核实。这个宫女为了证明自己,说:"当初负责这件事的人是丙吉,他知道详情,能证明我所言不虚。"于是负责核实的官员就带着这个宫女去见丙吉,问丙吉此人是否于早些年照料过汉宣帝。丙吉一看,认得,的确有这么个人。但丙吉说:"当初命你照顾皇曾孙不假,你却不认真当差,还因此犯过错误,受过惩戒。真正兢兢业业照顾皇曾孙的人都没来讨赏,你却来邀功请赏,有点儿恬不知耻。"那么真正有功的人是谁呢?丙吉还是没有说自己,而是报了当初那两位奶娘的名字,她们一个叫胡组,另一个叫郭徵卿。

  经过这么一番折腾,汉宣帝对自己幼年的遭遇才有所了解,一方面寻访胡组和郭徵卿两位奶娘,另一方面当然也要问丙吉怎么对这些事了解得这么清楚。丙吉把前因后果细说一遍,汉宣帝才知道自己最大的恩人是丙吉,为此对丙吉的人品赞叹不已。

以史为鉴

《资治通鉴》称赞丙吉:"为人深厚,不伐善。""伐"字在古文中有自我夸耀的意思。自矜其能(自以为有才)、自伐其善(自夸功德),都是古人批评的浮夸作风,不谦虚、不踏实。丙吉"不伐善",也就是从来不提自己做过的好事,这是古人赞赏的谦谦君子之风。丙吉由于崇高的品格,获得了汉宣帝的信任,后来在汉宣帝时代做过丞相。做了丞相之后的丙吉依然保持着善良、朴实的本色,为汉朝做出了很大的贡献。

思考与辨析

古人有一句话:"桃李无言,下自成蹊。"桃树和李树都不会自己说话,但它们或因为盛开的花朵,或因为累累的果实,总吸引着人们去欣赏,络绎不绝的人们在那儿走来走去,以至于踩出了一条新的小路。很多时候,成功的人生并不是刻意求得的,像丙吉这样心存善良的人,把该做的事、能做的事做好,生活总不会亏待他们。所以还有一句俗语叫:"但行好事,莫问前程。"

通鉴小文言

初，卫太子纳鲁国史良娣，生子进，号史皇孙。皇孙纳涿郡王夫人，生子病已，号皇曾孙。皇曾孙生数月，遭巫蛊事，太子三男一女及诸妻妾皆遇害，独皇曾孙在，亦坐收系郡邸狱。故廷尉监鲁国丙吉受诏治巫蛊狱，吉心知太子无事实，重哀皇曾孙无辜，择谨厚女徒渭城胡组、淮阳郭徵卿，令乳养曾孙，置闲燥处。吉日再省视。——《资治通鉴·卷二十四·汉纪十六》

第十一讲

"模范丈夫"汉宣帝与宋弘

·贫贱之交不可忘·

刘病已做皇帝,是十八岁那年。在此之前,少年时代的他在民间成长,过着贫穷而又平淡的日子,生活是充满艰辛的。古代男子在十七八岁的时候,早该娶媳妇儿了。因为刘病已贫困,他祖父曾经起兵造反,他自己刚出生不久就被抓到监狱里去了,所以在刘病已该娶媳妇儿的时候,没有人愿意把女儿嫁给他。好在他祖父刘据在世的时候为人很仁厚,有一批忠心耿耿的老部下。最终,刘病已在祖父老部下的热心张罗下,聘娶到了一位姓许的姑娘做妻子。这位姑娘的父亲,早些年也因为犯法,受过朝廷的刑罚,后来就在宫中干点儿杂活,所以整体来说,社会地位也不高。但即便是这样的人家,当许夫人得知老头子要把女儿嫁给刘病已之后,也是非常生气的,觉得宝贝女儿不应该嫁给条件这么差的人。好在许老头坚持认为刘病已往后定有大作为,坚决要把女儿许配给他，许夫人反对无效，于是刘病已总算是娶到老婆了。

谁都没想到老天开了这么大的玩笑，新婚之后不久，刘病已就做皇帝了！等到刘病已做了皇帝，一下子什么好事都来了，很多大臣、贵族巴不得他没老婆，好把自己的女儿塞进去，最好是能做皇后。但问题是，许姑娘是汉宣帝的原配妻子，怎么处理呢？大臣们都对汉宣帝说："现在情况不一样了，您是皇帝了，许姑娘是您在民间时候娶的妻子，身份太微贱，不适合做皇后，要不这样吧，封她做个婕妤，皇后再另选名门闺秀。"刚开始，汉宣帝的皇位还没坐稳，拗不过这些大臣们，只能封许氏为婕妤，婕妤是后宫中地位低于皇后的嫔妃。

正当这些家有女儿的大臣们打着如意算盘的时候，忽然半路杀出个程咬金。当时最大的权臣，也就是扶植汉宣帝登位的霍光家族出现了。霍光和他的太太霍显养育过几个子女，其中最小的女儿名叫霍成君，是他们最宠爱的孩子。汉宣帝刚被立为皇帝的时候，霍成君还待字闺中，没有出嫁。霍太太很想让她成为汉宣帝的皇后，以此安享荣华富贵。

另外那些大臣们一看，霍光的女儿要参与皇后人选的竞争，那谁比得过他们家呀！这些人只好放弃。就在这个时候，汉宣帝瞧准了机会，忽然跟大臣们说："我贫贱时候经常佩带一把宝剑，很喜欢它，它也陪伴着我一起度过了很多艰难岁月，这次进宫，匆匆忙忙没带它进来，一下子找不到了。我现在虽然贵为皇帝，但很怀念旧物，你们帮我去找找，将这把宝剑找回来吧！"

有一部分大臣很纳闷，商量立皇后呢，找您贫贱时候佩带的宝剑干吗？但另外有一些聪明的大臣立刻领悟了，皇帝这是在暗示不忘旧情啊！在皇帝心目中，皇后的最佳人选还是他贫贱时候的妻子许氏。明白皇帝的心思之后，这些大臣琢磨着，反正自己的女儿没希望了，干吗白便宜霍家呢？何不支持一下皇帝，送个顺水人情！接下来这些大臣都很配合，马上建议立许氏为皇后。皇后人选就这样确定下来了。

东汉时期发生过一则类似的故事，故事的主人公是光武帝刘秀在位时期的大臣，名叫宋弘。刘秀有个姐姐，被封为湖阳公主。后来湖阳公主的丈夫去世了，刘秀想在大臣中物色一个人选，作为湖阳公主的再婚对象。刘秀问湖阳公主对人选有什么要求。湖阳公主就说，宋弘这个人不错，长得仪表堂堂，人品也好，其他大臣跟他没得比。明白姐姐的心意之后，刘秀就张罗上了。但问题是，宋弘是有妻子的，这咋办呢？刘秀想："要不就劝他跟原来的妻子离了，再跟我姐姐结婚吧。"过了一阵子，刘秀找宋弘来谈话，让湖阳公主坐在屏风后面听。刘秀对宋弘说："有句俗话是'贵易交，富易妻'，意思就是人发达了以后，就该换一批有权有势的朋友,不能老跟那些穷朋友在一起了。有钱了以后呢,也该换换妻子了,换个背景更过硬的,有利于前途啊!老宋,你觉得这句话有没有道理?人情是不是都是这样呢?"

宋弘回答说:"陛下啊,我听到的俗语,跟您说的不一样啊。我只知道'贫贱之知不可忘,糟糠之妻不下堂'。"这句话什么意思呢?"贫贱之知不可忘",贫贱时候交到的朋友往往才是真心朋友,因为这个时候他什么都没有,别人跟他交朋友,也不图什么,所以这个时候的友谊是比较纯粹的。再换个角度看,一个人穷困潦倒的时候,还有人愿意跟他交朋友,这本身就是对他的鼓励和肯定,这样的友谊是不能忘记的。同样的,"糟糠之妻不下堂",这里的"糟糠"

指的是酒糟和米糠，比喻质量非常差的食物。传统的方法是用米、麦、高粱等粮食酿酒，最后剩下的粮食残渣就是酒糟，而米糠一般是指谷物的外壳，非常粗糙、坚硬。古时候有些穷人在没饭吃的时候，就只能吃酒糟、米糠。"糟糠之妻"指的就是陪着丈夫一起受过很多罪，甚至吃过酒糟、米糠的妻子。在一个男人最穷困的时候，有位姑娘愿意用最美好的青春年华陪伴他。结果等他一发达，就嫌弃人家了，要抛弃她，另外去娶更有背景、更有利于自己前途的妻子，这样的人，还够得上做人的标准吗？所以宋弘说，无论是贫贱之交，还是糟糠之妻，都不能忘记，更不能背叛。

　　宋弘讲完这些，刘秀也明白了，宋弘并不稀罕跟皇家做亲戚，是不会为了湖阳公主离婚的。刘秀也只能告诉湖阳公主，这门亲事成不了了。

以史为鉴

从这两个故事中,我们可以看出,汉宣帝和宋弘都有很了不起的地方,他们有着一样的品格。这种品格的具体内容是什么呢?那就是对于在人生低谷期获得的爱情、亲情,不仅不能抛弃、背叛,还要懂得感恩。汉宣帝贵为天子,宋弘也是位高权重的大臣,拥有如此崇高的地位而不忘本,是很难能可贵的。对汉宣帝来说,最艰辛、最贫困的日子,是许氏陪着他一起度过的,不能发达了脸就变,做了皇帝就抛弃人家呀!否则就是昧良心了。宋弘的故事也一样,一句"糟糠之妻不下堂"说出了他内心的磊落。

思考与辨析

汉宣帝和宋弘的故事,都是关于婚姻的,我们把这种精神引申到友情、亲情上,同样也是成立的。中国有句古话:"滴水之恩,当以涌泉相报。"作为接受帮助的人,我们不仅不能忘记,还要尽最大的努力去回报别人。总结一句就是:帮了别人不要说,受了帮助不能忘。尤其是当我们的人生处在低谷的时候,那些给予我们帮助的人，更为可贵，更不能忘。

通鉴小文言

初，许广汉女适皇曾孙，一岁，生子奭。数月，曾孙立为帝，许氏为婕妤。是时霍将军有小女与皇太后亲，公卿议更立皇后，皆心拟霍将军女，亦未有言。上乃诏求微时故剑。大臣知指，白立许婕妤为皇后。十一月，壬子，立皇后许氏。

湖阳公主新寡，帝与共论朝臣，微观其意。主曰："宋公威容德器，群臣莫及。"帝曰："方且图之。"后弘被引见，帝令主坐屏风后，因谓弘曰："谚言'贵易交，富易妻'，人情乎？"弘曰："臣闻贫贱之知不可忘，糟糠之妻不下堂。"帝顾谓主曰："事不谐矣！"——《资治通鉴·卷二十四·汉纪十六》

第十二讲

以权谋私的田延年

· 律人先律己，责人先责己 ·

汉昭帝是汉武帝的儿子，名叫刘弗陵。这位皇帝英年早逝，去世的时候才二十一岁。在他去世之前，病重的消息已经在民间传开。当时有两位商人，一位姓焦，一位姓贾，他们在长安做生意。这两个人都特别有生意头脑，马上想到如果皇帝去世，办葬礼需要很多物品。于是悄悄地预先储备那些葬礼必需品，就等着皇帝驾崩，到时候官府采购这些用品，他们能在第一时间提供，而且数量充足。就是说，焦、贾两位商人利用皇帝可能去世的消息，找到了一个商机。

过了不久，汉昭帝果然去世了，朝廷需要大量采购丧葬用品，负责这件事的是大司农田延年。大司农一职，负责收取、掌管全国的农业等税收，掌握着朝廷的财政大权。田延年从汉昭帝晚期到汉宣帝前期，一直担任着这个职务。当田延年代表朝廷来采购的时候，焦、贾两家很快就把货物备齐,希望大挣一笔。但田延年在知道他们是事先储备了这些物资之后,对他们说:"皇帝去世之前,你们就储备丧葬用品,这不是咒皇帝死吗?这是大逆不道啊!"田延年上报朝廷,认为这两家商人用心险恶,预备丧葬用品,盼着皇帝死,建议朝廷把这些东西全都没收,算是对他们的警告和惩罚,以儆效尤。

这下两个富商亏大了,本来以为是个商机,没想到偷鸡不成蚀把米,囤积的货物都被没收,连本带利亏光了。他们都恨死田延年了,专门雇人去打探田延年私底下的蝇营狗苟,以便报复。俗话说"苍蝇不叮无缝的蛋",如果田延年是个清廉的官员,那两个富商也无机可乘。可偏偏,田延年自己也贪婪成性,同样利用皇帝去世的机会贪了一大笔钱。

汉昭帝去世的时候,由于葬礼需要,大司农作为国家掌管财政的官员,还要负责向民间雇用车辆。为了妥善完成汉昭帝的葬礼,田延年一共向老百姓雇用了三万辆车,规模非常庞大。按照协议,每一辆车的雇用费是一千钱。但田延年在向朝廷报账的时候,谎称每雇一辆车要两千钱。这中间就出现了差价,三万辆车本来只需要支付三千万钱,田延年却从朝廷报销了六千万。多余的三千万当然是装到田延年自己的口袋里去了,这是他利用职权之便,为自己谋利。

天下没有不透风的墙,田延年贪了这么大一笔钱,消息

肯定会走漏。这个消息被焦、贾两家利用了,他们站出来检举揭发了田延年的贪污行为。平心而论,田延年的错误比两个商人更严重。那个时代尊重皇权,皇帝还没死就预备他的丧葬用品,的确是对皇帝不敬,但商人们无非是看中一个商机,说到底还是靠做生意挣钱。田延年就不同了,完全是依靠职权之便,空手套白狼,贪污国库的钱,这比商人的行为更恶劣。我们在生活中会碰到这样一种类型的人:对别人要求非常高,非常苛刻,但对自己的要求非常宽松,标准定得很低,严于责人,宽以待己。田延年就属于这种人。

田延年被告发后,事情闹到辅政大臣霍光那里。由霍光处理这件事。原本事情对田延年是有利的，为什么呢？田延年虽然人品不咋样，但有魄力，敢做事，之前帮助霍光做过很多稳定政局的大事，是霍光最重要的心腹。栽培一个心腹不容易，霍光肯定会尽量保护他。但这个机会被田延年浪费了。

霍光知情后，把田延年叫来问话："别人告发你的情况，是否属实？"田延年此时应该如何回答？他如果明智的话，应该如实回答。因为他心里非常清楚，确有其事，别人不是诬告。真要公事公办查下去，利用皇帝的葬礼贪污三千万，那可是死罪。既然如此，田延年应该明白，现在能保护他的只有霍光了，所以应该先向霍光坦白，再请霍光帮忙想办法。而霍光这次找田延年谈话，也的确有帮他的想法，但前提是，霍光必须了解事情真相。

不料田延年想岔了，居然在霍光面前抵赖，坚决否认贪污事实。一方面，田延年心里也很慌，做坏事被人发现，还被仇家盯上了，当然很难淡定。另一方面，他也吃不准霍光到底是什么想法。再者，他要是马上承认了，面子上也挂不住。综合这些因素考虑，田延年拒不认罪。这就让霍光为难了。站在霍光的角度，怎么看这个问题呢？霍光会这样想："如果田延年没有犯罪，那也用不着我出手相助了，公事公办往下查；如果田延年犯了罪而拒不承认，那他现在就是在欺骗我啊，连我都欺骗，我为何还要帮他呢？"

既然田延年矢口否认，霍光说："那就把这个案子交给相关官员追查吧。如果你是清白的，自然还你清白。"对田延年来说，这下全完了，贪污三千万巨款，怎么会查不出来？田延年自己心里也很清楚。所以使者来传唤他去接受审查的时候，田延年就自杀了，这是发生在汉宣帝本始二年（前72）的事。

以史为鉴

田延年的故事，告诉我们什么道理？田延年用很高的标准要求那些商人，认为他们利用皇帝葬礼发财是不对的。但他自己呢？同样是发皇帝葬礼的财，而且是贪污国库，情况更恶劣。既然自身行为不端，也就不要怪别人抓住把柄之后进行报复。而且自身有缺陷，被别人攻击起来更致命。即便田延年得到了霍光的庇护，躲过一劫，但他以后去监管别人，说话、做事还有威望吗？别人还信得过他吗？答案当然是否定的。

思考与辨析

这个故事最重要的教训就是：律人先律己，责人先责己。我们难免对他人或周边的环境有些要求，这种现象很正常。但一定要记住，当我们对他人提出一个要求、一个标准时，一定要确保自己已经做到了。否则，我们提出的要求、标准不仅达不到效果，还会损失自身声誉，让他人对我们产生不信任，甚至反感。所以，根据这个原则及时反省自己，纠正自己的行为，是一件非常重要的事。当然，从另一角度看，每个人都有缺点和不足，如果不想别人对我们要求太苛刻，那不妨先对别人宽容些。

二年春，大司农田延年有罪自杀。昭帝之丧，大司农僦民车，延年诈增僦直，盗取钱三千万，为怨家所告。霍将军召问延年，欲为道地。延年抵曰："无有是事！"光曰："即无事，当穷竟！"——《资治通鉴·卷二十四·汉纪十六》

第十三讲

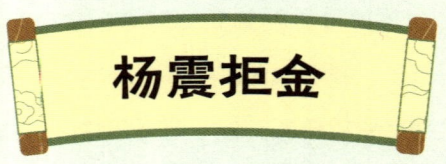
杨震拒金

· 轻财富，重德行 ·

东汉时期有位学者名叫杨震，他的学问非常好，而且非常有志气。他自幼家境贫寒，却一心向学，并且在做学问方面取得了很大的成就。杨震的故乡华阴县（在今陕西省华阴市），在当时属于关西地区，人们认为他的品行和学问就像孔子一样，令人景仰，因此称他为"关西孔子"。可见人们对杨震的评价有多高！杨震因一心向学，耽误了做官，他到五十多岁的时候才开始正式步入官场。由于品行、学问出众，杨震的迁升倒还算顺利，历任荆州（在今湖北省、湖南省一带）刺史、东莱（在今山东省烟台市、威海市一带）太守等地方要职。

前去东莱赴任的途中，杨震经过昌邑县（在今山东省巨野县一带），县令王密恰巧是受过杨震提拔的晚辈。王密自然要趁这个机会前去拜访恩公。在杨震那里坐到太阳下山后，王密忽然拿出十斤黄金,要赠送给杨震,以回报杨震的提携之恩。杨震说:"我向朝廷举荐你,是因为我了解你的学问、品行,但你怎么一点儿都不了解我呢?"言下之意是说"我举荐你难道是为了贪图你的回报吗?"王密对杨震的品行当然是非常了解的,但他还是很想报答这位帮助他成长的恩人,就对杨震说:"现在天已经黑了,这里也没有外人,您就收下我的这点儿心意吧,不会有人知道的。"杨震回答道:"天知地

知，你知我知，怎么能说没有人知道呢？"于是王密羞愧地退了出去。这就是"杨震拒金"的故事。通过这个故事，我们知道杨震是一个廉洁的、看重清白名声的官员。

关于"杨震拒金"，很多史书一般讲到王密惭愧地退出，故事就结束了。《资治通鉴》却并未就此打住，继续说道，杨震品性廉洁，虽身居要职，却家境贫困，子孙平时以蔬食为主，出门甚至没有车，只能靠步行。很多老部下都看不下去了，劝杨震多积蓄些家财，以留传子孙。杨震却说，与其留财产，不如留给他们一个清白名声，让后人都知道他们是清白廉吏的子孙，那不是更好的财富吗？在杨震的观念中，清白比什么都重要。一个家族的传承，不在于有多少钱财，而在于"清白"二字，也就是良好的德行。若子孙不肖，家财万贯反而成为他们放纵、违法的资本。注重教育，家世清白，不怕子孙出不了头。杨震的传家理念非常值得我们学习。

那么杨震不选择积累财富，而是选择了积累德行，对家族命运又有何影响呢？事实证明，不重视财富积累的杨震，不仅没让他的子孙受冻挨饿，反而创造了一个家族延绵五百年的神话。杨震留给子孙的不仅仅是德行，还有他的学识和胸怀。杨震的好学、廉洁，给子孙留下了榜样。言传身教，家风所及，杨震的儿子杨秉、孙子杨赐、曾孙杨彪，都成为东汉时期卓有成就的人物，父子、祖孙相继，先后担任过朝廷的

"三公"职位。东汉的"三公"通常指太尉、司徒、司空，是官僚系统中最具荣誉的职位，类似于后代所说的宰相；而"三公"当中又以太尉居首，地位最高。杨震、杨秉、杨赐、杨彪四代人都做过太尉。东汉灭亡后，经历魏晋两朝，杨氏家族仍在政坛上发挥着重大作用。杨震故乡在华阴县，在东汉时属于弘农郡，因此其家族被称作弘农杨氏。与杨震相隔四百多年的隋文帝杨坚，是结束南北朝分裂、重新完成中国统一的历史人物，他对外宣称自己就是杨震的后代。其实隋文帝杨坚并不是杨震的后代，但他希望自己有一位有名望、有德行的祖先，来给自己的事业加分。贵为一个王朝的开创者，杨坚没有认其他祖先，还是以杨震的后人自居，并以此为荣，杨震和他的家族影响力由此可见一斑。历经几个世纪，承受了若干个王朝的考验，这样大的家族影响力，难道不正是根植于杨震开创的轻财富、重德行的家风吗？

以史为鉴

人们总是容易被眼前的利益蒙蔽。一部《资治通鉴》二百九十四卷，叙述了近一千四百年的中国历史，其中有多少家族仅仅依靠财富、权力，就能做到世代延绵？答案是：一个都没有。相反，因贪恋物欲权势而加速败亡的家族，却比比皆是。

当人们都在追逐一样东西的时候，首先需要做的是保持冷静，看透它的本质，而不是盲目地随波逐流。杨震对财富积累与德行积累孰轻孰重的观点，体现了一位远见卓识者面对浮躁社会风气的认真思考。人的时间、精力、智慧总是有限的，若人们过于注重对财富本身的追求，往往会失去很多在其他领域获得更大成就的机会。这正是杨氏家族注重家风传承，坚守德行，不追逐钱财权势，却能长久立足的奥秘。所以，当一个个唯钱财、权势是重的家族纷纷倒下的时候，弘农杨氏，依然门庭鼎盛。

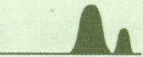

思考与辨析

真正决定一个人命运的，并不是外在条件有多优越，而是是否愿意砥砺自己，让自己成为更好、更优秀的人。这种自我砥砺的精神，才是人生道路上真正的财富。我们在下一讲会讲到东汉时期的另一个人物梁冀。杨震出身贫寒，而梁冀是大贵族。看上去梁冀在出身上占尽优势，但他的结局却令人意想不到。出身贫寒的杨震严于律己、一心向学，不仅自己当上了宰相，还通过良好的教育和家风传承，让自己的子子孙孙当上了宰相。那为什么成长条件得天独厚的梁冀，最后不仅使自己身死名灭，还使得整个家族也因为他而遭受灭顶之灾呢？让我们一起到《"跋扈将军"梁冀》这一讲中去一探究竟吧。

通鉴小文言

　　当之郡，道经昌邑，故所举荆州茂才王密为昌邑令，夜怀金十斤以遗震。震曰："故人知君，君不知故人，何也？"密曰："暮夜无知者。"震曰："天知，地知，我知，子知，何谓无知者！"密愧而出。——《资治通鉴·卷五十·汉纪四十二》

第十四讲

"跋扈将军"梁冀

· 人生的终点比起点更有意义 ·

东汉时期有位叫梁冀的人,他出生于名门望族,祖上是东汉王朝的开国功臣。他有一位姑奶奶(也就是爷爷的姐妹)生育了东汉第四位皇帝汉和帝。梁冀更为直接的背景是,他父亲梁商是当时朝廷上的大将军(当时的大将军,是比宰相还要尊贵的首席大臣),而他妹妹梁妠则是汉顺帝的皇后。这样的出身不是一般的优越,的确令人羡慕。按道理来说,有这么好的成长条件,梁冀应该比常人更能取得成就,更易实现有价值、有意义的人生。然而事实并非如此。

梁冀有个绰号叫"跋扈将军",这个绰号是东汉小皇帝汉质帝给他起的。跋扈就是霸道蛮横、独断专行的意思。那皇帝为什么给梁冀起这个绰号呢?原来梁商去世以后,梁冀继承父亲的职位,成为东汉的大将军。但梁冀并没有继承他父亲梁商谦和、退让的性格优点,而是恰恰相反,他倚仗权势、骄横残暴，做事毫无忌惮。正因如此，汉质帝才在一次朝会上批评梁冀说，这真是个跋扈将军啊！没想到就因为这句话，梁冀派人给汉质帝送去一个有毒的饼，让他吃。汉质帝吃下去之后就死了，年仅九岁。梁冀因为一句批评，敢把皇帝毒死，可见这个人有多嚣张跋扈。

那么，在朝廷上一手遮天的梁冀，他的人生是否圆满呢？汉质帝去世后，在梁冀的操控之下，朝廷迎立了一位新皇帝，就是历史上的汉桓帝。接着，梁冀还把自己另一位妹妹梁莹嫁给汉桓帝，成为新一任皇后。这样看上去，梁冀的权势又得到了巩固，于是他那骄横的性格也得到了进一步发挥。梁冀认为，汉桓帝是靠着他们梁家扶持才有机会做皇帝的，所以根本不把汉桓帝放在眼里。各地进贡的贡品，梁冀总是抢先一步把最好的挑走，把挑剩的留给汉桓帝。同时梁冀还在朝廷各处安插亲信，把持朝政，不仅引来很多正直官员的不满，连汉桓帝对他也忍无可忍了。

终于有一天，汉桓帝问身边的宦官唐衡说："你知不知道哪些人跟梁冀关系不好？"唐衡说出了四个人的名字，这几个人因为各种原因，都和梁冀结下了梁子。汉桓帝把这四个人都叫来，加上唐衡一共五个人。汉桓帝问他们："愿不愿意一起努力，消灭梁冀？"这五个人都回答说："好，愿意帮助朝廷除去这个祸害。"接下来，这几个人帮着汉桓帝悄悄地排兵布阵，先是铲除了梁冀安插在宫里的眼线，接着控制了负责保卫宫廷的军队。一切就绪后，汉桓帝当机立断，迅速派人包围了梁冀的府邸，打了梁冀一个措手不及。

梁冀没想到汉桓帝会对他下手，而且动作还这么快。在毫无准备的情况下，梁冀根本无法反抗。就在当天，梁冀和他的妻子一起自杀了。梁冀死后，朝廷从他家抄出约三十亿财产，汉桓帝因此减免了百姓们一半的租税。这些钱绝大多数是梁冀贪腐所得，可见其贪婪无比。梁冀的人生到此为止

了。不仅如此，梁氏家族也因此遭受到毁灭性的打击，这是多么令人唏嘘的结局。

以史为鉴

梁冀的悲剧很早就埋下了祸根。他父亲梁商还在世的时候，梁冀骄横的性格就充分暴露出来了。他仗着父亲的权势到处横行不法。有位名叫吕放的官员提醒梁商说："你要好好管教这个儿子，免得以后惹出大祸。"梁冀得知后，立即派人刺杀了吕放，并且把罪责推给吕放的其他仇家。事后为了避免引起怀疑，梁冀还假惺惺地推荐吕放的弟弟去做官，装作跟吕家关系很好。这种作案手段是幼稚的，哪怕梁冀掩盖得再好，也很难瞒过梁商。照理说，梁商应该好好教育、惩罚梁冀。但《资治通鉴》记载，梁商虽然有谦和退让的优点，但做事优柔寡断。在对梁冀的教育上，梁商始终下不了决心惩戒他。这也造成了梁冀后来胆子越来越大，越来越无法无天，最终走向了毁灭。严厉的教育，对从小娇生惯养的梁冀来说，一直缺位。父亲在世的时候，他尚且如此胆大妄为，何况是父亲去世之后他自己掌握了权势。

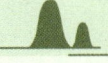

思考与辨析

从来到这世界的那一刻起,我们就站在了人生的起跑线上。当然,未必要跟别人比。但无论如何,我们都要对自己的人生负责,让生命有意义、有价值。有人认为,拥有良好的家庭条件,就是赢在了起跑线上。也有人把自身的不成功、不如意归结为原生家庭不够强大。如果这样看待人生,显然忽略了一个重要问题:我们的人生是否有价值、是否有意义,人生并不是看从哪儿开始,而是看在哪儿结束。出身贫寒的学子也可以成为举世闻名的科学家,一个普普通通的人也可以拥有美满的家庭。相反,出身豪门,最终却满盘皆输的人,无论是历史上,还是现实中,都大量存在。

通鉴小文言

帝少而聪慧,尝因朝会,目梁冀曰:"此跋扈将军也!"冀闻,深恶之。闰月,甲申,冀使左右置毒于煮饼以进之。——《资治通鉴·卷五十三·汉纪四十五》

第十五讲

慕容熙亡国

· 约束自己言行的重要性 ·

从公元4世纪初到5世纪中期,中国历史上出现了一个"五胡十六国"时期。当时,西晋王朝(266—316)在混乱中走向灭亡。很多少数民族进入西晋王朝曾经统治过的区域,他们在北方地区尤其活跃,而且这些少数民族纷纷建立了自己的政权。在这些少数民族中,最有代表性的是匈奴、鲜卑、羯、氐、羌五个民族,历史上称之为"五胡"。在他们建立的政权中,比较重要的有十六个,所以统称为"五胡十六国"。在这十六个政权中,只有一个地处南方的四川盆地,其他十五个都在北方,分布在中原地区,以及西北、东北等地区。当时南方的绝大部分地区,则属于东晋王朝(317—420)。

十六国中有一系列国号为"燕"的政权,多数是由鲜卑族中的慕容氏部落创建的,他们在这段历史中扮演了重要角色。其中有一个后燕政权,创立者叫慕容垂。这个政权或立于公元384年，一共维持了24年，灭亡于公元407年。最后一位皇帝名叫慕容熙，是慕容垂的小儿子。慕容熙荒淫任性，最终导致了后燕的灭亡。这一讲我们就重点分享一下慕容熙任性亡国的故事。

慕容熙十七岁就做了皇帝，他非常宠爱两位妃嫔。这两位妃嫔是姐妹关系，姐姐叫苻娀娥，妹妹叫苻训英。慕容熙尤其喜欢妹妹苻训英，因此苻训英后来晋升为皇后了。

为了表达对苻氏姐妹的爱意，慕容熙打算建造一座豪华的宫殿送给她们。这座宫殿叫逍遥宫，坐落在皇家林苑龙腾苑内。为了让这座宫殿显得更加气派，慕容熙还命人开凿了曲光海、清凉池等人工湖泊，作为逍遥宫的配套景观。

建造这些工程恰好是在夏天，天气非常炎热。慕容熙却还催着手下赶工期，要求尽快完成。那些被征调来建造逍遥宫、挖掘人工湖泊的老百姓和士兵根本得不到休息，很多人都累出了疾病，甚至有累死的。其中，光是因为中暑而去世的，就超过一万人，可见这项工程的残酷。慕容熙身为一国之君，因为私人感情而劳民伤财，让那么多老百姓白白牺牲，在他的管理下，这个国家还会好吗？

还有一个故事，体现了慕容熙荒淫残酷的特征。姐姐苻娀娥后来生病了。慕容熙下令征集名医，有一位姓王的大夫说："我来试试吧。"结果这位王大夫没能治好苻娀娥的病，苻娀

娥还是去世了。慕容熙悲伤之余，迁怒于王大夫，用极其残忍的手段把这位王大夫给处死了。在古时候，人们对很多疾病缺乏科学的认知，更没有像今天这样高超的治疗手段，很多病看不好，病人因此而去世，这本来是很常见的事。没想到慕容熙会如此极端地处理一位大夫，简直是任性妄为。

姐姐苻娀娥去世后，慕容熙对妹妹苻训英更是百依百顺。苻训英也是贵族小姐出身，从小娇生惯养，不知民间疾苦，经常会提一些无理要求。比如，大夏天的时候她想吃冻鱼，那时候又没有冰箱，到哪里去弄冻鱼？等冬天到了，她倒不想吃冻鱼了，而是想吃初秋才有的生地黄。那时候不像今天这样有先进的农业生产技术，冬天怎么种得出秋天的菜？苻训英不管，就是想吃。慕容熙也不管，皇后想吃，他就责令大臣们去办。可想而知，这是办不到的。于是那些被派去找这些反季节食物的大臣就很惨，都被慕容熙处死了。

几年之后，妹妹苻训英也去世了，慕容熙悲伤到哭昏了过去。醒来后，慕容熙命令文武大臣，必须为苻皇后的去世而痛哭，谁的眼泪不够多，就要拉下去问罪。文武百官只好在眼睛边上涂上生姜、大蒜，以此来制造眼泪。这还不算，慕容熙觉得苻皇后到了阴曹地府之后，也需要有人陪伴她、服侍她，于是慕容熙开始物色人选。当时有一位被封为高阳王的王爷，慕容熙发现高阳王的妻子张氏又漂亮又能干，认为让她下地府陪伴苻皇后最合适不过了。于是慕容熙做了件非常过分的事情，随便找了个理由就把张氏杀了，给苻皇后陪葬。这件事闹得大臣们人心惶惶，不知道皇帝下一次又要找谁陪葬。

苻皇后的灵车非常高大，出殡的时候无法通过城门，慕容熙就下令，把城门拆了，让灵车通过。一个政权都城的城门，那可是政权安全的基本保障啊！慕容熙居然不惜毁坏城门来保障苻皇后的灵车通行，很多人看到这一幕之后连连摇头，说道："皇帝都已经昏聩到自毁城门了，这个政权还能维持多久呢？"

果然，就在慕容熙为苻皇后送丧的路上，动乱发生了。有五千多名囚徒，原本在为慕容熙建造豪华宫殿。但因为慕容熙的残酷统治，他们在劳动的过程中受尽虐待。另外还有几位将军，之前因为得罪慕容熙而流亡在外。这次慕容熙率领精锐部队出城送丧，给了他们很好的机会。几位流亡将军潜回都城，把这些服劳役的囚徒组织起来，拿起武器，发动了政变，宣布要推翻慕容熙的残暴统治。慕容熙慌忙赶回来，试图平息政变。但一方面，苻皇后去世这件事已经让他的情绪完全失控，整个人精神恍惚，没有处理大事必须具备的清晰头脑；另一方面，慕容熙一直以来荒唐执政，老百姓和将士们，都深受其害，很难团结起来去保卫他了。最终，慕容熙被打败了。为了保护自己，慕容熙脱掉贵族的衣服，穿上老百姓的便服躲在树林里，但最后还是被抓出来杀掉了，后燕政权就这样灭亡了。

以史为鉴

慕容熙年纪轻轻就成为一个政权的领袖，本来有机会大干一番事业。但他不仅缺乏做大事的基本素质，连好好管理约束自己的能力都没有，毫无节制地挥霍着手中的资源。他的命运结局可以说是非常悲惨的，但这也是他长期肆意妄为所必须付出的代价。

思考与辨析

虽然我们都是普通人，不像慕容熙那样位高权重，但在约束自己这方面，是一样的。一个荒淫无度、任性妄为的人，绝大多数人都不愿意跟他相处，也不知道该怎么跟他相处。这样的人很容易被社会和人群孤立，久而久之就会像慕容熙那样，众叛亲离，直至失去最珍贵的东西。我们千万不能成为那样的人。

通鉴小文言

燕王熙为其后苻氏起承华殿，负土于北门，土与谷同价。宿军典军杜静载棺诣阙极谏，熙斩之。苻氏尝季夏思冻鱼，仲冬须生地黄，熙下有司切责不得而斩之。——《资治通鉴·卷八十六·晋纪八》

第十六讲

何氏家族的灭亡

· 成由俭，败由奢 ·

古代有一个名叫何曾的人物，他在三国末年的曹魏政权和西晋初期，担任过宰相这一级别的高官，权势煊赫，他的家族也一度非常兴旺。但这个一度非常兴旺的何氏家族，最终的结局却是"何氏无遗种"，意思就是说，这个家族最后衰败到一个子孙都没有留下来，可以说是全族覆灭。是什么原因呢？是因为战乱吗？其实并不是。司马光在《资治通鉴》中总结这个家族衰败的真实原因，就是一点：奢侈腐化，不懂节俭节欲。何曾为国家做出过贡献，但他是一个非常追求奢华的人，他过着非常侈靡的生活。史书上说他"日食万钱，犹云无下箸处"，每天餐饮开销上万，还说没地方下筷子。更糟糕的是，何曾也没有教好子孙。从家族史的角度看，何氏子孙无一例外地继承了何曾崇尚奢华的癖好，并将奢华升级，从日食万钱，上升到日食两万钱。由于这个原因，何曾和他的家族遭到了舆论的批评。

何曾这个人不是不聪明，相反，他有着非常敏锐的政治判断力。在一次家宴上，他对家人说，天下迟早会大乱的。何曾说这个话的时候，是西晋的第一位皇帝晋武帝在位的时候，天下刚太平。很多人都感觉奇怪，这好好的，怎么会天下大乱呢？后来的事实证明，何曾的预言是正确的。晋武帝时代看上去天下太平，但晋武帝本人是一个缺乏长远眼光和宏大格局的人，对可能会出现的政治危机毫无察觉，更谈不上做好预防。在晋武帝去世后不久，就爆发了历史上著名的"八王之乱"（司马氏同姓诸侯王之间为争夺中央政权而发生的混战），短暂的西晋王朝就此土崩瓦解。何曾正是看出了晋武帝的短视和狭隘，所以判断天下迟早会大乱。

在政局动荡之际，何氏家族也逐渐走向衰弱，最终不仅完全退出政局，后来连生存下来的子孙都没有了。当时有人把何氏家族的衰败归咎于时代的混乱。司马光却不这么认

为,他将何氏家族的败亡从当时实际的政治局势中剥离出来,将其归罪于何曾:"身为僭侈,使子孙承流,卒以骄奢亡族,其明安在哉!"司马光这几句话指出,同样是走下坡路,何氏家族的衰弱、败亡与其他家族比尤其彻底,最重要的原因是这个家族一贯奢侈、不懂治家之道。同样是遭受时局动荡,其他很多大家族好歹还有子孙生存下来,还能找到机会重振家业。只有何氏家族一蹶不振,甚至连个继承人都没留下来,那只能在他们家族自身作风上找原因了。

司马光的批评不无道理。我们之前讲过,何曾开创的奢侈门风,在后代身上更是变本加厉。何曾一顿饭要吃一万钱,他的儿子何劭,功业、能力完全比不上何曾,奢侈的作风却翻倍,一顿饭要吃二万钱。所以总结何氏家族的走势,从何曾到何劭,再到更下一代,能力、品行、人缘都不见长,唯奢靡之风见长。这样的家族即便生活在太平盛世,也未必能持久。从这个角度看,司马光认为何氏家族的败亡不能只归因于时代,而更应反省他们自身的问题,是非常有道理的。

最后司马光评论道:"何曾能看到别人的缺点,能预见天下迟早会大乱,看上去很明智;但他却不能预见自己家族的衰败,更意识不到自身奢侈的行为作风,给家族带来的不良影响,这时候他的明智跑到哪儿去了呢?"司马光的这番评论给人留下了非常深刻的印象。中国古人认为,要全面认识一个人是一件非常困难的事,比认识他人更难的,是认识自己。很多人往往谈论起别人头头是道,对自己的缺点则毫无所知。所以有一句名言:"知人者智,自知者明。"能知道、了解别人的人,是一位智者,而只有深刻了解自己的人,才是真正的明白人。何曾可谓是只会评判别人,完全不了解自己的典型。

以史为鉴

回到节俭、奢侈与个人成长这个话题上来。今天的中国社会,经过几十年的改革开放,老百姓的日子过得越来越好。即便是普通家庭,小朋友们的生活质量也比父辈、祖辈高出很多。这种情况下,如果缺乏正确的价值观引导,优越的生活条件反而会培养出不好的消费习惯,由不好的消费习惯导致不良的品行。如果任之由之的话,后果可能是非常严重的。我们读了《资治通鉴》中的这些历史教训之后,就应该明白,节俭不仅仅是节约了金钱,更是在培养一种良好的生活态度,这是健康生活的根基。所以,我们应该从小就培养起正确的财富观和消费观,消费既要符合自己的能力,更要有所节制。不能无限放大自己的欲望,所有想要的东西都必须得到的想法要不得。

思考与辨析

阅读《资治通鉴》，关注对欲望的管理和控制，有助于我们理解王朝兴衰和家族成败。比如，秦朝虽然完成了统一中国的任务，但它的统治仅仅维持了十五年。为什么会如此短暂呢？原因有很多，其中一个非常重要的原因，就是统治者不懂得控制自己的贪欲，不懂得节俭养民，在生活上骄奢淫逸，消耗了大量的社会财富，使得老百姓怨声载道，群起反抗。同样，从家族角度看，何氏家族的衰败也正是因为他们不懂得节俭的重要性。何氏家族的故事，对我们来说，非常有借鉴意义。

通鉴小文言

何曾议武帝偷惰，取过目前，不为远虑；知天下将乱，子孙必与其忧，何其明也！然身为僭侈，使子孙承流，卒以骄奢亡族，其明安在哉！——《资治通鉴·卷八十七·晋纪九》

第十七讲

谢弘微治家

·德才兼备的典范·

东晋末年到南朝初期,有一个人叫谢弘微。他出生在那个时代最有声望、最有权势的谢氏家族。谢弘微在《资治通鉴》里出现,和他一位堂叔有关,这位堂叔名叫谢混,而谢混的爷爷就是东晋中期的名相、领导东晋在淝水之战中打败前秦的谢安。谢弘微年纪轻轻就得到了皇帝的赏识,是朝堂上很重要的人物。他性格谨慎、庄重,平时虽不苟言笑却很和气善良,办事有能力,做人有原则,不做伤害别人的事,哪怕是对那些持有不同意见和态度的人,也不会利用自己的权势去打击他,因此也得到了堂叔谢混的高度评价和欣赏。

谢混在东晋后期做到过宰相一级的高官,但最终在一次政治斗争中失败被杀了。谢混的夫人是出身皇家的晋陵公主。谢混被杀后,皇帝下令让晋陵公主和谢氏家族断绝关系,离开谢家另外嫁人。晋陵公主和谢混感情深厚,一开始的时候并不愿意离开谢家,但最终还是无法违抗皇命,离开谢家后改嫁到一位姓王的官员家中。晋陵公主离开之后,谢家没有当家人了,她还留下两个未成年的女儿,以及其他老老小小。这可怎么办?离开之前,晋陵公主想到了谢混的侄子谢弘微,谢混生前多次称赞这个侄子有品德、有才能。因此,晋陵公主认为把后续的事情托付给谢弘微,应该是一个不错的选择。于是晋陵公主便把家事都托付给了谢弘微。

谢弘微用心经营着谢混留下的田庄、房产,安排族人生产、生活,一丝一毫都不敢大意。为了把财务整理清楚,每一笔钱财的进出,谢弘微都仔细记录,仔细管理,哪怕是很小的一笔钱,谢弘微也要把它记清楚。等谢混的女儿到了成婚的年龄,谢弘微帮她们安排婚事,分配财产,毫不马虎。

这样的日子过了九年,东晋王朝灭亡了,继之而起的是刘裕建立的新王朝——宋。进入新王朝以后,朝廷允许晋陵公主自己选择是留在王家,还是回到谢家,晋陵公主选择回到谢家。一进家门,晋陵公主看到家里的一切都井井有条,房子被打理得整齐干净,粮仓里的粮食储存得满满的,家人们都幸福安康地生活着。再到田庄上一看,农田也有专人管理,而且能种粮食的土地比以前还增加了。晋陵公主感慨道,难怪谢混生前这么欣赏这个侄子,现在家里被照料得就跟谢混生前一样,和谐富足。

不幸的是，晋陵公主在回到谢家后不久就去世了，而她的两个女儿也已经长大并各自成婚了，接下来该考虑家族财产分配的问题了。很多人都说，现在谢家拥有的财富，比谢混在世的时候增长了很多，这都是谢弘微治家有方的功劳，所以分配的时候理应有谢弘微的一份。而且很多人都认为，把现有的财物分给两个女儿，剩下的土地、房屋等不动产归谢弘微，这个分配方案是公平的。因为古代是严格的父权社会，女儿嫁出去后就是别家的人了，所以那时候的人们会觉得带些现成财物过去做嫁妆就可以了，不动产归谢弘微的话，这些财产就还留在谢家，当时的人认为这是合理的，更何况这些土地、房屋要么是谢弘微辛辛苦苦经营维持的，要么是谢弘微新开拓的。但谢弘微推辞了，把所有财产都分给了谢混的两个女儿，以及谢混的兄弟姐妹，自己一分不取。不仅如此，还拿出自己的钱为晋陵公主办了葬礼。谢弘微能把谢混的家业经营好，体现的是他的能力；在财产分配上的表现，体现的是他的品德，"德才兼备"这个成语，谢弘微当之无愧。

这个故事还有后续。谢混的大女儿嫁给了一个叫殷叡的人。殷氏也是当时的大家族，但殷叡品行不端，喜欢赌博。殷叡把自己的家当全赌输了以后，就开始惦记他太太的嫁妆，那也是一笔非常丰厚的财产。于是，殷叡就把太太的嫁妆拿去偿还赌债了。谁知道他输成这样了还不吸取教训，接二连三去赌，输到实在没有什么可以抵债了，他就去夺他太太的妹妹，也就是谢混小女儿的田产去偿债。这样还不够，后来又去他太太娘家闹事，把原本分给叔伯、姑姑的田产都抢来还赌债了。谢弘微辛辛苦苦经营得到的这些财产，全被殷叡一个人赌输了。谢家的人，像谢混的两个女儿，还有谢混的兄弟、姐妹家，由于长时间和谢弘微接触，受他品格的熏陶，在这件事上也没有跟殷叡争吵、计较，他想要的就都给他。有很多在边上看热闹的人都看不下去了，就有人跑去找谢弘微说："你看看谢家那么一大笔财富，就被殷叡那小子这么折腾没了，谢弘微你自己虽然高风亮节，照顾他们那么多年却分文不取，但眼看着殷叡把谢家的财产败光，你也不管管，你这就好比把东西扔在大海里，然后说：'你们看呐，我分文未取！'这样并不是实事求是的做法呀！"

谢弘微听完跟他说:"人的一生就是一个过程,无论富贵还是贫穷,最终什么都带不走。但我们的人生是有意义的,意义就在于我们要做正确的事情,按照正确的理念生活,这样我们和我们的后代才能生活在更好的社会秩序中。殷叡好赌、争夺家产来还赌债,这当然是不对的,他必将为自己的荒唐付出代价。他的家人们不跟他计较,不跟他争夺,则是一种修养和人生境界。如果我教唆他们去计较、争夺,就把他们高尚的生活态度变得低俗了,这样的话,旧的错误没有得到纠正,又增加了新的错误。这样真的好吗?"

以史为鉴

谢弘微的思想境界很高,如果我们现在理解不了,也没关系,可以慢慢体会。关键是我们从谢弘微身上看到,比品德高尚更能服人的,是在品德高尚的同时还具有很强的能力。试想,如果谢弘微仅仅有品德,而没有才干,在照顾谢混家族的这些年里,并没有把他的家业打理得很好,而是逐渐衰败、家业凋零,那么谢混的女儿、兄弟、姐妹这些家族成员们,还会对谢弘微心服口服,最终被他的高尚品德感化吗?这就不一定了。

本册第一讲《三家灭智伯》的故事里,我们强调了品德的重要性,但这并不意味着可以忽视才能。如果有才能,那就能确保品德发挥更大、更好的作用。在生活、工作中锻炼,努力使自己成为非常有能力的人,同时在任何时候都坚守道德底线,这样我们就一定能成为对社会有益的人。

初,晋谢混尚晋陵公主。混死,诏公主与谢氏绝婚;公主悉以混家事委混从子弘微。混仍世宰辅,僮仆千人,唯有二女,年数岁,弘微为之纪理生业,一钱尺帛有文簿。九年而高祖即位,公主降号东乡君,听还谢氏。入门,室宇仓廪,不异平日,田畴垦辟,有加于旧。东乡君叹曰:"仆射平生重此子,可谓知人;仆射为不亡矣!"亲旧见者为之流涕。是岁,东乡君卒,公私咸谓赀财宜归二女,田宅、僮役应属弘微。弘微一无所取,自以私禄葬东乡君。——《资治通鉴·卷一二二·宋纪四》

第十八讲

大文学家谢灵运

·恃才傲物不可取·

谢灵运是生活在东晋末年至南朝初期的著名文学家，擅长写作山水、田园诗歌，脍炙人口的名句"池塘生春草，园柳变鸣禽"，就是出自他的手笔。谢灵运出身谢氏家族，他的爷爷谢玄是淝水之战中领导东晋军队打败苻坚的名将。谢氏家族好几代人都对政治产生过重要影响，受到感染的谢灵运也有很强的政治抱负。但实事求是地讲，每个人的才能不一样，擅长的事不一样，擅于文学创作的人，不一定具备参与政治的能力。谢灵运高估了自己的政治才能，最终酿成了命运的悲剧，是缺乏自知之明的典型。

因为很有文学才华，谢灵运的自我期许和自我评价都很高，他总认为自己是做宰相的料，但皇帝和朝廷上的重要人物却只看重他的文采，并不认为他是一个有实际政治才干的人，没有把他放在政坛的核心岗位上。为此谢灵运感到愤愤不平，充分发挥自己的文学才能来批评朝政，并且诋毁当时的宰相们。这样一来，朝廷政要们当然都不喜欢他，就把他贬到位于今天浙江省南部的永嘉郡去做地方官。谢灵运也因此而更加愤恨，好在永嘉郡山水秀丽，风光大好，适合他游山玩水，也能激发他文学创作的灵感。

　　谢灵运做官很轻慢，他完全不顾公务，纵情任性，到处游山玩水，写诗作赋，动不动就离开府衙十多天，有时候下属和老百姓连着几个月都见不到他，以致正常的工作都被耽误了。就这样，谢灵运在永嘉郡待了一年左右，给朝廷打报告说自己病了，不想在这里干了。虽然在这期间谢灵运留下了不少优美的诗篇，但作为一名官员来说其政绩是完全不合格的。当时谢氏家族人才济济，有不少人物活跃在朝堂上。比如谢灵运的两位堂弟，一位叫谢晦，很年轻就做到宰相；还有一位叫谢弘微，更是德才兼备，也是皇帝非常信任、能在政治上发挥重要作用的人物。这两人看到谢灵运在永嘉的表现太不像话了，纷纷写信去劝诫他，希望他能恪守职责，把工作做好，但谢灵运把他们的话都当耳边风，根本听不进去。到这个时候，谢灵运完全陷入了一种自哀自怜，甚至是自暴自弃的状态。他总认为自己怀才不遇，遭到部分朝廷要员的排挤和打压，这种负面情绪驱使他过上了更为荒诞的生活。俗话说"物以类聚，人以群分"，谢灵运的这些情绪吸

引到了一些跟他类似的人,他们交起了朋友,形成一个成天游山玩水、饮酒作诗的小圈子。

后来宋文帝登基,他爱惜谢灵运的诗才,就请他回朝廷任秘书监一职。秘书监主要负责管理宫廷藏书和国家档案,也负责组织编写历史。古人重视文化,在那个时代,以图书整理、历史书写为核心的文化事业,对于一个朝廷来说是非常重要的。所以秘书监虽然不像宰相那样可以在政治上发挥关键作用,但也是非常重要的职位,一般人是做不了的。而且这项工作的内容也符合谢灵运才华横溢的特点,应该说宋文帝的安排是合理的。但没想到谢灵运毫不在意,两次拒绝皇帝的任命,不愿意出任秘书监。宋文帝特意请另一位有名望的文人写信去敦请他,他才勉强就职。但他上任后依旧不务正业,终日无所事事。同时,他看看那些新上任的宰相,都是资历比他浅、才华不如他的,一下子又感到有落差,开始闹别扭。经常谎称生病了不去朝见皇帝,实际上要么在经营自己的园林,要么跑到城外去郊游,有时候往外跑一百六七十里地,十多天都不回来,也不向朝廷请假。宋文帝比较宽容,也爱惜他的才华,不想处罚他,就暗示他不适合担任朝廷要职,让他自己请辞。谢灵运受到暗示后马上就辞职了,回到了老家会稽郡(在今江苏省东南部及浙江省东部一带)。

　　回到老家以后,谢灵运一如既往地和朋友们一起游玩、喝酒、作诗、写文章讽刺朝廷上的高官们。他的言行不仅惹怒了权贵,还和地方官起了冲突。当时的会稽郡太守名叫孟颛,是个佛教徒。谢灵运讽刺他说:"你以后升天应该在我前面,成佛肯定在我之后了。"所谓升天在前,就是诅咒孟颛早死。谢灵运经常这样仗着才华逞口舌之快,羞辱别人抬高自己。后来谢灵运想把会稽郡的两个湖泊填平,作为自己的田产,上奏朝廷后,皇帝答应了他的请求。但湖泊里出产的一些鱼虾,是一些贫苦百姓的生计,孟颛作为地方官,为了维护这些百姓的利益,拒绝执行朝廷命令,不肯为谢灵运填湖,这下两人就彻底结仇了。

　　谢灵运仗着家族势力,平时行为也很蛮横,常常恣意妄为,给老百姓造成了很多困扰。有时候他带着几百人出去游玩,上山的时候没有路,就让随从拿着刀斧伐木开路,他们在临海郡（在今浙江省台州市、温州市、丽水市一带）登山就是这么干的。地方官听说几百个来历不明的人手拿刀斧开山伐木，以为是有人要造反，把他吓坏了，后来才知道是谢灵运的旅行团，敢怒却不敢言。谢灵运在自己老家会稽郡也没少干这类事，最终把孟𫖮彻底惹怒了。孟𫖮向朝廷告状，说谢灵运行为反常，很有可能图谋不轨，言下之意是说谢灵运真有可能造反。

宋文帝知道谢灵运只是荒唐些，是不至于造反的。为了解决他和孟𫖮之间的矛盾，宋文帝把谢灵运调到临川（在今江西省）去任职。到了临川之后，谢灵运毫不收敛，依然我行我素。这下之前被他瞧不起甚至痛骂过的宰相们坐不住了，想趁这个机会修理他，于是派了人去捉拿他。没想到谢灵运竟拥兵反抗，还写了一首反诗，这下造反的罪名可就坐实了。这事闹到最后连皇帝都救不了他，谢灵运最终因"谋反"被杀了头。

以史为鉴

谢灵运悲剧的结局，关键在于他缺乏自知之明。他不是蓄谋造反，只是平时积累的不满情绪促使他失控，做出了极端选择。怎么看待谢灵运的一生呢？谢灵运的确是个大才子，也很有创造性。比如他经常设计一些服装款式，营造一些家居摆设，都很有创意，这些很快就成为人们竞相模仿的风格，他的文章、诗歌受人们欢迎的程度更不用说。谢灵运的书法造诣也很高，他经常书写自己的文学作品，宋文帝很欣赏他的才华，认为他的书法和诗文都是宝，称之为"二宝"。但谢灵运始终没有认识到，在文学艺术方面才华横溢，并不等同他有政治才干。政坛失意后，谢灵运过着放浪形骸的生活，既想要官职，又不恪守职责，把内心的不满情绪发挥到极致，体现出其性格浮躁、偏激的一面，反而证明了朝廷不认为他有政治才干的判断是正确的。

思考与辨析

一个真正有政治才干的人需要沉稳的性格、深谋远虑的智慧，即便在失意的时候也应该把手头的事先做好，至少不能玩忽职守。谢灵运其实是过高地估计了自己的才能,误以为自己在文学艺术领域的创造力能够通吃一切,一旦政治方面的要求没有得到满足,就任意妄为,最终在荒唐的生活态度中走向悲剧的命运。一个人因为某些方面的成就而误以为自己是无所不能的,其实也是缺乏自知之明的典型表现。《资治通鉴》说谢灵运"恃才放逸,多所陵忽,故及于祸",意思是说他凭借才华,骄纵放逸,轻易欺辱别人,所以难免落得悲剧性的下场。这是非常到位的点评。

通鉴小文言

前秘书监谢灵运,好为山泽之游,穷幽极险,从者数百人,伐木开径;百姓惊扰,以为山贼。会稽太守孟𫖮与灵运有隙,表其有异志,发兵自防。灵运诣阙自陈,上以为临川内史。灵运游放自若,废弃郡事,为有司所纠。是岁,司徒遣使随州从事郑望生收灵运;灵运执望生,兴兵逃逸,作诗曰:"韩亡子房奋,秦帝鲁连耻。"追讨,擒之。——《资治通鉴·卷一二二·宋纪四》

第十九讲

高允勇担"国史案"

·勇于承担责任·

北魏时期有一位名叫高允的官员,同时他也是一位著名文学家。《资治通鉴》中关于高允的故事,是从同时期另一位重要人物崔浩身上引发出来的。北魏历史上发生过一件著名的"国史案",案件的主角就是崔浩。崔浩是当时著名的文学家和政治家,一直做到宰相一职,为北魏王朝的巩固和北方地区的民族融合做出过很大贡献。北魏政权的创立者属于鲜卑族,他们原本是活跃于北方的游牧民族,没有记载历史的传统。在中原地区建立政权后,他们的统治者想学习汉人的文化传统,把自己的历史记录下来,便把具体工作交由崔浩负责。

崔浩虽然身居高位,但不改书生本色,在编修史书的时候,实事求是地记录历史,避免歪曲、掩饰。当时高允也参与了史书编修工作。

实事求是地记录历史，本来是件好事。但崔浩毕竟是宰相，拥有巨大的权势，身边难免有一些溜须拍马的人，他们对崔浩说："您主编的史书质量这么高，光放在史馆里让我们几个官员看看，太可惜了，应该把它刻在石头上，立在大道边，让来来往往的人都看到，以彰显您的修史成绩。"崔浩欣然接受了这一建议，命人将篇幅庞大的国史刊刻在石碑上，立于人来人往的大道旁。

崔浩以为，这样做能提高自己的威望。高允却对此非常担忧。他对另外几位同事说："这些溜须拍马的人以这种方式谄媚于崔浩，无非是想为自己换回一点儿蝇头小利，却有可能给崔浩带来巨大的灾祸，而我们这些共同参与修史的人，恐怕也要受到连累。"事实证明，高允非常有先见之明。石碑树立了一段时间之后，麻烦果然来了。

国家的历史涉及很多普通百姓不知道的事，崔浩将这些内容都刊刻在石碑上，立在行人密集的大路旁，人们便都能从石碑上阅读到"朝廷秘闻"，把这些秘闻当做茶余饭后的谈资，其中还有不少政治内幕，甚至是肮脏的交易。这让涉及其中的高官、贵族下不了台，纷纷跑去向太武帝拓跋焘投诉，并给崔浩安了个"暴扬国恶"的罪名，意思就是暴露、宣扬对国家形象不利的一面。皇帝知道后也勃然大怒，下令立案彻查，这就是"国史案"的起因。如何给崔浩的行为定性？客观地讲，崔浩要求实事求是地记录历史，本身并没有错。错只错在不应擅自将涉及国家形象的历史公之于众，并以刻石的形式大肆宣扬。崔浩为了彰显自己修史的才能而置国家体面于不顾，这正是高允一开始就替他担心的地方。

"国史案"酿成后，在贵族们的指控下，崔浩的行为被认为是对朝廷和皇族的诽谤，罪名再往下，就被认为是不满朝廷而意欲谋反。最终，"国史案"真的被定性为以崔浩为首的谋反案。说崔浩谋反，当然是冤枉的，但事情闹到这个地步，也没有办法挽回了。崔浩和他的家族，甚至关系比较近的亲戚，都受到牵连，很多都遭受了灭门之灾。

"国史案"爆发后，高允作为参与修史的官员之一，势必也要受到审查。比一般修史官幸运的是，高允还有另一个身份：他是太子拓跋晃的老师。太子打算帮助老师渡过这个难关。崔浩被捕之后，太子召见高允，并让他当晚留宿在太子宫。这样高允就没有在第一时间作为崔浩的同案犯被逮捕。第二天，太子带着高允去见皇帝。觐见之前，太子对高允说："见到圣上后不要乱说话，我说什么，你顺着我的意思说就可以了。"高允问："今天来见皇帝，到底是为什么事？"太子回答说："不要细问了，待会儿你就知道了。"

太武帝一来，太子立刻就"国史案"替高允辩护。太子说："高允只不过一个小小的编修官，根本无权决定国史如何编修。所谓借助国史诽谤朝廷,全是崔浩的责任,与高允无关,希望父皇能赦免高允。皇帝问高允:"真如太子所说吗?"高允的回答出乎所有人的意料。高允朗声答道:"太子说得不对,崔浩身为宰相,朝政繁忙,只是挂了主编的头衔,看看初稿,审定一番而已。要说到国史的具体内容,倒还是我写得更多。"听了这话,皇帝勃然大怒,说道:"这样看来高允的罪过甚于崔浩,怎么能说他无罪呢?"这个场景把太子吓坏了,如果皇帝就此将高允定罪,那么他今天的行为反而弄巧成拙,自己也要承担欺君的罪名。因此太子不得不再次辩解道:"高允一介小臣,平时没有太多机会见到皇帝,今天难得能在皇帝面前发言,一定是在这个威严庄重的气氛中语无伦次了。刚才来见皇帝之前,我问他,他的确说所有责任都是崔浩的。"

为了给太子一个面子,皇帝再次询问高允:"事实是太子所说的那样吗?"高允的回答再次让太子瞠目结舌。高允回答皇帝说:"不是这样,我现在意识非常清醒,并非语无伦次,而且也明白这会给我带来什么后果,但我必须实事求是地回答您的问题。太子之前根本没有问过我关于国史编修的情况,因为我是他的老师,彼此有些感情,为了帮我渡过难关,他才把我带来向您求情。"面对这一场景,站在一旁的太子惊慌失措,非常窘迫,却没想到皇帝回过头来对他说:

"高允这样诚实的大臣真是难得啊,如此坦率而勇于承担责任,有几个人能做到啊!他肯定知道实话实说会招来杀身之祸,却依然没有半点儿欺骗和隐瞒,坚持实事求是。这样的人才值得珍惜,这样的品德值得表彰。"最后皇帝下令赦免了高允。就这样,高允因为实事求是,即便在非常危急的情况下也不撒谎,不仅没有受到"国史案"的牵连,反而受到了皇帝赏识,在后来的朝廷中也发挥着越来越重要的作用。

以史为鉴

把高允的故事和第七讲《投机取巧的丁公》中丁公的故事做个对比，我们能得出什么结论呢？丁公看似聪明，反而断送了性命。高允看似笨拙，却获得了新生。这些故事告诉我们，智慧不是耍小聪明，智慧也不需要拐弯抹角。智慧往往和勇气、真诚联系在一起，当一个人能够坦坦荡荡地面对困境，并勇于承担责任的时候，他就拥有了真正的大智慧。高允的智慧正体现在他能勇敢且真诚地面对问题，承担责任。其实高允之所以这么做，还有一个配套故事，《资治通鉴》也作了介绍，我们留在下一讲分享。

思考与辨析

古人有句话叫"大智若愚，大巧若拙"，意思是说那些拥有大智慧的人，表现出很愚笨的样子，有些非常巧妙、非常精致的人，看上去却很笨拙。为什么呢？因为有时候真正的智慧隐藏得很深，或是看得很高远，一般人发现不了、理解不了，还以为他愚笨。我们要学会分辨，什么是真正的智慧，什么是虚假的聪明。

通鉴小文言

及崔浩被收,太子召允至东宫,因留宿。明旦,与俱入朝,至宫门,谓允曰:"入见至尊,吾自导卿;脱至尊有问,但依吾语。"允曰:"为何等事也?"太子曰:"入自知之。"太子见帝,言:"高允小心慎密,且微贱;制由崔浩,请赦其死!"帝召允,问曰:"国书皆浩所为乎?"对曰:"《太祖记》,前著作郎邓渊所为;《先帝记》及《今记》,臣与浩共为之。然浩所领事多,总裁而已,至于著述,臣多于浩。"帝怒曰:"允罪甚于浩,何以得生!"太子惧曰:"天威严重,允小臣,迷乱失次耳。臣向问,皆云浩所为。"帝问允:"信如东宫所言乎?"对曰:"臣罪当灭族,不敢虚妄。殿下以臣侍讲日久,哀臣,欲丐其生耳。实不问臣,臣亦无此言,不敢迷乱。"帝顾谓太子曰:"直哉!此人情所难,而允能为之!临死不易辞,信也;为臣不欺君,贞也。宜特除其罪以旌之。"遂赦之。——《资治通鉴·卷一二五·宋纪七》

第二十讲

翟黑子的故事

·面对错误不可心存侥幸·

上一讲我们分享了高允的故事。或许有人会说，这个故事特殊性太强，不具备普遍指导意义。如果皇帝没有赦免高允，高允这么做，岂不是不仅把自己推上了断头台，还会连累了太子？《资治通鉴》在讲述这个故事的时候，其实已经回答了这个问题。

当时有个叫翟黑子的宠臣，被封为辽东公。有一次翟黑子奉皇帝之命出使山西，结果在那里收受了一笔价值不菲的贿赂。世间没有不透风的墙，翟黑子受贿的事马上传到了皇帝的耳朵里。翟黑子很担心，于是找高允商量，万一皇帝问起这件事，该怎么回答。高允说："皇帝非常宠信你，犯了错误之后主动承认，争取皇帝的信任，应该还有挽回的余地。如果你要赖撒谎，就多了一层不诚实与欺君的罪名，会导致皇帝再也不信任你，那才是真正的麻烦。"

听完高允的建议后,翟黑子心里还是不踏实,又去请教了其他两位官员。那两位官员对翟黑子说:"你受贿数额这么大,坦白承认的话恐怕死罪难逃,不如矢口否认,把这件事瞒过去。"比较了两种建议后,翟黑子认为后者更可靠,并埋怨说:"高允教我坦白承认,那不是把我往火坑里推吗?"于是翟黑子见到皇帝之后,坚决否认有受贿这回事。他不知道,其实皇帝早就掌握了确凿的证据。皇帝本来找他谈话,的确是想给他一个悔过自新的机会,只要他能坦白承认,就从宽发落。因为毕竟他是皇帝的宠臣。没想到翟黑子非常不诚实,这个态度让皇帝大失所望。本案仅仅是贿赂的问题,皇帝如此宠信翟黑子,翟黑子却对他撒谎,打破信任才是更严重的事。对皇帝来说,不仅是看人的眼光受到了挑战,自己身边有这样一个不诚实的人,也是极不安全的,以后他可能会在更重要的问题上欺骗自己。因此,皇帝对翟黑子的表现感到愤怒,下定决心要严惩翟黑子。最终,翟黑子被判了死刑。

翟黑子的故事被司马光穿插在太子带高允进宫求情之前。而在太子、高允朝觐完皇帝之后,《资治通鉴》又记载了一段他们之间的对话。太子埋怨高允说:"你也该懂得变通,上次在父皇面前,我想为你开脱罪名,你却这么固执,话都跟我反着说,我也差点儿被你害惨了!当时的场景,现在回想起来我都还心有余悸呢！"高允并没有直接回应太子的话，而是把话题转移到如何看待"国史案"上。高允说："之所以要修纂国史，就是要记录统治者的一言一行，让后人知道哪些做法是对的，哪些是错的。也借此告诫以后的统治者们要谨言慎行，否则就会在历史上留下恶名。崔浩被利欲冲昏了头脑，居然把国史当作私人作品公之于众，致使朝廷机要成为老百姓们茶余饭后的谈资，这是他辜负国恩，当然不对。至于以实事求是为原则来编写历史这一点，崔浩并没有错。"所以高允郑重指出，以暴扬国恶的罪名惩罚崔浩，他并无异议，但因此波及记录历史的原则，想把实事求是的历史记载一并删除，他坚决不能接受。这也是要在皇帝面前申辩的原因。高允要维护的是历史记录的严肃性。

这番大义凛然的回答，令太子折服。事实上，高允心里还藏着一件事，不便对太子说明。在辞别太子之后，高允向

他身边的人吐露了心声，他说："我之所以不听从太子的安排，在皇帝面前如此坦诚直白，是怕不这样做会无颜见翟黑子于地下啊！"读《资治通鉴》到这里，我们才恍然大悟，原来前面特意交代翟黑子的往事，是为高允的故事埋下了伏笔。

　　高允谈到翟黑子时的感叹非常值得玩味。一个人是否明理，重点不在于教别人怎么做，而在于自己怎么做。孔子说："听其言而观其行。"光看高允对翟黑子的建议，我们并不能得出高允为人光明磊落、坦荡诚实的结论，言行不一的人多得是。在翟黑子看来，高允是站着说话不腰疼，说不定当时翟黑子心里还在想，高允要是自己碰到这种事，能像他自己说的那样去做吗？如果高允真是只会教人怎么做，而不能亲自践行自己提倡的价值观的人，那么高允就是一个再普通不过的人，甚至可以说是一个虚伪的人。高允用自己的行动证明了他不是那样，他能做到普通人难以做到的表里如一、知行合一。

以史为鉴

　　把翟黑子的插曲作为重要的参考内容，重新审视高允的言行和相应的效果，我们就能意识到，《资治通鉴》想借助这组故事，揭示一些人们应该遵守的普遍原则。绝大多数人都喜欢走捷径，但通常会忘记一个最基本的原理：两点之间直线最短。《资治通鉴》当然不是几何学教科书，但它讲的这两个反差明显的故事，却又能为我们勾勒出一套"人生几何学"原理。翟黑子对自己犯过的错误曲加掩饰，因而招来杀身之祸。高允对自己应该承担的责任直言不讳，不仅获得赦免，还赢得了人们的尊重。《资治通鉴》希望通过这个对比，让人们领悟到坦诚面对困境和勇于承担责任的可贵。而两人迥然不同的结局，也向我们揭示了，究竟谁是智慧的，谁是愚蠢的。

思考与辨析

占便宜的时候贪婪而心存侥幸，不良后果显现时却又不敢承担责任，这是很多普通人常有的心态。高允和翟黑子的故事告诉我们，正视所有自己应该承担的责任与后果，往往是最有效的解决方案，任何曲折、掩饰，反而会增加事件走向的不确定性。当然，对于像翟黑子受贿这样的事件，有一个更简单的道理需要明白,"要想人不知,除非己莫为",在这个问题上,廉洁是最"直线"的思维,事先就应该考虑贪污受贿的后果,而不是以侥幸心理来对待,任何侥幸心理都违背"人生几何学"的直线原理。

通鉴小文言

初,辽东公翟黑子有宠于帝,奉使并州,受布千匹。事觉,黑子谋于高允曰:"主上问我,当以实告,为当讳之?"允曰:"公帷幄宠臣,有罪首实,庶或见原,不可重为欺罔也。"中书侍郎崔览、公孙质曰:"若首实,罪不可测,不如讳之。"黑子怨允曰:"君奈何诱人就死地!"入见帝,不以实对,帝怒,杀之。——《资治通鉴·卷一二五·宋纪七》

第二十一讲

得意忘形的颜竣

·保持谦虚的处世态度·

颜延之是东晋末年至南朝刘宋时代著名的文学家，和大文豪谢灵运并称"颜谢"。颜延之自己不太热衷于当官，但他的儿子颜竣却是官场上年少得志的典型。颜竣的发迹，说起来和一场政变有关。

当时的皇帝是宋文帝刘义隆。公元453年，宋文帝被他的太子刘劭杀了。宋文帝的另一个儿子刘骏打起为父报仇的旗号，起兵讨伐刘劭。而与父亲同样具有文学天赋的颜竣当时是刘骏的机要秘书。刘劭杀父夺位之举，虽然激起了全国上下的义愤，但敢于公开反对的人很少。刘骏起兵，颜竣为他撰写了一篇笔力雄健、气势磅礴的檄文。这篇檄文广泛传播，激起了人们战斗激情的同时，也告诉大家，这件事有很大的把握可以成功。之前很多官民不敢响应，是因为力量分散，没有成功的把握。现在有军事实力雄厚、身份合适的刘骏主持大局，成功的把握就很大了，因此四方官民纷纷响应。

在颜竣这篇檄文的帮助下，刘骏起兵很顺利，率领部队从九江出发，顺流而下，直奔都城建康（在今江苏省南京市）。但一离开九江，刘骏就病倒了，而且病得不轻，不但不能接见将士，连听取汇报、发布指令都做不到，多次面临生命危险。这对刘骏团队来说是一个沉重的打击，若消息传开，人心瓦解，义军很可能不战自溃。在这紧要关头，颜竣挺身而出，担起了责任。现在摆在面前的头等大事，是要对刘骏的病情高度保密，绝不能泄漏出去。颜竣利用自己机要秘书的特殊身份和条件，暗中代替刘骏决断一切军政大事，对外则宣称是刘骏的处断。每次他都像平常一样，以秘书身份进入刘骏生活起居的地方，装作是在向刘骏汇报、请示，出来后则把相关意见对外传达。由于他演得太逼真了，处理大事也的确井井有条，没有什么差错，以至于没有人发现是颜竣在代替刘骏行使职权。刘骏病了近二十天，这段时间里，连同乘一条船的军士都不知道刘骏生了重病。刘骏病愈后重新召见部将们，大家也都不知道这近二十天的真实情况。颜竣临危不乱的强大心理，以及处理事务的精湛能力，都令人赞叹。

在打败篡位的刘劭之后，刘骏顺利地称帝了，他就是南朝的宋孝武帝。颜竣当然也得到了很好的回报，逐步做到了宰相。然而，和很多一飞黄腾达就忘本的人一样，颜竣成为宰相后的表现令人失望。

如何令人失望呢？有一次，颜延之一大早去找颜竣。结果发现前来拜见颜竣的宾客、幕僚已经排起了长队，颜竣却还没有起床。颜延之看到这个情况勃然大怒，闯进儿子的卧室，训斥道："你出生在一个没有什么政治势力的家庭，尽管你凭着努力有了今天的地位，但你怎么敢如此得意忘形，如此傲慢地对待别人呢？要知道，这样下去的话，得有多少人记恨你？你这样能长久吗！"

另外一个故事是说，颜竣做了宰相以后要造漂亮的大房子。颜延之就冲他说了一句话："善为之，无令后人笑汝拙也！"这话怎么理解？是说房子好好造，造得漂亮些，不要让后世之人笑话你造的房子不漂亮吗？其实不是。颜延之是借这个机会告诫颜竣，如果不能把人做好，即便风光一时，最终还是会落得一个惨淡的收场，那样的话，留下的房子越大越漂亮，越会成为别人的笑话。这是颜延之参透人生的智慧言论。颜延之试图通过这句话，让儿子想象这样一个后果：一行闲杂的路人经过这栋房子时指指点点，甲说："你看，这就是当年颜竣造的大房子。"乙说："房子倒是够气派，现在里面住的还是颜家人吗？"甲又说："早就不是了，颜竣不是被抄家了吗？房子早换主人了。"乙又说："早知如此，当初费那么大劲儿干吗？"颜延之希望日后不要出现这样的场景,所以要求颜竣先把人做好。而要做好"人",光有才能是不够的。

很不幸,颜延之不想看到的一幕还是发生了。在他去世三年后,颜竣就被他一直辅佐的孝武帝刘骏给杀了,而且死得非常惨。颜竣之所以失败,是因为颜延之曾训斥他的那种傲慢的作风。

刘骏称帝之初,与颜竣之间的关系还比较融洽。但时间久了之后,两人的分歧逐渐暴露出来。颜竣原本以为,凭借着他的功劳、能力,以及和皇帝的私交,自己在朝廷上的位置是不可动摇的。但当他的一些意见被皇帝拒绝之后,颜竣开始忧虑重重,患得患失,觉得皇帝是有意要疏远他。为了试探皇帝的真实想法,颜竣申请离开京城到地方上去任职。颜竣心里想:"如果皇帝同意了这一请求,就说明他真想疏远我了。如果他不放我走,那情况还不至于太糟糕。"讵知

申请一经提出,皇帝马上就批准他去地方任职了。颜竣因此认为,皇帝真的不信任他了,所以满腹牢骚,经常把自己对朝廷的不满挂在嘴上、写在信里向人诉说。这些牢骚与不满几经辗转,最终都被皇帝知道了。皇帝对颜竣的毁谤愤恨至极,最终将颜竣赐死。

以史为鉴

皇帝这么做固然是不念旧情,但颜竣的结局恐怕也有咎由自取的成分。回想颜延之那天早上看到的一幕:宾客盈门,颜竣却还没有起床。当初耐着性子等待颜竣接见的人群中,是不是会有人非常乐于看到颜竣被严惩?他们在挑拨皇帝和颜竣关系这件事上,有没有可能发挥重要作用呢?这是很有可能的。这就是颜延之当时看到这一幕后非常生气的原因。当拜访者已经在客厅恭候时,主人却还没有起床,这对拜访者来说,肯定不是愉快的经历。他们只是因为有求于这位傲慢而懒惰的主人,所以必须忍耐。但将心比心,有谁会甘愿遭受这种怠慢呢?一旦有机会报复,可能他们中的很多人都会利用这个机会。

思考与辨析

我们发现,当一个人处于低谷的时候,往往不是他人生中最可悲的时候,因为这时候他很难引起别人的嫉妒和憎恨。人栽倒恰恰是在春风得意马蹄疾的时候,因为给我们挖坑的人开始多起来了,一不小心就栽了。颜竣被杀的命运结局,是很多原因造成的,这种春风得意之时的不谨慎,要负一部分责任。所以我们要记得,人生处在低谷的时候,不要消沉气馁;而处在巅峰的时候,反而更要保持谦虚谨慎的态度,千万不可得意忘形。

竣起宅,延之谓曰:"善为之,无令后人笑汝拙也。"延之尝早诣竣,见宾客盈门,竣尚未起,延之怒曰:"汝出粪土之中,升云霞之上,遽骄傲如此,其能久乎!"——《资治通鉴·卷一二八·宋纪十》

第二十二讲

侯景之乱

·求人不如求己·

公元548年，发生了一场搅动南北政局的大战乱。发动战乱的人名叫侯景，所以历史上称此战乱为"侯景之乱"。侯景原是北方东魏政权的大将，他在北方的行动失败后跑到南方，背叛了东魏，投靠了梁朝，接纳他的是梁武帝萧衍。梁武帝的怜悯并没有换来侯景的忠诚，相反，他还上演了一出农夫和蛇的故事。在兵马蓄养强壮之后，侯景再度选择背叛。侯景生性狡诈凶残，但他打仗的能力很强，很快，他率领的叛军就围困了梁朝的首都建康。最终，侯景攻破都城，梁武帝和太子都成了俘虏。当时梁武帝已经八十多岁了，沦为俘虏后因得不到充足的食物，又气又饿，很快就去世了。接着，侯景扶植梁武帝的太子做了傀儡皇帝，史称为"简文帝"。

为了讨好侯景，简文帝把自己的女儿嫁给了侯景。侯景是个瘸子，而这位公主却长得很漂亮。拥有这样一位贵妻，让侯景觉得很有面子。侯景多次趁着简文帝不在场的时候，拥着公主一起坐在皇帝的宝座上，和手下的骄兵悍将们喝酒大闹，斯文、礼节是完全没有的。公主虽然不习惯，但也只能忍气吞声、强颜欢笑。为了保命，简文帝做过很多讨好侯景的事，有一次简文帝和侯景喝醉了，他对侯景说："我很想念你呀！"侯景说："是啊，你不想我的话，我怎么会在这里呢？"这些话听着让人觉得他们关系亲厚。即便如此，侯景最终还是把这位傀儡皇帝给杀了。再往后，侯景在各路义军的围攻之下失败了。侯景之乱虽然被平定了，但南方的繁华也不复往日了。

南北朝是一个战乱频繁的时代。南方，在东晋王朝灭亡之后，从公元420年至589年，一百七十年间经历了宋、齐、梁、陈四个王朝，这四个王朝被统称为"南朝"。北方，北魏王朝于公元439年前后统一了北方，和南朝分庭抗礼。到公元534年左右，北方又分裂为东魏、西魏；之后，东魏被北齐取代，而西魏则被北周取代。北魏、东魏、西魏、北齐、北周这五个王朝，被统称为"北朝"。最终，北周消灭了北齐，统一了北方；但过了不久，北周又被隋朝取代了。隋朝的开国皇帝是隋文帝杨坚，他于公元589年消灭了南方的陈朝，最终完成了统一全国的大业。侯景之乱正是这历史长河中的一个波澜。

侯景为什么能把天下搅得大乱呢？这要从南北朝这段历史的一个重要特点说起，那就是贵族势力的庞大。这些贵族，都是世家大族，在南方，最大的贵族是王家和谢家；在北方，则有崔、卢、郑、王等家族。这些家族相互通婚，关系错综复杂，他们联合起来，往往能够影响政局走向。这些家族里的孩子都是含着金汤匙出生的，他们当中有很多人，长大以后不用怎么努力，只要凭借着家族势力，就能获得一官半职。这就导致了一个现象，朝廷上很多重要职位都被这些大家族控制着，甚至有一些极其无能的人，也因为有着"高贵"的出身而当上大官。比如当时流行一个笑话，有一个当了大官的贵族子弟，一听到马的嘶鸣声就害怕，他问别人："你听它叫声这么可怕，明明是老虎，为什么管它叫马呢？"这个笑话很好地揭示了一部分贵族子弟的懦弱无知。

有人编了句谚语来嘲笑这些不学无术的贵族子弟："上车不落则著作，体中何如则秘书。"这里的"著作"和"秘书"指的是帮助国家整理档案、编修历史的重要官职，都是

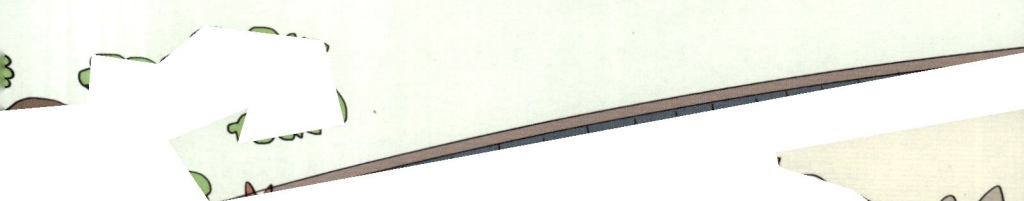

需要有学问的人才能胜任的。但在当时,有些贵族子弟,只要在信里面写几句"您最近身体好吗"这样的客套话,居然也能做这么重要的官,可见当时贵族势力对官场的腐蚀有多厉害。当了官以后,总需要写写诗、议论一下朝廷大事,那些腹中空空的贵族子弟碰到这种情况怎么办呢?有时候他们会找人代写一些诗赋、文章,有时候就装沉默,闭口不言。就这样居然也能蒙混过关。试想,如果朝廷上充斥着这样的官员,这个王朝还能强盛吗?如此腐朽的政坛,在狡黠的侯景面前怎堪一击?

前面提到的梁武帝、简文帝和公主,身份比贵族子弟更高。兵荒马乱之际,连他们都保不住自己的性命和尊严,那些不学无术的贵族子弟们,又怎么可能仅仅凭借着"高贵"的出身继续纸醉金迷呢?

有人可能会想，既然是整个国家兵荒马乱，那不仅仅是不学无术的人日子不好过，有真才实学的人，日子也一样不会好过！这当然有道理，但我们细想，在这种情况下，有真才实学的人和没有真才实学的人，谁更有机会东山再起呢？

有一位生活在那个时代的名叫颜之推的士大夫。他原先是南方的官员，后来因为战乱，迁徙到北方。历经生活磨难的他，对人生有很深刻的洞察，并写了一篇题为《勉学》的文章。在文章里，他回顾了当年贵族子弟们优哉游哉的美好生活：论武，他们不能骑马射箭；论文，他们只能写写自己的姓名。即便如此，他们也能怡然自得，靠着家世，混上一官半职。太平年代，这些人总是把自己打扮得漂漂亮亮的，穿着豪华的衣服，把玩着名贵的器物，过着神仙一般的生活，令人羡慕。但侯景之乱发生之后，朝廷上的高官都被清洗，很多大家族都受到了打击，此时再看那些不学无术的贵族子弟们，他们丧失了家族的庇护，没有权势撑腰，不仅褪去了浮华的外表，甚至连怎么活下去都成了问题。同样是这批人，为什么之前能快活如神仙，现在却如此失魂落魄呢？颜之推总结说，那是因为他们往日的风光和"成功"，根本不是靠自己，不是建立在自身实力的基础上。他们浮华的生活，是建立在家族势力的基础上，所以一旦家族势力动摇，或者碰到侯景之乱这样的大变局，他们赖以生存的权势也就不存在了。

以史为鉴

那些不学无术的贵族子弟，贪图眼前的荣华富贵，并没有意识到自己身处一个非常危险的时代。他们尊贵的生活就像一个大泡沫，根本经不起战争的洗礼。如果发生战乱，那些仅凭家庭出身而不是依仗真才实学的浮华人生，就很容易破灭。

颜之推《勉学》篇得出了这样的结论：人最终还是要靠自己。只要自身有能力，和平年代可以靠着它安身立命，战乱年代也能靠它糊口，总比那些一无所能、坐等饿死的贵族子弟好。

思考与辨析

颜之推认为，学到一门技艺比拥有万贯家财更可靠。家财随时可能烟消云散，而技艺在我们身上是不会丢失的。可学的东西很多，学什么最有用呢？颜之推认为，学习文化知识最有用。文化知识看上去不像打铁、做饭这些具体技艺，能直接产生价值，但它却是应用面最广的技能。为什么呢？因为只要有人的地方，就需要文化知识，小到百姓的日常买卖，大到朝廷的方针制定。颜之推说，一个原本出身卑微的人，如果通晓《论语》《孝经》，至少可以做启蒙老师。相反，一个出身高贵的人，如果没有文化，碰上兵荒马乱，日子就难过了。总之，自身有能力、有才学的人，更能找到安身立命之地。

通鉴小文言

　　高祖之末，建康士民服食、器用，争尚豪华，粮无半年之储，常资四方委输。自景作乱，道路断绝，数月之间，人至相食，犹不免饿死，存者百无一二。贵戚、豪族皆自出采稆，填委沟壑，不可胜纪。——《资治通鉴·卷一六二·梁纪十八》

第二十三讲

颜之推与《颜氏家训》

·家训和家风的传承·

上一讲我们提到了颜之推和他的作品《勉学》篇。颜之推在《勉学》篇中提出，无论是谁，都应该通过拓展学业来提高自身能力，这样才能更好地应对千变万化的外部世界。这个观点非常深刻，它也影响了《资治通鉴》的作者司马光。司马光在《资治通鉴》中引用过颜之推的这一观点，用它来探讨相关的历史人物。

那么颜之推为什么会有这么深刻的洞察呢？这和颜之推丰富的人生经历有关。正如上一讲提到的，他所处的时代，是中国历史上最动荡的时代之一，正赶上五胡入华、南北朝大分裂。他出生于南方的梁朝。年轻时期的颜之推，经历了南朝最为繁华的时光。随着侯景之乱的爆发，南朝的繁华不复往日，不久梁朝也灭亡了。征服者是来自北方关中地区的西魏政权，颜之推成了西魏军队的俘虏。但有趣的是，短短

三年之后，西魏也灭亡了，被一个叫北周的政权所取代。颜之推趁机逃离，他历经千辛万苦，最终落脚在华北平原的北齐政权。颜之推在北齐生活了二十年左右，随后，北齐又被北周灭亡。历史总是惊人地相似，戏剧性的场面再次重演，短短四年之后，刚统一了北方的北周政权也灭亡了。隋文帝杨坚即位，开始隋朝的统治历程。

概括来说，颜之推一生经历过梁朝、西魏、北齐、北周、隋朝五个王朝，而且目睹了前面四个王朝的灭亡。这样复杂的人生,让颜之推看到了很多常人看不到的东西。他将很多乱世中的感悟,写在一本题为《颜氏家训》的书里面。希望这些经验教训能帮助他的子子孙孙洞明世事,健康成长。《勉学》篇正是《颜氏家训》中的一篇。

《颜氏家训》里有这样一个故事。一位北齐时代的士大夫曾对颜之推说:"我有一个儿子,今年十七岁了。我想让他学习一下鲜卑语,也弹弹琵琶。"为什么要学这些呢?因为当时北齐最高的统治阶层是鲜卑贵族,说的是鲜卑语,而且当时的北齐皇帝最喜欢弹琵琶。学会这些能接近、讨好皇帝和达官贵人的技能,何愁未来不发达呢!颜之推听完,沉默不语。之后,他把这件事记录在《颜氏家训》里,感叹道:"这种只看眼前不顾长远,而且把自己的未来押在别人身上的教育理念,真是太危险了,恐怕最终会适得其反。"颜之推的预判对不对呢?没过几年,那位酷爱弹琵琶的皇帝就暴毙了。若干年后,北齐政权也灭亡了。而那位主张服侍北齐贵人以求飞黄腾达的士大夫以及他的儿子,面对亡国之乱,又有何计可施呢?他们显然忽视了未来的复杂性。把赌注押在别人身上,希望借助别人的权势赢得美好未来,这样做恰恰把自己卷入了一个无法把控的局面中。

那么颜之推为什么一开始就知道这个方案不靠谱呢?因为颜之推经历得太多了,见证了这么多王朝的灭亡,见过多少昨日尚且风光无限，今日已沦为阶下囚的凄惨人生。一个人认为依附于眼前的贵人，自己就有机会飞黄腾达。但问题是眼前的贵人，将来还会是贵人吗？万一有一天他被打倒在地，成为阶下囚，且不说会不会受连累，到那时之前的付出还有什么价值呢？每当一个王朝衰弱、一个政权灭亡的时候，这样的故事不就会上演吗？碰到这种大洗牌的局面，反而是颜之推这样洁身自好、靠自己本事吃饭的人，有更多生存下去的机会，也有更多调整自己以适应变化的机会。

基于这一点，颜之推在《颜氏家训》中总结了一套非常朴素的教育理念：一个人若想找到生命的立足点，最终还是靠自身内在的能力与能量，无论何时，学好本事、修炼好自身都是最重要的。命运固然令人捉摸不透，但一定要记得把人生牢牢掌握在自己手里，所以自立自勉是《勉学》篇的核心思想。把未来的希望寄托在别人身上，风险是很高的。这个理念并不高深，只不过很多时候，一般人都压制不住想走捷径的念头，抵挡不了眼前的诱惑。然而人生何尝有捷径，绝大多数走捷径的做法，都会让我们付出更大的代价。

那么颜之推的这套教育理念，有没有帮助颜氏家族抵挡住乱世浊流，获得更大的成功呢？答案是肯定的。我们读《资治通鉴》会发现，颜氏家族正是靠着严格践行自立自勉的理念，战胜了南北朝时期涌现出来的大多数家族，成为那个时代绵延、传承最久的家族之一。在颜之推去世将近两百年之后，颜氏家族还为中国历史贡献了一位宗师巨匠，他就是大名鼎鼎的颜真卿。颜真卿生活在唐朝中期，是颜之推的第五代孙。

另一位生活在唐朝中期的诗人刘禹锡写过一首著名的《乌衣巷》："朱雀桥边野草花，乌衣巷口夕阳斜。旧时王谢堂前燕，飞入寻常百姓家。"这首诗表达了诗人对历史兴衰的感慨。乌衣巷是一条巷子的名称，在今天江苏省南京市。东晋、南朝时代，南京一直是作为都城的存在。"旧时王谢"，指的是东晋、南朝时期最具权势的贵族王家和谢家，我们熟悉的历史人物王羲之、谢安，就分别出自这两个家族。那个时代，王、谢这两大家族的重要人物，都住在乌衣巷，所以乌衣巷也是贵族权势的象征。然而到了唐代，王家和谢家的势力早已退出历史舞台，两个家族再也没有产生过杰出人物。往日的乌衣巷，此时也住满了普通百姓。

以史为鉴

我们把颜氏家族和王、谢两大家族做个对比。论贵族等级，颜家和王、谢两家比差远了。如果王、谢算一流贵族的话，颜氏家族最多算三流。但这几个家族的传承情况，并没有和门第等级成正比。进入唐朝以后，王、谢两家逐渐销声匿迹了。而颜氏家族仍然在为中国历史、中国文化贡献杰出人物。颜之推有一个孙子叫颜师古，是唐太宗时代最优秀的学者之一，也是那个时代伟大的文字学家之一。唐太宗曾下令，将颜师古写的字定为标准，所有宫廷藏书在整理、抄写的时候，必须按照这个标准书写，称之为"颜家字样"。颜师古的晚辈中，有一位叫颜元孙的，写了一部《干禄字书》，成为唐朝官员书写公文时必须参考的字典。颜真卿就是颜元孙的侄子。颜真卿不仅是伟大的书法家，同时还在抗击安禄山叛变、保卫唐王朝这一重大历史事件上做出了贡献，所以他也是一位杰出的政治家。

思考与辨析

颜真卿为什么这么杰出？从家族传承的角度看，是强大的家风传承造就了他。颜之推在《颜氏家训》中的核心观点：每个人都应该通过拓展学业来充实自己，在学有所长的基础上经营人生和事业。之后每一代颜氏家族的子孙都是这么践行的，所以这个家族每一代都会出现杰出人物，延绵不断。而文字学，正是颜氏家族传家的学问。不管王朝兴衰如何，社会管理、文化传承始终离不开文字，掌握好文字学，就一定能找到施展抱负的舞台。所以，颜真卿能成为里程碑式的大书法家，很大一部分来自家学渊源。

通鉴小文言

　　齐主颇好文学。丙午，祖珽奏置文林馆，多引文学之士以充之，谓之待诏；以中书侍郎博陵李德林、黄门侍郎琅邪颜之推同判馆事，又命共撰《修文殿御览》。——《资治通鉴·卷一七一·陈纪五》

第二十四讲

颜真卿的格局与担当

· 堂堂正正做人做事 ·

颜真卿是唐代名臣,在唐玄宗时代正式踏上仕途,他一身正气,不愿意攀附权贵。当时的宰相名叫杨国忠,是杨贵妃的堂兄。杨国忠是一个自私、专权的人,性格耿直的颜真卿曾在朝廷上正面批评过他,因而遭到杨国忠的排挤,被外贬到平原

郡做太守。平原郡在今天的山东省德州市一带，但在唐代，它属于广义上的河北地区，离大军阀安禄山的驻地不远。

公元753年，颜真卿到平原郡上任。不久，颜真卿就察觉到安禄山包藏祸心，很有可能造反。于是他以防洪为名，命人高筑城墙，疏通护城河，并在暗地里积极储备粮食，招募壮士。为了不引起安禄山的怀疑，颜真卿表现得很悠闲，时常和宾客们泛舟饮酒。安禄山果然不拿颜真卿当回事，觉得他只是一介书生。

公元755年，安禄山果然发动叛乱。叛军来势凶猛，而朝廷却没有防备。地方官员逃的逃，降的降，河北大部分地区瞬间被叛军占据。只有颜真卿据守平原郡，给叛军制造了不小的阻碍。

安禄山迅速攻占了东都洛阳，这是当时中原地区最繁华的城市。面对严峻的形势，颜真卿和他堂兄颜杲卿联合起来，组成了河北义军同盟。颜杲卿是常山郡太守，常山郡核心地区在今天河北省石家庄市附近。在颜氏兄弟的感召下，很多之前被叛军攻占的郡县重新归顺唐朝，军民们驱逐、袭击安禄山派去的将领。河北地区支持朝廷的郡很快扩展到十七个，战士人数达二十万。大家共同推荐颜真卿来做

盟主，于是颜真卿成了河北地区的义军领袖。这支义军把已经到达洛阳地区的叛军，和安禄山的老巢范阳（在今北京市一带）之间断成两截，切断了他们的交通道路。这样，叛军的粮食、战略物资供给和兵源补充都成了严重问题。而且颜杲卿还斩杀了安禄山的将领李钦凑，为唐朝夺回了太行山最重要的关口——井陉关，俗称"土门关"，其址在今天河北省西部，太行山脉东麓。恼怒不已的安禄山派军队回攻井陉关，颜杲卿战败被俘，不屈，骂贼而死。这次战役，整个颜氏家族损失惨重。颜真卿的一些书法作品就是为纪念这次战役而作的。比如被称为"天下第二行书"的《祭侄文稿》（"天下第一行书"是王羲之的《兰亭序》），就是颜真卿为纪念死于这次战役的小侄子颜季明而作，颜季明是颜杲卿最小的儿子，遇难时年仅十余岁。《祭侄文稿》原稿上的斑斑泪迹，正是颜真卿一边掉着眼泪，一边写完这幅作品而成，充满着真情实感。

　　这一切困难都没有让颜真卿退却。在颜真卿等人的努力下，河北义军抗击叛乱的行动虽然形成了声势，也取得了一定成绩，但颜真卿毕竟是文人，不是久经沙场的老将，招募的军队也都是由新兵组成，缺乏良好的训练，再加上各地区之间各自为政，缺乏真正意义上的统一指挥。颜真卿凭着一腔热血，在国家危亡之际，不管自己能力是否足以应付，就挺身而出，这是一种大勇，是一种大格局。但实事求是地说，单凭这些义军来全面抵挡安禄山的精锐部队，难度很大。对颜真卿的考验接二连三地到来。

在平原郡西北方向有一个清河郡，大致在今天河北省清河县，它是唐朝重要的物资、税款中转站之一。每年从江南地区运输过来的大量布帛、钱粮，都囤积在清河，数额巨大，幸好安禄山的叛军还没有攻占这一地区。于是清河郡官民开始积极联络颜真卿，希望能在颜真卿的支援下做好抗战准备。清河郡派出了一位名叫李萼的年轻人来见颜真卿，当时李萼才二十出头。根据李萼的描述，清河不仅有大量钱粮、布帛，甚至还有几十万件铠甲、兵器。但清河郡自身军事实力并不强，所以他们需要颜真卿的帮助。

和清河郡一样，平原郡的情况也不乐观。颜真卿告诉李萼，他手下的士兵基本都是刚招募的新兵，还没来得及训练，自保都困难，并无余力对外支援。颜真卿陈述了自身面临的困难之后，又对李萼说："即便我有这些困难，但我还是想听听，如果我答应了你的请求，派兵支援清河，那你们接下来的计划是什么？"李萼是个非常谨慎的人，回答颜真卿说："您是河北军民仰仗的贤人，我这次来见您，正是想得到您的帮助，现在您还没有彻底下决心支援清河，我怎么敢轻易地把我们的计划透露出来呢！"

听完这番话，颜真卿忽然对眼前这位年轻人非常欣赏。颜真卿觉得自己身为盟主，的确有责任支援周边地区，所以打算答应李萼的请求，分兵前往清河郡。但颜真卿的计划被他的下属们拦住了。大家普遍认为，李萼年纪轻轻，也没什么身份，怎么能光凭他一张嘴就把军队派出去呢！这样做，恐怕不仅解决不了清河郡的问题，还会严重削弱平原郡自身的防御力量。无奈之下，颜真卿只得委婉拒绝李萼的请求。

李萼回到下榻的旅馆后，拿起笔给颜真卿写了封信。信上说："清河郡意在效顺朝廷，愿意贡献出这么丰厚的财物、兵器寻求同盟，您却疑虑不决，不能给予支援。我这次出使无功而返，清河郡也不可能靠着现有的军事力量抵抗强敌。如果这片地区和其中的人口、财富被叛军占据，转而成为您西面的强敌，到时您再后悔还来得及吗？"颜真卿读信之后大惊，这次再也不顾下属的阻拦，亲自跑到李萼的住处，答应他出兵六千援助清河，并亲自把李萼送到平原郡边境，与李萼执手相别，他问道："现在你可以说说你的计划了吧！"李萼说："已经得到探报，朝廷派遣程千里将军率领十万精兵前来讨伐叛贼。但叛军据险固守，程将军的队伍无法往东推进。如果我们合力，从叛军背后发动攻击，和程将军的军队形成东西夹击之势，这样就能打败叛军，壮大河北的义军力量。"颜真卿听后倍感振奋，接下来按照这一策

略，颜真卿领导平原、清河等郡军民赢得了堂邑大捷。

颜真卿命他的下属李择交和范冬馥率领平原郡派出的六千援军，会合清河郡原有的四千兵力，又征调了附近博平郡（在今山东省聊城市一带）一千兵力，驻扎在堂邑西南（也在聊城附近），准备攻打被叛军占据的魏州（在今河北省大名市）。替安禄山防守魏州的两万叛军出巢会战，结果被颜真卿麾下的义军打得大败，死伤过半，还被义军夺走了一千多匹战马，其他战略物资的损失更是不计其数。安禄山任命的魏州太守袁知泰，只得放弃魏州，逃到汲郡（在今河南省新乡市、卫辉市一带）去了，义军顺利收复魏州。

以史为鉴

堂邑大捷是颜真卿在李萼的建议下，放弃狭隘的地盘观念，把整个河北抗战看成一盘棋，团结众心所取得的成果。然而当时替唐朝领兵平叛的官员、将领中，并不是人人都像颜真卿那样胸怀宽广，高瞻远瞩。下一讲就要介绍一位名叫贺兰进明的人，他的人格和颜真卿形成鲜明对比，是个反面典型。在把颜真卿和贺兰进明做对比之后，我们能更明白担当与格局对个人生命的意义，对国家、社会的意义。

思考与辨析

颜真卿在今天还家喻户晓，主要是由于他的书法成就，无论楷书、行书，他都是一位集大成者，在书法史上的地位仅次于王羲之。人们评价颜真卿的字，往往会用"字如其人"四个字，大家都觉得颜真卿的每个字都堂堂正正、格局很大。的确，颜真卿的为人也是如此堂堂正正、格局宏大。从支援清河郡这件事上，我们就可以看到颜真卿的担当与大局观。在抗击安禄山叛乱的过程中，颜真卿不仅有舍家为国的壮举，也能在自身困难的情况下服务大局。

通鉴小文言

萼就馆，复为书说真卿，以为："清河去逆效顺，奉粟帛器械以资军，公乃不纳而疑之。仆回辕之后，清河不能孤立，必有所系托，将为公西面之强敌，公能无悔乎！"真卿大惊，遽诣其馆，以兵六千借之，送至境，执手别。——《资治通鉴·卷一九三·唐纪九》

第二十五讲

反面教材贺兰进明

·名垂青史与默默无名·

贺兰进明是北海郡太守,驻地在今天山东省青州市、淄博市一带。堂邑会战之前,颜真卿曾写信给贺兰进明,希望他能齐心协力共抗叛军。接到颜真卿的信之后,贺兰进明率领五千兵马前来会合。贺兰进明到达时,颜真卿率领的义军已经取得了堂邑大捷。颜真卿让贺兰进明率领军队屯驻在平原城南。为表示尊重,颜真卿在重大事务上都与贺兰进明商议,贺兰进明反而处处争权夺利,喧宾夺主。为了团结贺兰进明抵抗叛军,颜真卿不仅不计较这些,甚至把堂邑大捷的功劳也让给了贺兰进明,请贺兰进明出面上奏朝廷。贺兰进明毫不客气地把功劳揽在了自己头上,因此获得了朝廷的嘉奖。在向朝廷申报将士具体功绩的时候,贺兰进明不实事求是,真正有功的,像颜真卿的属下李择交、范冬馥等人,被轻描淡写,而清河、博平两军立功的将士则完全被排斥在外。这些做法当然令人大失所望，贺兰进明就是以这样的形象被写入《资治通鉴》的。

贺兰进明更令人不齿的行为，发生在睢阳保卫战过程中。张巡、许远为了抵挡叛军，苦守睢阳，非常危急。当时，睢阳城里还有战斗力的战士只剩下六百余人，而且城里已经断粮。为了表示与睢阳城共存亡的决心，张巡、许远和战士们同甘共苦，一直驻守在城楼上。此时，贺兰进明率领军队驻扎在临淮，在睢阳南面不远的地方，却毫无援救睢阳的意思。

张巡还是决定派人向贺兰进明求救，让骁将南霁云率三十名骑士，突出重围，去找贺兰进明。张巡的人出城时遭叛军强势围攻，南霁云直冲贼阵，左右开弓，所向披靡，冲出重围，历经艰辛到达临淮。南霁云把睢阳危急的情况告知贺兰进明后，贺兰进明却对南霁云说："你路上走了那么多天，说不定情况已经起了变化，现在根本不知道睢阳城的存亡，派兵救援的意义也不大。"南霁云对贺兰进明说："如果援军到达时睢阳已经沦陷，我愿意以死相谢！"即便这样，也没能打动贺兰进明。贺兰进明反而看中了南霁云的骁勇豪壮，试图强行将他留在身边效力。

在命人准备了宴席和乐舞之后，贺兰进明招待南霁云入座。南霁云哽咽着说："我来之前，睢阳城内的军民已经一个多

月没吃上粮食了，我怎能独自在此享受美食！"说罢，南霁云用尽浑身力气咬下了自己一个手指，把它放在贺兰进明面前，对他说："我不能完成使命，为睢阳请到救兵，现在留下一个手指在这里，以证明我的确来尽过力，现在我要回去和睢阳城共存亡了。"南霁云这一刚烈异常的举动，震惊了在座的所有人。然而贺兰进明始终未出兵。

南霁云在回睢阳的路上，遇到了三千来自宁陵的将士。宁陵是张巡、许远战斗过的地方。这批将士虽然人不多势不众，但他们愿意和南霁云一起进入布满忠义却又充满绝望的睢阳城。因为睢阳已被叛军团团围住，进城和出城一样，必须要和叛军再次恶战。战斗到最后，三千余名将士只剩下千余人进城。城里的军民得知贺兰进明不肯发兵相救之后，都失声痛哭。沉重的哭声甚至震动了城外的叛军。叛军根据哭声判断,睢阳城肯定不会有援军了,于是更加猛烈地展开了攻势。无论张巡、许远和手下的将士们怎么努力,最终睢阳城还是陷落了。张巡和许远也先后殉难。

《资治通鉴》分析说,贺兰进明不肯救睢阳,无非出于两种心理。一是因为他嫉妒张巡、许远的功名。当时天下之士几乎都已经知道张巡、许远的忠义和能力,如果睢阳之围得到解救,他们坚守睢阳就成了大功一件,威望和官阶都会甩开贺兰进明很远。这大概是贺兰进明不救睢阳最重要的理由。除此之外,还有一个原因,就是他怕在战斗的过程中损耗自身的实力,削减争夺地盘和权力的能力。

以史为鉴

那贺兰进明最终的结局是怎样的呢?没过两年,贺兰进明卷入朝廷的政治斗争,并且失败了,被贬到很远的地方去做低级官吏,最终默默无闻地死去。这样看来,精于算计的贺兰进明,人生并不见得更为精彩,落寞官场,郁郁而终。形骸之下枯死的灵魂,在告别这个世界时听不到任何掌声。相反,和他共事过的颜真卿,以及他不肯为之伸出援手的张巡、许远都成了名垂青史的人物。颜真卿的坦荡磊落,张巡、许远的坚韧不拔，使得他们成为人们心目中的英雄，直至今日还受到人们的尊重与纪念。湮没于青史之中的贺兰进明，如果不是史学家们总拿他做反面教材，恐怕很少有人会提起他。

思考与辨析

功名、地位和尊重，要靠自身的努力与付出去争取，而不是靠嫉妒、算计别人。无论是颜真卿，还是张巡、许远，乃至于南霁云，愿意牺牲自己去承担责任，这背后是一种伟大的胸怀和崇高的格局。与之相反，贺兰进明斤斤计较于个人的得失，不肯为大局而有所担当，不分是非、没有格局。但人心与历史都是公平的，最终真正得到褒奖的，是颜真卿、张巡和许远等人。和所有碌碌无为的人一样，看似精明的贺兰进明其实并没有得到更多。

进明屯平原城南，休养士马，真卿每事咨之，由是军权稍移于进明矣，真卿不以为嫌。真卿以堂邑之功让进明，进明奏其状，取舍任意。敕加进明河北招讨使，择交、冬馥微进资级，清河、博平有功者皆不录。——《资治通鉴·卷二一七·唐纪三十三》

资治通鉴智慧故事 全三册

❷ 思维与格局

姜鹏 著

陕西新华出版 三秦出版社

果麦文化 出品

目录

第一讲 **田忌赛马** 001

第二讲 **孙庞斗智** 007

第三讲 **楚汉相争** 014

第四讲 **背水一战** 021

第五讲 **西楚霸王项羽** 028

第六讲 **汉文帝与周亚夫** 035

第七讲 **李广难封** 042

第八讲 **大将军卫青** 048

第九讲 **自作聪明的夏侯藩** 054

第十讲 **昆阳大捷** 061

第十一讲 **忍辱负重的刘秀** 068

第十二讲 **推心置腹的刘秀** 075

第十三讲 **李广与班超** 081

第十四讲 **樊城之围** 087

第十五讲 **三国争雄** 095

第十六讲 **灭吴之战** 102

第十七讲 **晋武帝和弟弟的斗争** 110

第十八讲 **符坚的功业** 118

第十九讲 淝水之战 126

第二十讲 大夏天王赫连勃勃 131

第二十一讲 急于求成的隋炀帝 138

第二十二讲 张彖与杨国忠 146

第二十三讲 酷吏来俊臣 152

第二十四讲 张巡的奇妙计谋 158

第二十五讲 冯道的语言技巧 165

第一讲

田忌赛马

·打破常规思维·

孙膑是战国时代的军事谋略家,他曾和庞涓一起学习兵法,学成之后他们各自下山。庞涓为人心胸狭隘,他知道孙膑学得比他好,留这么个高手在人间,自己很难超越他。为了干掉这个竞争对手,庞涓用了一些非常卑鄙的手段。庞涓下山后任魏国将军一职,他忌惮孙膑的才能,便派人把孙膑骗到了魏国。接着他又设计陷害孙膑,让孙膑触犯魏国的法令,借机处罚孙膑,把他的双脚给砍断了。所以孙膑是以残疾的形象出现在史书上的。庞涓本以为这样就能完全毁掉孙膑,让他空有一身本事却无法施展,没想到孙膑在别人的帮助下来到了齐国,并在齐国找到了机会。

孙膑到齐国后,投靠了一位名叫田忌的贵族。他通过"赛马"的事向田忌展现了自己的智慧和计谋,令田忌刮目相看。当时的社会有赛马活动,贵族们会把自己的马分成

上、中、下三等,然后牵出来比赛。不仅田忌喜欢这个活动,齐国国君齐威王也喜欢这个活动。齐威王身为国君,拥有的马都是比较好的。田忌和齐威王赛马,从来没赢过。有一次田忌和齐威王又要比赛了,孙膑对田忌说:"你带我一起去看看吧。"孙膑到了赛场仔细观察了几场比赛,发现每场比赛田忌的马都只比对方差一点儿,最后每场都输了。孙膑就问田忌,说:"你们是按什么规则比赛的呢?"田忌回答:"没什么规则,就是齐威王出一匹马我出一匹马,相互比试。"孙膑又问:"那你是怎么安排这些马的出场次序的

呢?"田忌说:"我们各自把马分成上、中、下三个等级,国君要是派出上等马,我也派上等马;他派中等马,我也派中等马;他派下等马,我就派下等马。"孙膑说:"你的马质量也不差,但跟国君的比还是差那么一点儿,如果这样比下去,你肯定比多少次输多少次,我教你一个办法,能够让你赢回来一些。"田忌激动地问道:"有什么办法呢?"孙膑说:"我刚才问你有什么比赛规则,你说就是国王出一匹马你出一匹马,没有其他规则。如果这样的话,就没有必要他派上等马的时候你也派上等马啊。你完全可以换一种策略:当他把上等马派出来的时候,你把下等马派出来,这一场你肯定输;但接下来,可以用你的上等马去比他的中等马,用你的中等马去比他的下等马,后面这两场你都会赢。这样的话你输一场赢两场,岂不是整体上赢面更大些?这比你之前硬碰硬输三场要好多了!"

田忌听完,一拍大腿说:"太妙了,之前我怎么没想到呢!"于是按照孙膑教的方法去比赛,果然比赛三场赢了两场。这个结果让齐威王很纳闷,就问田忌:"你从来没有赢过我,这次怎么会赢呢?"于是田忌就把孙膑出的主意告诉了齐威王,齐威王听完之后对孙膑这个人很感兴趣,说:"这是个人才啊,快介绍给我认识!"于是田忌把孙膑引荐给了齐威王。齐威王与孙膑畅谈兵法,十分开心,表示要重用孙膑。就这样孙膑开始为齐国效力了。

以史为鉴

田忌赛马的故事能给我们什么启发呢?可能很多人首先想到的是避实击虚、扬长避短。这个当然是对的。如果我们的思维再活跃一点儿,就会发现"田忌赛马"能教会我们的,并不仅仅是这些。这个故事里其实还有一个更关键的问题,那就是游戏规则。一开始的时候，赛马并没有明确的规则，大家都遵循默认的玩法：参赛各方都铆足了劲儿，看到对方把最好的马拉出来了，自己也把最好的拿出来，唯恐不胜，于是上等对上等，中等对中等，下等对下等。这种默认的玩法，其实就是常规思维下的产物。这样的玩法当然有利于实力更强的一方。但问题是田忌属于实力相对弱的一方。老这样拼下去，不是一输到底了吗？聪明的孙膑及时发现了问题，他给田忌出的主意，让他不要被默认玩法、常规思维牵着鼻子走，及时调整策略，果然取得了很好的成效。

思考与辨析

任何游戏都有自己的规则，甚至掌握规则制定权的人会制定利于自己的规则；其次则是游戏的玩法和策略，策略高明的，在相同的规则下也能成为赢家。日常生活中，很多人都容易被常规思维牵着鼻子走。碰到问题，我们要多动动脑筋，看看目前采用的策略是不是可以优化，有些习以为常的思维、惯性是不是有可以突破的点。始终保持这样一种质疑的精神、活跃的思维，对于提升我们的创新能力有莫大的帮助。

初，孙膑与庞涓俱学兵法。庞涓仕魏为将军，自以能不及孙膑，乃召之。至，则以法断其两足而黥之，欲使终身废弃。齐使者至魏，孙膑以刑徒阴见，说齐使者。齐使者窃载与之齐。田忌善而客待之，进于威王。威王问兵法，遂以为师。——《资治通鉴·卷二·周纪二》

第二讲

孙庞斗智

·培养创新思维·

战国初期，率先施行变法的是魏国，魏国因此成为战国初期的第一强国。之后魏国的势力不断往东推进，从大本营山西地区逐步渗透到了河南。历经三代国君的努力，到魏惠王时代，魏国已经在中原地区站稳了脚，定都大梁（在今河南省开封市西北）。但就在魏国努力扩张的时候，作为东方大国的齐国也完成了改革，迅速强大起来。魏国由西往东发展，齐国由东往西发展，两股势力发生碰撞是迟早的事情。

公元前353年，齐、魏两个大国不可避免地正面交锋了。这次事件是由另一个诸侯国赵国引起的。当时赵国也在往东发展，把都城从晋阳迁到邯郸。邯郸虽然在今天的河北省，但离魏国在中原地区的一些重要据点非常近。魏国开始担心强大的赵国会威胁到自己，于是出兵讨伐赵国，并且包围了它的首都邯郸。当时的赵国还不是魏国的对手，情急之下，赵国向齐国求救。

齐威王决定向赵国伸出援手。他任命田忌为主帅，孙膑为军师，让他们二人共同救赵。那么具体战术该怎么安排呢？田忌是个直肠子，他想既然魏国的军队已经把赵国首都邯郸给围住了，那就直接发兵邯郸逼魏国退兵。孙膑不同意这么做，他认为可以用更巧妙的方法取胜。

孙膑给田忌做了个分析："魏国虽然比赵国强，但邯郸毕竟是赵国的首都，魏国想要一口气拿下也没那么容易。现在必定是所有精锐部队都被派去攻打邯郸了，所以魏国内部相对来说就比较空虚。如果我们避实击虚，直扑魏国的首都大梁，那么出兵在外的魏国军队就必须回来营救大梁。如果魏国的精锐部队都撤回来，那么邯郸之围自然就解了。而当魏国军队风尘仆仆地赶回来，我们已经抢占了先机，可以以逸待劳，痛击魏军。这样岂不是有事半功倍之效？"田忌一听，认为这个主意简直太妙了，马上按照孙膑的计策执行。

果然，在前线和赵国军队僵持的魏军，一听说自己的首都被齐国军队包围了，立马撤离赵国赶回来救自己的老巢。如孙膑所料，齐军在桂陵（今河南省长垣县）这个地方以逸待劳，给予魏军迎头痛击，打败了魏军。这就是成语"围魏救赵"的来源。"围魏救赵"字面意思是通过围困魏国而拯救赵国，后来用以形容做事不要蛮干，应该避实就虚，攻敌所必救。

　　这一次魏国虽被打败了,但整体实力并没有受损。过了十几年,到公元前341年,魏国和齐国又发生了一次大战。两次战争的起因极其相似,这次战争则是由诸侯国韩国引起的。韩国虽然号称战国七雄之一,但是一个实力较弱的国家,这次也被魏国欺负了,转而向齐国求救。

　　齐威王还是派田忌挂帅,以孙膑为军师,出兵救韩。没想到孙膑还是老一套,依旧让田忌率领着军队直扑魏都大梁,迫使魏军回救。但这次孙膑加了一招"减灶法"。什么意思呢?齐国是当时经济最发达的诸侯国,尤其是商业非常发达,远远胜过依靠农业经济的其他几个国家。因为生活条件好,齐国人不愿当兵、不愿打仗,也是天下闻名的。所以

别国的人都笑话齐国的士兵怯懦，没有战斗力。而魏国军队的战斗力是出了名的。孙膑就利用这一点，跟田忌说："我们进入魏国境内后，让将士们造十万个做饭用的灶头，第二天把灶头数量减少到五万个，第三天减少到两万个。"减灶头干什么呢？这葫芦里卖的是什么药？

原来孙膑的减灶法是做给魏国军队看的。齐国军队抢先进入了魏国，魏军要回去救自己的首都，行程反而落后于齐军，在齐军后面追赶。他们一路追，一路发现齐军留下的营地。行军打仗需要搭建灶头做饭，灶头是就地取材、就地搭建的，军队是带不走的。魏军一路追过来，发现齐军的灶头一天比一天少，这说明什么？说明吃饭的人少了呀！他们马上就想到齐国人懦弱、不敢打仗，所以齐国军队逃兵现象严重，人数才越来越少了。魏军统帅庞涓完全相信了这个判断，认为齐国军队根本没有战斗力，于是扔下大部队，自己率领骑兵精锐日夜兼程，追赶齐军。

庞涓的这些行为都在孙膑的预料之中。有一天，孙膑根据行军日程推算，认为庞涓的队伍这一天傍晚应该能够到马陵（在今山东省莘县）。这个地方道路崎岖狭隘，便于设置伏兵。于是孙膑让人把一棵树的树皮剥了，在上面刻下"庞涓死于此树之下"一行大字。之后孙膑在这棵树附近设下伏兵，命令弓箭手们："傍晚以后只要看到火光，就冲着火光万箭齐发,其他什么都不用管。"

果然到了傍晚,庞涓的队伍来了,看到有一棵没有皮的树,上面还刻着字。庞涓命人点上火把,到树下观看究竟写的什么,一看,居然是"庞涓死于此树之下",还没等他反应过来,齐国伏兵的箭就射过来了,果然庞涓就死在了这棵树下。他知道这是孙膑干的,临死之前说了一句:"遂成竖子之名。"意思就是"我的死帮助这小子成名了!"

在马陵之战中,魏国不仅折损了主帅,连太子都被齐军俘虏了。这次真是伤到魏国的根本了。经此一役,魏国元气大伤,失去了霸主地位,齐国在争霸舞台上暂时领先。之后秦国、赵国纷纷通过变法赶超了齐国,战国形式又发生了变化。

以史为鉴

孙膑因为围魏救赵和马陵之战而名垂千古。孙膑用"减灶法"蒙蔽庞涓,有一个非常机智的地方,是什么呢?一般人要么是利用自己的优势,要么是利用敌人的弱点来制定计策,孙膑的"减灶法"居然是利用自己的弱点来设计策略,这同样是一种突破常规思维的表现。结合上一讲，无论是"田忌赛马"，还是"围魏救赵""减灶法"，都体现出孙膑不走寻常路的思维方式。相比之下田忌的思维就是常规思维，赛马的时候硬碰硬地上，救赵国的时候本来也打算直接去解邯郸之围，和魏军正面对抗。每当田忌展现出常规思维的时候，孙膑总要反思：为什么一定要这样，换个角度想想可以吗？我们也应该像孙膑这样，经常问一问自己："为什么一定要这样？"

思考与辨析

很多人身上都有一种惰性，叫"路径依赖"。这里的"路径"是一个比喻，比喻做事的方法、工具或思维模式。"路径依赖"的意思是说，当我们习惯使用某一种工具，或某一种方法后，就会反复使用，懒得去突破它，因为突破创新很费脑子。这就是很多人无法成为创造性人才的重要原因。培养创造力需要从打破陈规、突破常规思维开始。我们应该向孙膑学习，在生活中培养一种习惯——做任何事情之前想一想有没有其他角度、其他方案。这样日积月累，我们的创造能力才有机会得到提高。

通鉴小文言

齐因起兵，使田忌、田婴、田盼将之，孙子为师，以救韩，直走魏都。庞涓闻之，去韩而归。魏人大发兵，以太子申为将，以御齐师。孙子谓田忌曰："彼三晋之兵素悍勇而轻齐，齐号为怯。善战者因其势而利导之。《兵法》：'百里而趣利者蹶上将，五十里而趣利者军半至。'"乃使齐军入魏地为十万灶，明日为五万灶，又明日为二万灶。庞涓行三日，大喜曰："我固知齐军怯，入吾地三日，士卒亡者过半矣！"乃弃其步军，与其轻锐倍日并行逐之。——《资治通鉴·卷二·周纪二》

第三讲

楚汉相争

不宜过早做判断和选择

当今社会非常讲究效率,做事情讲究一个"快"字。但我们看历史故事会发现,很多时候一味求快,并不见得是件好事,有时候不妨慢半拍。

在秦末战争期间,楚怀王派项羽和刘邦分两条路线,对秦朝发动攻势,约定率先进入咸阳的人便是关中王。项羽走的路线困难重重,碰到了秦军主力。刘邦选择的路线阻碍则比较小。秦朝的都城在咸阳,咸阳东、南、西、北四个方向都有重要关口,刘邦选择从咸阳南面的武关进城,因为这里地形相对简单,秦军的守备也比较薄弱。最终,刘邦抢在项羽之前攻克了咸阳,秦朝的末代统治者子婴向刘邦投降了。接着,刘邦听从了谋士的建议,派军队把守函谷关。函谷关是咸阳东面的门户,项羽如果想进入咸阳,就必须经过函谷关。刘邦的意图是把项羽挡在函谷关之外,独占灭秦的果实。

项羽在河北击败秦军主力，接着往西推进到函谷关的时候，发现关口已经被刘邦封锁了。项羽非常生气，要派大将英布攻破函谷关，要找刘邦兴师问罪。就实力而言，项羽军队的人数和作战能力都远超刘邦的军队。刘邦感受到了压力。这时候刘邦身边有些心猿意马的人开始想：万一刘邦被项羽打败了，该怎么办？这些人开始为自己盘算后路了。

刘邦麾下有一位名叫曹无伤的官员，脑子特别灵活，抢在项羽正式对刘邦发动进攻之前，派人给项羽送信。他在信中写着，刘邦在攻破咸阳之后，抢夺了秦朝的珍宝财富，并且打算占有关中地区，排挤项羽的势力。曹无伤为什么这么做呢？他是试图通过出卖刘邦向项羽示好，以这样的手段为自己留一条后路，万一刘邦真被项羽消灭了，他还能名正言顺地投奔项羽。项羽接到曹无伤的通报后，非常生气，决定第二天就对刘邦发动攻击。

项羽亲自率领四十万大军驻扎在鸿门，而刘邦手下只有十万人马，形势对刘邦非常不利。就在冲突即将爆发的前一个晚上，意想不到的情况发生了。项羽的叔叔项伯得知项羽要对刘邦发动进攻之后，心里惦记着一个人，这个人就是刘邦最重要的谋士张良。张良对项伯有救命之恩，项伯一直很感激他。项伯想，如果项羽攻打刘邦的话，张良也会跟着倒霉，所以他决定先把张良救出来。项伯连夜跑去找张良说明情况,希望张良能跟他一起走。张良当然不会轻易逃走,他把项伯留住后,就去找刘邦商议。刘邦知道自己不是项羽的对手,心里十分焦急。张良给刘邦出了个主意——通过项伯向项羽求和,以度过眼前的危机。在张良的安排下,刘邦和项伯见了面。刘邦用了很多方法讨好项伯,并坚称自己没有和项羽对抗的意思,希望项伯能帮着解释误会。项伯答应帮忙,并希望刘邦能在天亮以后亲自找项羽赔罪。第二天一早,刘邦带着张良去鸿门拜见项羽,上演了历史上著名的鸿门宴。

刘邦到鸿门见到项羽,对项羽说:"将军,我和您同心协力共灭秦朝,您在河北作战,我在河南作战。我侥幸没有遇到强大的敌人,先进入了咸阳,接受了子婴的投降。但您在河北消灭了秦军主力,您才是真正的灭秦第一功臣。我虽然占据了咸阳,但却不敢在秦朝的宫殿停留片刻,而是居住在宫外,这是为什么呢?我是在等候您的到来呀!没想到,您一来就对我有这么深的误会,不知道哪个小人在我们之间挑拨离间,说我有意要和您对抗,把您拒在关外。将军您千万不要相信,根本没有这回事啊!"项羽回答道:"你没有对抗我的意思,那是最好。我也不是无缘无故怀疑你,你有个属下叫曹无伤,是他派人送信给我,说你想占据关中,跟我一较高下。我想,既然是你的属下送来的情报,那应该

是有根据的,因此对你有些看法。"刘邦说:"原来是曹无伤说的呀,他纯粹是胡说八道啊!"项羽说:"只要你没有对抗我的想法就好。"说完项羽就和刘邦喝起酒来。

　　项羽身边有位谋士叫范增,此人老辣,早就识破了刘邦的缓兵之计。范增知道,刘邦现在是想明白了,硬拼是拼不过项羽的,所以跑来说好话求饶,但这个人野心很大,以后一有机会,还是会反咬项羽的。范增认为,站在项羽的立场上,就必须干掉刘邦,所以在鸿门宴上不停暗示项羽,伺机杀掉刘邦。但项羽非常珍惜自己的名声,他觉得如果要处置刘邦,那也得在战场上堂堂正正地打败他,现在趁宴会之机杀他,不是大丈夫所为,有辱威名。

　　范增看项羽下不了决心,就跑到外面找到项羽的侄子项庄,让项庄进去以舞剑为名,在宴会上伺机刺杀刘邦。项庄进到项羽的大帐以后,一边舞剑,一边寻找刺杀刘邦的机会。成语"项庄舞剑,意在沛公"就是从这儿来的,沛公是刘邦的称号。项伯也出席了这次宴会,他看出了项庄的意图,站起来对项庄说:"你一个人舞剑还不够热闹,不如我和你对舞吧,咱们一起尽兴。"说完项伯也拔剑起舞,并且始终用自己的身体挡着刘邦,使项庄没有办法下手。项伯是个善良的人,他这么做完全是为了报答张良的救命之恩。刘邦看情况不妙,站起来跟项羽说要去解手。过了一会儿,张良也跟了出去,两个人会合以后就赶紧从小路跑回去了,不敢再去见项羽。刘邦回到自己的军营以后,第一件事就是杀了曹无伤。这次鸿门宴,如果没有项伯和张良,刘邦可能就没命了,所以他无法容忍曹无伤的背叛。

以史为鉴

　　鸿门宴是楚汉相争时期非常著名的历史故事,人们看这个故事,大多只关注刘邦、项羽这些大人物。而曹无伤这个籍籍无名的小人物，才是触发鸿门宴的关键角色。一开始的时候，曹无伤对比刘、项两边的实力，认为刘邦不敌项羽，通过出卖刘邦来讨好项羽。曹无伤这么做的目的，是想给自己留一条后路。然而事实证明，他太盲目了，不仅没有到达预定目的，反而害了自己。他失败的根本原因就在于，他在形势还没有明朗之前，过于急切地判定刘邦必败。

有人会认为，项羽不厚道，是他出卖了曹无伤。但曹无伤本来就是通过背叛刘邦投靠项羽的，这种做法令人不齿，项羽未必看得上。更何况项羽随时可能改变策略，如果他认为和刘邦维持和平关系更重要，那么对于项羽来说，曹无伤只是一个无名小卒，牺牲一下又何妨呢？

思考与辨析

曹无伤缺乏自知之明。在复杂的竞争环境中，他过早地做了判断和选择。他认为投靠项羽是给自己留后路，没想到项羽并不认可他的价值。这样一来，出卖刘邦反而是断了自己的后路。曹无伤的失败，首先归咎于他卑劣的人品。另一方面，我们从做事节奏的角度看，一味地求快未必是好事。有时候，我们需要慢下来，多观察，多思考，慢半拍再决定也不迟。

沛公旦日从百余骑来见项羽鸿门，谢曰："臣与将军戮力而攻秦，将军战河北，臣战河南。不自意能先入关破秦，得复见将军于此。今者有小人之言，令将军与臣有隙。"项羽曰："此沛公左司马曹无伤言之，不然，籍何以至此！"项羽因留沛公与饮。范增数目项羽，举所佩玉玦以示之者三，项羽默然不应。范增起，出，召项庄，谓曰："君王为人不忍。若入前为寿，寿毕，请以剑舞，因击沛公于坐，杀之。不者，若属皆且为所虏！"庄则入为寿，寿毕，曰："军中无以为乐，请以剑舞。"项羽曰："诺。"项庄拔剑起舞。项伯亦拔剑起舞，常以身翼蔽沛公，庄不得击。——《资治通鉴·卷九·汉纪一》

第四讲

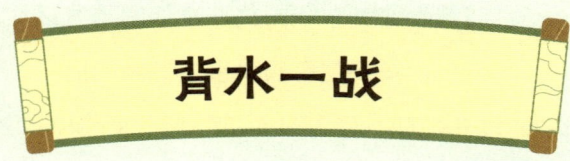

背水一战

· 陷之死地而后生 ·

楚汉相争时期,刘邦手下有一员大将名叫韩信。在这个历史时期,如果我们要选出两个最会打仗的人,那这两个人应该就是项羽和韩信。这两个人的作战风格是非常不一样的:项羽擅长打常规战,他在战场上很骁勇,战斗力很强;而韩信则不按常规套路出牌,经常使用一些奇谋妙计,而且善用奇兵,留下了很多经典案例,其中最经典的当属"背水一战"。

当时除了刘邦、项羽两大力量外,还有一些其他势力:他们或依附于项羽,或依附于刘邦,或自己独立。其中有一支势力,为首的是赵王和陈余,他们和刘邦作对,韩信便率领军队去剿灭他们。在将要到达目的地的时候,韩信让军队停下来稍作休整。

半夜的时候,韩信开始调兵遣将。他选调了两千名精锐骑兵,让他们每人手里拿一面赤色的旗帜,半夜悄悄地绕到赵军营垒旁边的小山坡上,在那里守着。韩信告诉他们说:"等天一亮,我就会率领军队向赵军挑战,想方设法把他们引诱出来。一旦你们看到赵军倾巢来追逐我的时候,你们就赶紧从山坡上冲下去,攻占赵军的军营。占领他们老巢之后,你们就做一件事情,把赵军的旗帜全部拔掉,换上我给你们的赤色旗帜。"

天蒙蒙亮以后,韩信做了第二个部署。他派遣一万人行至一条河流边上,在水边安营扎寨,这就是负责"背水一战"的那支力量。这支队伍安扎的地方离赵军很近,赵军从自己的营垒里往外一望,看到韩信的军队背水扎营,觉得非常好笑,因为这是违背军事常识的。背后是河水,一旦被包围,逃都没地方逃。所以赵军对韩信的这一安排毫不在意。

除此之外,韩信还做了第三个部署,那就是亲自率领大军出现在赵军面前。所谓擒贼先擒王,赵军如果能够逮到或者击毙韩信,那他们就赢得了这场战争。所以一旦看到韩信出现,他们一定会倾尽全力发动进攻。韩信正是料准了这一点,才让人大张旗鼓地把自己的帅旗打出来,敲锣打鼓地来到赵军营垒前面进行挑衅。赵军一看韩信来了,马上打开营门全军出动,试图生擒韩信。韩信指挥军队跟赵军大战良久,然后假装不敌,开始撤退。往哪儿撤呢?就撤到前面介绍的背靠河水安营扎寨的那个营盘里了。赵军一看,这不是往死路去吗？所以更加奋力冲过去，想去抢夺这个阵地，活捉韩信。

果然如韩信所料，赵军倾巢而出，自己后方的营垒反而空虚了。这时候，之前韩信部署的那两千精锐骑兵就该上场了。因为赵军的营地基本上没有防守力量，他们非常轻松地冲了进去，把所有赵军旗帜全给拔了，然后换上代表汉军的赤旗。

韩信撤退到水边，和之前来结营的一万大军合并，加起来两三万人，拼命抵挡赵军的进攻。汉军将士们看到背后是水，逃也没地方逃，失败的话只有死路一条，所以人人奋勇拼杀。这种形势下，赵军一时半会儿要打赢真没那么容易。正在这个时候，有一部分赵军将士回头一看，发现坏了，自己营地里的旗帜都已经换成了汉军的旗帜，知道大本营已经被汉军占领了，军心马上就溃散了。中国古代行军打仗，很多将士会携家眷一同出发，即便不带家眷，他们通过战争获得的大部分财产也会留在军营里。大本营被占领对于将士们来说损失都是很大的。这种情况下将士们往往内心崩溃、无心恋战。韩信察觉到之后，马上组织自己的军队进行反攻；而在赵军营地里完成插旗任务的两千精锐骑兵，也从赵军背后杀过来。他们前后夹击，彻底将赵军击溃了。

这个中国战争史上的经典案例，被称为"背水一战"。用"背水一战"来概括韩信的这次胜利，是强调了他三个战略步骤中的第二步。第二步背水结营的确是神来之笔。按照兵法来说，排兵布阵、安营扎寨，最好是背靠山，面对水。背靠着山，可以防止敌人从后面偷袭；面对着水，能方便军队获取水源。韩信背水结营的做法，有违常规，因为一旦敌人杀过来，要是打不过的话，逃都逃不掉。等到韩信打赢这一仗之后，他手下的将领就问他为什么要做这么违背常理的安排。韩信说："你们只记得常理常规，却忘了兵法里另一句话：'陷之死地而后生，置之亡地而后存。'"这句话的意思是说，把将士们放到一个绝境当中，固然很危险，但也可以激发起他们的斗志。在危急的情况下，他们更能把自己的潜能发挥出来。一旦留有余地，他们就有求生、逃跑的欲

望；如果没有任何余地，也就只能拼死一战了。

　　韩信这个安排的确很精妙，但通过仔细分析，我们会发现这一战的精髓并不是只有背水结营这个环节。如果没有其他两个步骤的配合，光背水结营是没用的。韩信能最终击败敌人，那支偷袭赵军营地、去插旗帜的骑兵部队同样发挥了重要作用。进一步分析的话，韩信的三个步骤是一个有机整体。他亲自率领军队去挑衅，其实是抛出一个诱饵，把赵军引诱到水边之后，依靠背水一战的智慧，吸引住了赵军主力。前面这两步其实是为负责插旗的骑兵部队创造了条件，让他们能顺利地攻下敌营、换上自己的旗帜，达到彻底击溃敌人心理防线的目的。这样分析，我们才能将韩信获胜的原因看得更全面、更透彻。

以史为鉴

　　我们看历史、以史为鉴，不能只看历史故事的表面，更不能片面地了解一个故事。对于这个故事，如果我们光看字面意思，只注意背水结营这个环节，而忽视了那两千骑兵插旗的环节，生搬硬套地学习"背水一战"的经验，恐怕会被误导。举

个例子,刘邦就曾经把军营安扎在河水边上,结果被项羽打败。因为刘邦除了背水结营之外,没有其他战略配合,碰到项羽这样勇猛善战的,刘邦的将士无论怎样拼死作战都打不过,最终只能被击败。用刘邦失败的案例对比韩信成功的案例,我们会发现,韩信这一战奇谋妙计之"奇",不仅仅体现在背水结营这一点上,更体现在对那两千骑兵的妙用上。所以要想思维创新除了需要突破常规思维之外,还要注意各个步骤的协调性和整体配合度。

思考与辨析

从"田忌赛马""围魏救赵"到"背水一战",我们都在重复同一个主题:突破常规思维的重要性。其实家喻户晓的"司马光砸缸"的故事,讲的也是如何突破常规思维。看到小孩掉进水缸里,通常的救援方法是把小孩从水缸里捞出来。但司马光这些小朋友没有能力从水缸里打捞同伴。这该怎么办?唯有抓住问题的核心,突破常规思维才能解决问题。问题的核心是要让水和小伙伴分离，防止他溺死。既然捞不出小伙伴，那何不把水放出来呢？这不也能达到人水分离的效果吗？历史上的这些伟人，都是擅于打破常规，具有创造力的人。如果我们能在学习、生活中主动提高这方面的能力，那也能取得非凡的成就。

通鉴小文言

诸将效首虏，毕贺，因问信曰："兵法：'右倍山陵，前左水泽。'今者将军令臣等反背水陈，曰'破赵会食'，臣等不服，然竟以胜，此何术也？"信曰："此在兵法，顾诸君不察耳！兵法不曰'陷之死地而后生，置之亡地而后存'？且信非得素拊循士大夫也，此所谓'驱市人而战之'，其势非置之死地，使人人自为战；今予之生地，皆走，宁尚可得而用之乎！"诸将皆服，曰："善。非臣所及也。"——《资治通鉴·卷十·汉纪二》

第五讲

西楚霸王项羽

·反省自己的不足·

和出身草根的刘邦相比,项羽的出身好多了。项家祖上是楚国的贵族,项羽祖父是战国时期楚国最后一任统兵大元帅项燕,他率领楚军抵抗秦军入侵,最终兵败自杀。项燕死后不久,楚国也灭亡了。就家庭背景来看,项家在南方地位高、人脉广、势力大。就个人能力而言,项羽天生神力,是个大力士。从各个方面看,项羽似乎都比刘邦强。但项羽有个致命的缺点,那就是太相信自己的能力,不懂得知人用人,所以最终他还是输给了刘邦。

项羽年少时期跟随叔叔项梁一起过着与世无争的生活,直到公元前209年农历七月,陈胜、吴广起兵抗秦,两人才真正迎来了人生的转变。很快,项梁也打起了反抗秦朝的旗帜,号召附近的豪强官吏共同起事,建立了一支八千人的精兵队伍。项梁成为这支队伍的主帅,项羽则是副将。这一年项羽二十四岁。

起义之后,项梁听从谋士的建议,找到了一位楚国王族的后代,名叫熊心,立他为楚怀王,作为义军名义上的领袖。但此后不久,项梁在一次战役中被秦军将领章邯击败,战死沙场。这样一来年轻的项羽就失去了后盾,只能一个人在乱世中生存。当时秦朝的首都在咸阳(在今陕西省,离西安市很近),隶属关中地区。项梁死后,楚怀王熊心为了激励大家的斗志,和各路将领约定,谁要是能率先攻入关中,推翻秦朝,谁就做关中王。但是将领们都清楚,秦朝军队实力太雄厚了,想攻入关中很难,搞不好一路损兵折将,说不定自己还会战死沙场,因此大家都很犹豫。唯独项羽慷慨激昂,表示愿意率先进攻关中,和秦军对阵,其实他是想为项梁报仇。

按常理而言,楚怀王应该对此感到高兴,但是他身边的大臣对却他说:"项羽这个人,太狡猾、太残暴,之前攻打襄城的时候居然屠城。我们现在必须派有德行的人去关中,收复人心最重要。所以比起项羽,宽宏大量的刘邦是更为合适的人选。另一方面,如果给项羽机会,让他羽毛丰满了之后,恐怕难以驾驭。而刘邦出身平民,身份卑微,更容易控制。"楚怀王觉得很有道理,于是开始重用刘邦,制衡项羽。

项羽不是想替项梁报仇吗?当时他的仇人章邯正在围攻

另一支起义军，也就是打着恢复赵国旗号拥兵自立的赵王。楚怀王决定派遣大将军宋义前去援救赵王。项羽也在这支队伍当中，但他只是次将，要听宋义指挥。当军队行进到主战场附近的安阳之后，宋义忽然下令停军不前，打算坐山观虎斗，以至于大军驻扎在安阳长达四十六天之久。对于宋义的安排，项羽是看在眼里，急在心里。在屡次劝说宋义进兵没有效果之后，项羽突然发动兵变，仗着自己的骁勇，跑到宋义的军帐中直接把他的头给砍下来了。军中的将士们慑于项羽的威猛，不敢反抗，只能拥立项羽为新的将军。

接下来为了营救被秦军围困的赵军，项羽让每位将士携带仅供三天食用的口粮，渡过黄河，破釜沉舟，以明不胜不归之志。渡过黄河以后，项羽直接向秦军挑战，九战九胜，击退秦军。此前在其他各路义军眼里，秦军就像一头战争怪兽，是战场上的绞肉机，任何向它发起进攻的队伍，都会被迅速吞没，很少有人能打赢它。所有人都没想到，所向披靡的秦军就这样被项羽打败了。等到项羽召见各路将领的时候，大家居然都是匍匐膝行而进，也就是说都是爬进来的，都不敢抬头仰视项羽。也正是从这时开始，项羽成为"诸侯上将军"，各方诸侯都听从他号令。

接着项羽率军西进，准备向关中进发，结果却发现咸阳被刘邦抢先一步攻下了。原因也很简单，项羽正面对抗秦军

主力,进展相对较慢。正面战场被项羽顶住了,刘邦自然就轻松了,他抄了条小路,从咸阳南面的武关进入关中。项羽闻讯勃然大怒,心想自己刀尖舔血,和秦军大战那么多场,到头来却被刘邦占尽了好处,便扬言要干掉刘邦。

后来项羽自立为西楚霸王,废弃了秦朝的郡县制,效仿周代的制度,分封诸侯,把天下领土分给各路义军首领及有功的反秦将领。但项羽在分封过程中,没有做到公平公正,功劳大的封地小,跟他私交甚密的得到的好处更多,这类现象不一而足。这让一部分人对项羽产生了不满情绪,也为项羽后来多方受敌埋下了种子。

从公元前206年项羽分封各路诸侯开始，到公元前203年，刘邦先后对项羽发起了数次战争。在这一过程中，项羽最重要的谋士范增因遭受怀疑而辞官回乡，途中病死。战场的形势也越来越有利于刘邦。之后刘邦又联合韩信、彭越等人对项羽发动围攻。项羽被困垓下，弹尽粮绝，陷入四面楚歌的被动局面之中。最后，项羽亲率二十八骑屡次突击，在击杀数百名汉军将士之后，项羽自己也身负十余处创伤，不堪再战，只得自刎而死，一代人杰就此画上了人生的句号。

在临死之前，项羽曾说："吾起兵至今八岁矣，身七十余战，未尝败北，遂霸有天下。然今卒困于此，此天之亡我，非战之罪也。"也就是说，直到临死，项羽都还是坚定地认为，自己之所以会被困垓下，兵败身亡，都是天意，而并非自己作战能力有问题，那么事实真的如此吗？

项羽把自身的失败归咎于天命，却没有对自身的问题有一丝一毫的反省，从这也能看出他身上并没有自悟和自省的精神。在攻入咸阳之前，项羽的确取得了很大的功绩，破釜沉舟，屡败秦军，在众人心中建立了极高的威望，可是，在此之后他却犯下了许多错误。

我们从用人的角度把项羽和刘邦作个对比，就能看出两人成败的原因。项羽身边也有人才，但他对这些人无法完全信任。刘邦在陈平的帮助下略施反间计，就使得项羽对重要谋士范增产生了严重的怀疑。范增得知自己被怀疑之后，只能愤怒辞职，而项羽也从此在下坡路上越走越快。而且项羽喜欢把自己当成救火队队长，哪儿有事就带着军队去灭火，经常四处奔波。一个人再有本事，也不可能完全靠自己把所有的事都搞定。不能信人，不会用人，是项羽输给刘邦的重要原因。

以史为鉴

项羽自恃力强，以为有力量就可以服人，认为成败的根本只在于作战能力，对自己的错误和缺点毫无意识，更没有反省，这是他失败最大的原因。项羽一直到死都没明白这一点，把自己的失败归咎于天意，是一件非常可悲的事情。看一个人的格局有多大，首先得看他是否能认识到自己的不足与错误，否则即便暂时获得了巨大的成功，也会转而走向失败。我们应该从项羽的临终遗言中吸取教训，时刻反思自己。

思考与辨析

真正强大的人，既能认识到自己的长处，也能认识到自己的短处，找到扬长避短的方法，不会一味地逞强蛮干。遭遇失败的时候，也应该首先反省自己，而不是推卸责任、寻找外部理由。人只有不停地总结自身的不足，并加以改善，才能获得进步的机会。否则任凭有再大的本事，也会故步自封、停滞不前，最终被真正的强者赶超、击败。

通鉴小文言

项王乃复引兵而东，至东城，乃有二十八骑。汉骑追者数千人。项王自度不得脱，谓其骑曰："吾起兵至今八岁矣，身七十余战，未尝败北，遂霸有天下。然今卒困于此，此天之亡我，非战之罪也！今日固决死，愿为诸君快战，必溃围，斩将，刈旗，三胜之，令诸君知天亡我，非战之罪也。"——《资治通鉴·卷十一·汉纪三》

第六讲

汉文帝与周亚夫

· 遵守规则的重要性 ·

汉朝和匈奴的战争，主要发生在汉武帝时代。但事实上，在汉武帝的祖父汉文帝时代，汉朝和匈奴之间的关系就已经非常紧张了。公元前159年这一年，《资治通鉴》只记载了一个主题：农历一月，汉文帝去往陇西（在今甘肃省）去视察了；农历三月，他又前往都城长安西面的门户雍县（在今陕西省宝鸡市）视察；而到了农历七月，他又到山西北部去视察了。汉文帝为什么要到处巡视呢？你看他巡视的这些地方，无论是陇西还是山西北部，都是匈奴人经常对汉朝进行军事骚扰的地带。果然，当年冬天，匈奴的六万骑兵便分两路入侵汉朝，杀害了大量汉朝百姓。

消息传到长安，汉朝严阵以待。首先汉文帝派出三位将军，分别屯驻在边境三个战略要地。第一位将军屯驻在飞狐口（在今河北省张家口市一带，属太行山以东地区）。第二位将军屯驻在山西北部的句注关（即今日的雁门关）。第三位将军屯驻在之前和匈奴经常发生战争的北地郡（在今甘肃省一带）。从西面的北地郡，到中间的句注关，再从东面跨过太行山到飞狐口，这三处可以说是汉文帝布置的第一道防线。

接下来还有第二道防线。汉文帝又派了三位将军屯驻在长安边上，以保卫都城。其中有一位将军屯驻在霸上，有一位将军屯驻在渭水以北的棘门，还有一位将军屯驻在细柳，分别对应长安的东面、北面、西面。因为这三个地方都离长安不远，所以汉文帝亲自去慰劳了将士们，激励他们保家卫国。在这一次巡查过程当中，汉文帝发现了一名非常优秀的军事人才，名叫周亚夫。周亚夫就是驻扎在细柳的将领。

在劳军的过程中，汉文帝先去看望了霸上的将士们，再去看望了棘门的将士们。这两个地方的将军们一听说皇帝要亲自来慰劳他们了，赶紧大开营门出来迎接，前前后后把汉文帝伺候得非常舒服，汉文帝感觉也很好。最后汉文帝来到细柳军营巡察慰问，接下来发生的一幕，让汉文帝大为感慨。

汉文帝先派了一名使者去细柳军营下通知，告知守门的将士皇帝马上要来了，赶紧把营门打开。按照之前在霸上和棘门巡视的经验，这位使者认为将士们肯定二话不说就会把军营大门敞开，恭候皇帝驾到，没想到这一次吃了个闭门彘,一个小小的看守营门的将士,居然敢跟皇帝的使者说:"我们军队只认将军的命令,不认皇帝的使者,不要说是你,哪怕是皇帝亲自到了,没有将军的命令,我们也绝不会开门。"使者一听就生气了,说:"你一门卫凭什么这么嚣张,居然敢这样对我说话,你等着瞧,待会儿皇帝来了,看你怎么办。"过了一会儿汉文帝到了,结果守门的将士仍然纹丝不动,没有将军的命令,他就是不开门,哪怕真的皇帝来了,也得先在外面等着。这守门的将士太厉害了,搞得汉文帝一点儿办法都没有。汉文帝想了想,说:"这样吧,我们大队人马先不进去,先派一个人进去禀报你们将军,看你们将军怎么说,可以吗?"

守门的将士说这样可以，于是就放了一个使者进去。使者见到周亚夫之后，周亚夫确认是皇帝亲自来慰劳将士们了，才下令打开营门迎接皇帝。守门的将士接到周亚夫将军的命令后就打开营门，让皇帝的车队进门。不过放行之前又警告皇帝和他手下的人说："将军约，军中不得驰驱。"意思是说"在军营里面，你们都是坐着车、骑着马进去的，一定要驾驭好自己的马，不能在军营里面狂奔。这是军令，你们必须遵守，哪怕是皇帝，也得遵守。"这条军令当然是有道理的，要是有人在军营里面骑着马狂奔，其他很多搞不清状况的将士就会受到惊扰，以为发生了什么紧急军情，可能导致军队陷入混乱，这样就糟糕了。所以正常情况下，军营内是严禁骑马狂奔的。

堂堂天子，听了守门小将士这一番警告之后会怎样呢？这时汉文帝的格局就体现出来了，他恭恭敬敬地对门卫将士说："好，我一定遵守规矩。"于是汉文帝让人谨慎控制马的缰绳，缓缓前行。进入军营以后，汉文帝发现将士们精神饱满，身上穿着明净的铠甲，军容整齐。汉文帝看完以后为之动容，于是派遣使者前去慰问周亚夫，特别说了一句话："皇帝敬劳将军。"加了一个"敬"字，意思是皇帝非常恭敬地向将军问好。慰问礼节完成后，汉文帝率领着自己的人走出军营。这时候很多跟着来的大臣都感到愤愤不平，说：

"这个周亚夫居然敢这么对待皇帝!"汉文帝却说:"这才是真正的将军,连我要进他的军营都这么难,更何况是敌人?可想而知,敌人想用一些阴谋诡计混进他的军营,是绝不可能的。有着这样军容军纪的军队是绝不容侵犯的,真跟匈奴人打起来,也只有这样的军队才能取得胜利。"

这一次汉朝和匈奴的冲突持续了一个多月,在汉朝军队的积极反攻之下,匈奴军队撤出了塞外,最终没有演变成大规模的战争。双方罢兵以后,汉文帝马上把周亚夫升为高级将领。这次冲突是汉文帝在位期间匈奴人的第五次入侵,也是汉文帝在位期间最后一次应对匈奴人的入侵,第二年汉文帝就去世了。在这次应对匈奴入侵的过程中,汉文帝最大的收获就是发现了周亚夫这个人才。汉文帝在临终之前,对自己的太子,即后来的汉景帝交代:如果有紧急情况出现,周亚夫是可用之才。后来在汉景帝时代发生了"七国之乱",有几个诸侯国联合起来造反,反抗朝廷。叛乱发生后,汉景帝马上起用周亚夫,不久之后"七国之乱"就被平定了,这证明汉文帝看人的眼光是非常准确的。

以史为鉴

在这个故事里,最值得我们学习的就是汉文帝对待细柳军营守门将士的态度。堂堂天子居然愿意听从一个小兵的话,严格遵守军营规矩。正是这种格局才使得汉文帝有机会发现周亚夫的价值。试想,如果汉文帝没有那么大的格局,看到一个小兵居然敢这么冲撞自己,便立马火冒三丈,这种状态下他还能发现周亚夫的优点吗?还会发现周亚夫是个人才吗?肯定不会。所以格局要大,眼光才能远,做出的决策也才能更正确。

思考与辨析

无论对于士兵来说,还是对于官员来说,忠于职守是最根本的要求。如果每个人都能忠于职守,那么管理就会变得规范,出差错的几率就会变小,社会也会因此而更有秩序。在这种情况下,每个人都是良好秩序的受益者。在日常生活中,人们难免会因为疏忽、鲁莽而破坏了某项规则,当工作人员站出来批评、纠正这些错误行为的时候,很多人会感到自己的尊严受到了冒犯。但仔细想一想，如果所有人都无视规则，工作人员也不认真履职，那我们的生活会变成什么样呢？所以，自觉遵守规则，尊重所有工作人员对职责的履行，我们才能拥有更好的生活环境。

已而之细柳军，军士吏被甲，锐兵刃，彀弓弩持满，天子先驱至，不得入。先驱曰："天子且至！"军门都尉曰："将军令曰：'军中闻将军令，不闻天子之诏。'"居无何，上至，又不得入。于是上乃使使持节诏将军："吾欲入营劳军。"亚夫乃传言"开壁门"。壁门士请车骑曰："将军约，军中不得驰驱。"于是天子乃按辔徐行。至营，将军亚夫持兵揖曰："介胄之士不拜，请以军礼见。"天子为动，改容，式车，使人称谢："皇帝敬劳将军。"成礼而去。既出军门，群臣皆惊。上曰："嗟乎，此真将军矣！曩者霸上、棘门军若儿戏耳，其将固可袭而虏也。至于亚夫，可得而犯耶！"称善者久之。——《资治通鉴·卷十五·汉纪七》

第七讲

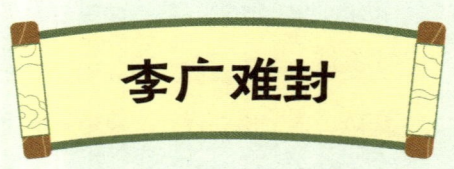
李广难封

· 重视团队的力量 ·

汉武帝时期有一位抗击匈奴的名将叫李广。论骑马射箭这套技能，李广在那个时代可谓天下无敌手。唐代诗人卢纶写过一组《塞下曲》，其中有一首为："林暗草惊风，将军夜引弓。平明寻白羽，没在石棱中。"诗中这位将军非常威武，居然能把箭射进石头里，力量之大令人叹为观止。这位将军的原型就是汉代的李广。李广有一次去打猎，把草丛里的一块石头看成了老虎。他搭弓射了一箭，射中了，跑过去一看，才知道原来是块石头。再看这支箭，整个箭头都已经扎进石头里了。

除了射箭之外，李广的骑术也非常高明。在汉武帝元光六年（前129）出击匈奴的战役中，李广受伤后被敌人生擒了。匈奴人把两匹马并在一起，中间用绳索联结起来，把李广放在这个"担架"上。李广躺在上面装死，然后用眼睛一

瞄,发现旁边有一个匈奴人骑着一匹好马,于是噌的一下就腾跃起来。他身体下落的时候,落点找得非常准确,正好就落在这匹马上。他把骑马的匈奴人推下去,并且夺走了他的弓箭,边驰马边引弓,狂奔数十里。能将这一系列高难度动作做得一气呵成,说明李广不仅身手极其敏捷,骑术、射术更是非同凡响。匈奴那边都知道汉朝有这么一号人物,送了他一个"飞将军"的称号。

李广长期和匈奴作战,在对阵的过程中,也体现出了常人所不具备的胆略。有一次李广带着一百名骑兵,遇见了一支由几千骑兵组成的匈奴部队。李广手下的骑兵都非常害怕,想赶紧逃。李广告诫他们不要慌,他说:"如果在这个时候掉头逃跑,匈奴人多,他们追上来的话,我们一个都活不了。"那怎么办呢?李广带着这些人不仅不往回逃,还迎着匈奴部队前进,在距离他们只有二里地的地方停下来。李广让大家放松,解下马鞍,原地休息。这样一来,匈奴人反而摸不着头脑了,以为李广玩的是诱敌之计,担心他们身后有大军埋伏,所以不敢贸然发动攻击。在对峙的过程中,李广还抽空上马射杀了对方一名将领,射完之后又解下马鞍,若无其事地原地休息。匈奴人越发怀疑李广率领的是诱兵,就在半夜悄悄撤军了。第二天早晨,李广带领手下的骑兵安全地回到了汉军大营。

李广无论武艺还是胆识,都远超常人。但说来奇怪,就这样一位有才能、有胆识,和匈奴打了一辈子仗的名将,他能让敌人害怕他,却从来没有在战场上大规模地战胜过敌人,也没有立过大的战功,因此汉武帝始终没有封他为侯,还留下一个成语"李广难封"。汉武帝时代和匈奴作战非常频繁,建功立业的机会很多,有好几位才能不如李广的将领都建功立业了,并被封侯。为什么李广反而没有成功呢?汉代的著名史学家司马迁描述过李广打仗时的一个特点:"其射,见敌急,非在数十步之内,度不中不发,发即应弦而倒。用此,其将兵数困辱,其射猛兽亦为所伤云。"意思是说,李广的射术虽然高超,但他追求百发百中,所以往往是在离敌数十步内瞄准了再射,这样离敌人就很近,等他射杀一个敌人的时候,其他敌人就围上来了,所以他的部队很容易遭到围困,也就很难真正地打胜仗了。司马迁和李广生活在同一个时代,他对李广个性、特点等方面的描述应该是比较准确的,这也为我们理解"李广难封"提供了一个角度。但司马迁提供的信息还不够全面。对这个问题,《资治通鉴》有更为精彩的分析。

《资治通鉴》在讨论为什么"李广难封"时,采用了对比分析的方法,把李广和当时另一位名将程不识放在一起比较。这两个人管理军队的风格截然不同。李广的军队,纪律松散,他不组织、整理队形,晚上也不安排人巡逻,将士们人人自便,很随意。他提出的唯一要求就是让侦察兵走得比较远,以便察看敌情。程不识批评了李广的这种做法,说这样带兵,仓促之间碰到敌人进犯怎么办。程不识带兵的风格和李广恰恰相反,他要求士兵纪律严明,处处谨慎。士兵们都喜欢李广随意、散漫的风格,因为这样比较轻松;不喜欢跟随程不识,因为待在纪律严明的队伍中很辛苦。针对这个现象,司马光评论说:"管理、带领一批人,不严明法度,是一件很危险的事情。李广是艺高人胆大,仗着自己的才能敢于这么做,其他人要是模仿他,十有八九要出差错。"

司马光的这段评论隐含了一层意思:李广这个人本领高

强，有强烈的个人英雄主义作风。但行军打仗要想成功，靠的是整支队伍的协调，而不只是个人才能。前面我们提到李广打仗时喜欢把和敌军的距离控制在射程范围内以便射击，这也是比较典型的个人英雄主义作风。李广射得再准，当面对上万甚至几十万敌军时，能靠个人的能力把敌人都射死吗？

> **以史为鉴**
>
> 这就是很多才能不如李广的人都建功封侯了而李广却难封侯的原因：李广太相信、太依赖自己的个人能力了。作为一名将领，如果不能发挥军队整体的作战能力，只是单靠个人能力，那能力再强，也不见得能取得最终成功。有句话叫"聪明反被聪明误"，李广也属于这种情况。《资治通鉴》这段分析告诉我们，李广一辈子不能封侯，他自己要负很大的责任。

> **思考与辨析**
>
> 个人能力强当然是好事，但不要忘了，完成任何一项复杂的工作，都需要有团队合作精神。尤其当你处在团队核心领导位置上的时候，不光要考虑

如何发挥自己的长处，还要考虑怎么让整个团队的力量发挥出来。我们要有个人能力，但不能迷信个人能力，否则就会像李广那样陷入个人英雄主义的困境：空有一身天纵之才，却难以取得真正的成绩。与李广同时代，还有一位更年轻的将领，论骑射技能、战争经验，都比不上李广，但他却获得了巨大的成功，和李广形成鲜明对比。这位将军是谁呢？他成功的诀窍又是什么？相关故事我们留到下一讲分享。

通鉴小文言

广与程不识俱以边太守将兵，有名当时。广行无部伍、行陈，就善水草舍止，人人自便，不击刁斗以自卫，莫府省约文书，然亦远斥候，未尝遇害。程不识正部曲、行伍、营陈，击刁斗，士吏治军簿至明，军不得休息，然亦未尝遇害。不识曰："李广军极简易，然虏卒犯之，无以禁也；而其士卒亦佚乐，咸乐为之死。我军虽烦扰，然虏亦不得犯我。"然匈奴畏李广之略，士卒亦多乐从李广而苦程不识。——《资治通鉴·卷十七·汉纪九》

第八讲

大将军卫青

· 学会团队合作 ·

汉武帝时代抗击匈奴的名将中，最有成就的当属卫青。卫青出生在一个贫贱的家庭里，年轻的时候在公主府中做仆人。卫青的姐姐名叫卫子夫，她能歌擅舞，长得又漂亮，后被汉武帝看中，最后还成了皇后。凭借姐姐的这层关系，卫青的命运才得以改变。

汉武帝在和匈奴开战之后面临很多困难，缺乏战略物资，缺乏财政支持，更重要的是缺乏军事人才。但汉武帝有一双识人的慧眼，他看出卫青是一个可造之材，就决定让他率领军队去战场上历练历练。元光六年（前129），匈奴军队骚扰边境，汉武帝派遣了四位将军出击抵抗匈奴，卫青便是其中一位，这是卫青第一次接受军事任务，他不负重望，取得了很好的战绩——率领部队攻破龙城。龙城是匈奴各部落会合并举行祭天仪式的地方，对匈奴来说很重要。而且这次出征，四位将军中只有卫青打了胜仗。其他三位，一位是公孙贺，无功也无过。另两位是公孙敖和李广，都被匈奴打败了。公孙敖率领的军队损失了百分之七十的将士；号称"飞将军"的李广还被匈奴活捉了，亏得他身手矫健，跑了回来。李广的故事，我们上一讲提到过。相比之下，卫青的表现自然让汉武帝非常高兴，因此卫青获得了很丰厚的嘉奖。

　　首战告捷，卫青的军旅生涯有了一个很好的开始，一颗将星从此冉冉升起。在这次战役中，像李广这样优秀的职业军人都被匈奴打败了，卫青奴仆出身，又是第一次和匈奴作战，他为什么能打胜仗呢？我们不妨把李广和卫青放在一起做个比较。我们选三个指标进行对比。首先，看他们驰骋沙场的个人技能。卫青虽然很擅长骑马射箭，但肯定不能跟李广比。李广的骑射武艺在当时是最优秀的，盖世无双。从个人技能的角度看，李广胜出。其次，看带兵的方法与效果。卫青能够善待士卒，有功劳乐于和下属分享，所以得到部下的拥戴。李广对自己的部属也非常尽心，得到的赏赐经常分给部下，在外行军的时候，李广和士兵同甘共苦，军士们也愿意为他拼死作战。从带兵的角度看，卫青、李广打成平局，都是很得人心的将领。第三，看这两个人的性格和率领军队的作风。卫青性格不错，为人谦和，能够善待那些有文化、有知识的人，听取他们的意见。恰恰是这一点上，卫青比李广优秀。正如我们在上一讲中分析的，李广是个人英雄主义者，强调个人能力，但在战场上不是光靠将帅的个人骑射能力出众就能取胜的。卫青每次作战广泛听取意见，积极发挥全体将士的作用，司马光称赞卫青"有将帅材"。也正因为这一点，卫青的军队能够比李广等人的军队取得更好的成绩。

从对比中，我们可以得出一个结论：一个人的能力可以分为很多层面，有些属于技术性特长，比如李广的骑马射箭；还有一些属于领导型才能，比如卫青更擅于把全体将士的作用更好地发挥出来。我们能像李广那样有一技之长当然很好，但一技之长再厉害，往往也只能体现一个人的个体价值，要想获得更大的成就，为社会作出更大的贡献，还需要思考如何提高领导能力，想办法将更多人的能量释放出来，创造更大的价值，而不是光顾着显摆自己的特长。

卫青一生和匈奴共有过七次大型交战，我们重点介绍一下第四次战役。这次战役发生在元朔五年（前124）。卫青在汉武帝的命令下，率军主动出击，匈奴方面负责阻击卫青的,是右贤王的部队。在匈奴的组织内部,最高领袖是单于,下面设有左贤王、右贤王,分管东部和西部地区。左、右贤王地位非常高,相当于单于的左右手。所以这位右贤王可以说是一位匈奴贵族,负责匈奴西部疆域的防卫。但他这次和卫青交锋,犯了一个致命错误——过于轻敌了。他以为汉军离他很远,一时半会儿到不了眼前,就在晚上大摆酒席,喝得酩酊大醉。没想到,当晚卫青率领的汉军突然出现,包围了匈奴军队。右贤王立马被吓得酒醒了,但再组织抵抗已经来不及了,他只能在几百名骑兵的护卫下突围而去,连夜狂奔数百里,总算没有被汉军抓住。卫青的部队大获全胜:虽然没有抓住右贤王,但抓住了右贤王麾下的小王十余人,其他俘虏一万五千多名，缴获的牲畜更是多达几百万头。卫青率领部队押解着俘虏、带着战利品回到汉朝边境的时候，汉武帝已经收到了捷报。这是一个令人振奋的消息。汉武帝派遣使者到军中，封卫青为"大将军"。其他几支各自独立、共同出击匈奴的军队，这时候也统一归卫青指挥。

卫青打了这么漂亮的胜仗班师回朝以后，汉武帝除了提高卫青的待遇以外，还打算封卫青的三个儿子为侯。这个时候卫青谦退的品格体现出来了。他对汉武帝说："能打这么大的胜仗，不是我的功劳，全靠将士们舍命拼杀呀！"至于自己的三个儿子，卫青认为他们更没有资格获得朝廷的嘉奖，所有的荣誉和奖赏，都应该归将士们。于是这次和卫青一起出击的将军中，有七人封侯，三人赐爵，皆大欢喜。

以史为鉴

卫青既有能力，又有战功，还谦虚谨慎，有了成就还处处为手下的将士们着想。看上去，他推掉了很多封赏，但事实上这进一步提高了卫青在将士们心目中的威望，也有利于他在以后的日子里获得更大的成就。这正是体现出卫青的领导能力和人格魅力的地方，也是值得我们学习的地方。

思考与辨析

作为个体的人,在自然界面前是不堪一击的,甚至敌不过猛禽野兽。人类之所以是万灵之长,能创造出无与伦比的文明,关键在于掌握了一套高级的组织合作模式。无论是历史上伟大的事业,还是生活中的日常工作,都需要人与人之间的紧密合作、细致分工。所以我们必须懂得团队合作的重要性——仅仅依靠个人,是办不成大事的。

通鉴小文言

匈奴右贤王数侵扰朔方。天子令车骑将军青将三万骑出高阙,卫尉苏建为游击将军,左内史李沮为强弩将军,太仆公孙贺为骑将军,代相李蔡为轻车将军,皆领属车骑将军,俱出朔方。大行李息、岸头侯张次公为将军,俱出右北平。凡十余万人,击匈奴。右贤王以为汉兵远,不能至,饮酒,醉。卫青等兵出塞六七百里,夜至,围右贤王。右贤王惊,夜逃,独与壮骑数百驰,溃围北去。得右贤裨王十余人,众男女万五千余人,畜数十百万,于是引兵而还。——《资治通鉴·卷十九·汉纪十一》

第九讲

自作聪明的夏侯藩

·面对诱惑要保持本心·

汉宣帝即位以后励精图治，西汉王朝更加繁荣了。与此同时，长期与汉朝为敌的匈奴却走向了衰落，并且最终分裂成南匈奴和北匈奴。南匈奴从汉宣帝以后就归顺汉朝了。北匈奴在郅支单于的率领下，迁徙到西域地区，郅支单于在汉元帝的时候被汉朝官员陈汤斩杀。

汉元帝的儿子汉成帝即位以后，汉朝和匈奴之间又发生了故事。公元前8年，南匈奴的老单于去世，新单于即位，这位新单于面对汉朝使者时称呼自己为"知"。按照礼节，汉朝要派遣使者吊唁老单于去世，并祝贺新单于即位。汉朝派出的使者名叫夏侯藩。当时汉朝的辅政大臣名叫王根，是汉成帝的舅舅。按照规矩，夏侯藩出使之前要先去拜见王根，听听辅政大臣有什么吩咐。

关于如何处理和匈奴的关系，王根还真有一些想法。

因为之前有人向他汇报过一个情况,在匈奴与汉张掖郡(在今甘肃省)交界的某处,匈奴有一块属地,这块地像一个巨大的楔子插进汉朝的地盘里。这样的形势,导致汉朝派兵屯卫的任务变得特别繁重。另一方面,在匈奴的这块地上,长着非常好的木材,其中一些山上还栖息着一些鸟类,比如秃鹫之类的猛禽。从军事战略的角度讲,木材可以做成箭杆,而秃鹫等禽类的羽毛,可以用来做箭的尾部。箭有了这些羽毛,射手就更容易控制箭射出的方向。汇报的人向王根建议道:"如果能想办法把这块地从匈奴那儿要过来,就是为国家立了大功。首先,国家的领土扩张了;其次,山上的这些特产为我们所用,可以加强汉朝的军事实力;第三,能减轻边防压力。"他还说:"如果您能把这件事办成,就足以名

垂青史了。"王根觉得这个建议很有道理，转而禀告了汉成帝。汉成帝也觉得这是个好主意，但问题是，怎么才能把这块地弄过来呢？直接开口问匈奴单于要吗？好像不太合适。

这次夏侯藩要出使匈奴，王根认为机会来了。他将索要匈奴土地的大致想法告诉了夏侯藩，接着又说道："朝廷不便主动向匈奴人索要土地，你这番出使，找个机会暗示一下匈奴单于，让他们主动把这块土地贡献给我们吧。如果办成的话，你的功劳不小，一定加官晋爵。"夏侯藩听完之后满口答应。夏侯藩想："王根是辅政大臣，又是皇帝的舅舅，他试图通过这件事让自己名垂青史，如果我能帮他把这件事办成，以后一定能得到他的提携，更何况把事办成的话，还能让皇帝高兴。"所以夏侯藩非常积极主动地承担起了这个任务。

夏侯藩到了匈奴之后，就问单于想不想进一步搞好和汉朝的关系。单于说："当然想啊！"夏侯藩说："那我来给你出个主意吧。"就把那块土地的情况向单于描述了一遍，并建议单于赶紧向汉朝皇帝上书，把这块地献给汉朝。夏侯藩说道："单于如果能把这块土地献给皇帝，皇帝也不会让你白白贡献，朝廷一定会赏赐你巨额财富，远远超出你的想象。"

单于不是笨蛋，心想："一个使者怎么可能自作主张劝我贡献领土呢？他的胆子这么大？敢在汉朝和匈奴的交往过程中，一开口就要一块地？"于是单于直截了当地问夏侯藩："这是你自己想出来的主意吗？还是朝廷本来就想得到这块领土，不好意思开口，让你通过这种方法来促成？"夏侯藩一下子愣住了，他没想到单于这么聪明，识破了真相。夏侯藩缺乏随机应变的能力，既然被识破了，他也不装了，就原原本本地告诉单于："您猜得没错，的确是朝廷看上这块土地了。不过我刚才给您出的主意，也是对您有好处的。"

单于很谨慎，说道："使者已经完成了使命，可以先回汉朝。献地这事不着急，我们内部先商量一下，等有结论了再答复汉朝。"夏侯藩说："好，那我回去等您消息！"夏侯藩回到汉朝之后，迟迟没有等到匈奴的答复。汉成帝和王根都等得有点儿着急了，对夏侯藩说："你再去匈奴跑一趟吧！"

于是夏侯藩再次见到单于，单刀直入地问道："我劝你献地，考虑得怎么样了？"单于此时已经把所有情况都了解清楚了，就对夏侯藩说："这块土地我们父兄相传了五代。汉宣帝以来，汉朝从来没有问我们要过这块地，怎么这时候就来问我们要地了呢？"对于单于来说，如果把祖宗留下的领土随随便便给了汉朝，那就是丧权辱国，怎么向族人交代呢？再加上单于已经了解到这里盛产木材，便对夏侯藩说："这块土地上盛产木材，我们造车子、搭帐篷所需的木材，有很多就是这里出产的，实在不便把这块领土贡献给汉朝。"

夏侯藩碰了一鼻子灰，只能空手而回。夏侯藩一走，单于就给汉成帝上奏。单于很明白，是汉朝政府想得到这块土地，但他故意装作不知道，在奏章里说："使者夏侯藩来向我索要土地，并且称这是奉了朝廷的旨意。我不知道他说的是真是假，所以向皇帝陛下求证，这究竟是夏侯藩自己想出来的呢，还是真的秉承了皇帝和朝廷的旨意？"汉成帝和王根收到奏章后很尴尬。第一，透过这道奏章，无论是汉成帝还是王根，都已经明白匈奴人是不肯割让土地的。第二，既然单于这么问，肯定也猜到了是朝廷指派夏侯藩去索要的。但汉成帝和王根怎么能承认呢？如果承认了，那就是汉朝政府摆明了想侵吞匈奴的领土，是要挑起两国矛盾的。所以汉成帝和王根坚决不承认，给单于回信说："夏侯藩这个浑蛋，居然敢向单于索要土地，还谎称是奉了皇帝和朝廷的旨意，实则是想借机邀功，皇帝和朝廷大臣根本不知道这回事。等我们查明实情，一定杀了夏侯藩向您谢罪！"

南匈奴归顺汉朝多年，维护双方的良好关系，对汉朝来说有非常重要的战略意义。汉成帝和王根的眼光都很短浅，索要领土侵犯了匈奴的核心利益，破坏了双方的战略同盟关系，即便得到这块土地，也是得不偿失。这件事表面上只是使者、奏疏的来往，云淡风轻，事实上暗流汹涌，争斗得很厉害。夏侯藩很愚蠢，他的出使任务本来只是单纯地恭贺新单于即位，然而他为了讨好辅政大臣和皇帝，亲手制造了两国矛盾。当皇帝和朝廷知道不可能拿到土地，而又不敢得罪匈奴的时候，他就成了替罪羊。

好在汉成帝和王根都只是眼光短浅，算不上残暴。他们以在事情发生的过程中，朝廷曾经颁发过大赦令为理由，没有真的杀夏侯藩，只是让他换个岗位，受了些处分。夏侯藩侥幸逃过一劫。

以史为鉴

夏侯藩被人利用，但他为了谋求升官发财，设法讨好辅政大臣和皇帝，甘于被利用，并且积极主动地配合了辅政大臣和皇帝的贪求欲。无论是王根还是汉成帝，在汉匈两国和平的前提下，试图损害匈奴的利益来满足自己建功立业的欲望，是不道义的。但凡不道义的事，一定会产生不良后果，也一定会有人为之付出代价。夏侯藩虽然侥幸免死，但他被调岗处分，为这件事付出了代价。

思考与辨析

人在成长的过程中,有时候难免会落入别人设计的套路中。只要我们秉持原则,只做符合道义的事,那别人也很难通过利用我们来达到他们的私人目的,就怕我们内心也有一些见不得光的私欲。很多人为了满足这些私欲,会主动寻找机会,甚至像夏侯藩那样,甘于被人利用。夏侯藩的故事告诉我们,一旦这么做,我们很有可能会付出我们承受不起的代价。

通鉴小文言

藩、容归汉后,复使匈奴,至则求地。单于曰:"父兄传五世,汉不求此地,至知独求,何也?已问温偶䮷王,匈奴西边诸侯作穹庐及车,皆仰此山材木,且先父地,不敢失也。"藩还,迁太原太守。单于遣使上书,以藩求地状闻。诏报单于:"藩擅称诏,从单于求地,法当死。更大赦二,今徙藩为济南太守,不令当匈奴。"——《资治通鉴·卷三十二·汉纪二十四》

第十讲

昆阳大捷

·成功没有捷径·

西汉末年出现了一位颇有野心的政治家，名叫王莽。王莽篡夺了政权，成立了"新朝"。王莽有一个特点，喜欢改革。但他的很多改革措施不仅没有推动社会进步，反而妨碍了老百姓的生产、生活，搞得老百姓怨声载道。所以全国各地都出现了起义，想要推翻王莽的统治。最终王莽的统治只持续了短短十五年。再接着重新统一天下的是刘秀，他是西汉的创建者刘邦的后代，所以他建立的王朝也叫"汉"。但刘秀把首都定在了洛阳，洛阳位于西汉都城长安的东面，所以刘秀建立的王朝被称为"东汉"。

最初，刘秀一直追随他大哥刘縯，在湖北老家发动了反抗王莽的起义。他们的目标很明确，即恢复汉朝的统治秩序。出于发展壮大的需求，刘縯、刘秀兄弟的队伍和一支由农民自发组成的起义军进行了合并。农民起义军里主要是为生活所迫走上反抗道路的普通老百姓，但也混杂着一些趁火打劫的野心家，甚至有一些游手好闲的无赖，所以人员情况比较复杂。更重要的是，他们不像刘縯、刘秀兄弟那样有高远的、明确的政治目标，他们当中有些人只是为了解决眼前的温饱问题，有的人则想趁乱抢夺些财富。所以，如何管理这样一支队伍，是棘手的问题。

由于人心不齐，起义军刚打了几场胜仗，就产生了内部矛盾，差点儿发生内讧。怎么回事呢？原来，战争的胜利给起义军带来了战利品。而原先自发起义的那部分农民起义军，认为绝大多数战利品被刘氏兄弟的手下拿走了，分配不公。气愤的农民起义军打算调转枪头，对刘氏兄弟发动进攻。

起义军真正的敌人是王莽政权，而且王莽正源源不断地调遣精兵良将镇压起义。现在大敌当前，起义军只取得了一点儿小小的胜利，就因为财物分配的问题起内讧，这样的队伍怎么可能走得远？面对义军的第一个内部危机，刘秀当机立断，马上命令自己的属下，把所有财物都拿出来，全部送给农民兄弟，这才把矛盾平息下来，巩固了队伍的团结合作。通过这件事能看出，刘秀具备一项成就大事的重要品格：不贪图眼前的小利。能做出这样的选择，有一个重要前提，那就是刘秀非常清楚自己的终极目标是什么。对于刘氏兄弟来说，他们的目标是要推翻王莽，而不是守住这些财物。尤其刚起事的时候，壮大力量比什么都重要，他们明白不能只把目光放在这些小小的财富利益上。如果当时刘氏兄弟舍不得这些财富，因此和其他起义力量分裂、相互攻打，那结果会是什么？还会有后来的东汉王朝吗？很可能这支队伍撑不了几个月就被消灭了。

随后，刘秀又跟着哥哥打了几次胜仗，他们的队伍控制了今天湖北省、河南省的一些地区。他们的声望越来越高，影响力也越来越大，这使得王莽感到非常紧张，于是王莽派遣了一支大军，试图剿灭他们。王莽派出来的军队总人数多达四十三万，光前锋部队就有十万人。这支十万人的队伍浩浩荡荡进入了河南地区，首先就来到了由刘秀和其他几位义军将领共同防守的昆阳城（在今河南省平顶山市叶县附近）。当时的情形是，刘秀这边的人马才八九千，刘秀的大哥刘縯等人率领着义军主力去攻打另一座城市宛城（在今河南省南阳市）了，也无法回来支援刘秀。在敌我力量如此悬殊的情况下，刘秀该怎么办？

这时候，义军这边有很多人开始退缩了。他们一心想着老婆孩子，以及如何保护之前获得的战利品，根本没有心思作战。甚至有人提出："干脆散伙吧，大家整理整理行李，各自逃命算了。"刘秀说："大敌当前，越是畏战，失败就来得越迅速、越惨烈。如果我们一败涂地，还谈什么保护老

婆孩子,以及财富呢?真想保护好家人及财产,唯一的办法就是团结起来奋战,打败敌人,而不是退缩畏战,更不是分散逃亡。"

但这事说着容易,做起来难,毕竟实力相差太悬殊。为了解决大家的顾虑,刘秀自告奋勇,愿意到周边的义军据点去征集、调动援军。但此时昆阳城已经被王莽的军队包围了,怎么办?到了这天半夜,刘秀组织了一小支队伍,连他自己在内一共十三个人,开始了突围行动。他们从昆阳城的南门往外突破,成功地冲破了敌人的包围圈,来到附近的义军据点求援。但附近的义军将领一样贪恋财物,不愿把军队全都调拨去支援昆阳，而是要留下一部分士兵守护财物。这些人真是太天真了。刘秀跟他们说，被打败的话脑袋都保不住了，还保得住财物吗？打了胜仗，还怕没机会积累财富吗？将领们听刘秀这么一说，觉得也有道理。于是，这些人最终被刘秀说服，他们团结一致，打响了昆阳保卫战。

然后刘秀率领一支一千余人的骑兵部队，作为前锋冲在最前面，其他义军队伍紧随其后，支援昆阳。王莽官军主帅安排了一支由数千人组成的狙击部队拦阻刘秀。没想到义军在刘秀的率领下，作战非常英勇，无不表现出以一当十的勇气，把官军打得大败。这时候忽然刮起了狂风，不久之后又下起了倾盆大雨。官军虽然人多，但看到阻击部队被刘秀打得大败，阵脚开始有点儿乱了，再加之狂风大雨，官军便更加恐惧了。而除了战胜别无选择的义军，这时候却迎着风雨越战越勇。刘秀的勇敢也鼓舞了其他将士，他们纷纷摩拳擦掌，踊跃击敌。昆阳城内的义军看到刘秀率领的援军在城外已经冲乱了官军的阵营，便立刻打开城门，吹响进攻的号角，从城内冲杀出来。这样，官军就受到了内外夹击，最终被义军打得一败涂地。刘秀率领义军取得的这次昆阳大捷，是中国历史上著名的以少胜多的经典军事案例。

星星之火，可以燎原。昆阳大捷不仅鼓舞了士气，也壮大了反对王莽的力量，各路义军纷纷打起了恢复汉朝的旗号。后来，刘秀的哥哥刘縯在义军获得最终胜利之前去世了，刘秀继续率领着队伍，逐步平定天下，创建了东汉王朝，实现了自己的理想。

以史为鉴

刘秀有自己的理想，而且有非常清晰的目标意识，他围绕这个目标专心经营，毫不动摇，不被外在的各种诱惑牵着鼻子走。在昆阳之战中，刘秀之所以能面对强敌毫不畏惧，并打赢这一仗，关键并不在于战术——除了勇敢作战之外，刘秀并没有奇特的战术。刘秀的胜利，关键在于心志。既然选定了目标，就应该有勇敢面对所有困难的决心。刘秀做到了，并最终成功了。综合以上两点，我们把刘秀能成就一番大事业的原因，概括为八个字：坚定心志，勇敢前行。

思考与辨析

刘秀的成功能告诉我们什么？第一，要有明确的目标和坚定的心志，学会分清什么是大事，什么是小利。第二，在通往理想的道路上，充满困难，布满荆棘。成功没有捷径。很多意志不坚定的人，遇到困难就退缩。《西游记》里的猪八戒就是这样的，一遇到困难，就嚷嚷着要分家当散伙。这样的人能成功吗？如果不用面对任何困难就能成功，成功的人岂不是遍地都是了？而事实并非如此。无论古今中外，真正成功的人永远只是人群中的少数。这些人成功的领域可能有所不同，但一定都有一个共同特点，那就是勇于面对困难，善于克服困难。

通鉴小文言

诸将见寻、邑兵盛，皆反走，入昆阳，惶怖，忧念妻孥，欲散归诸城。刘秀曰："今兵谷既少而外寇强大，并力御之，功庶可立；如欲分散，势无俱全。且宛城未拔，不能相救；昆阳即拔，一日之间，诸部亦灭矣。今不同心胆，共举功名，反欲守妻子财物邪？"——《资治通鉴·卷三十九·汉纪三十一》

第十一讲

忍辱负重的刘秀

·小不忍则乱大谋·

刘秀能够走上起义的道路，多亏了他的大哥刘縯做领路人。刘縯慷慨大方，很有领袖风采，是这支队伍最初的核心人物。也就是说，刘秀一开始是大哥刘縯的跟班。随着时间的推移，刘氏兄弟的队伍越来越壮大，也吸收融合了其他义军力量，逐渐发展成一支人数多达十余万的庞大队伍。规模如此之大，就需要有合理的内部管理机制，几位重要将领商量之后决定在队伍内部推选一位皇帝，以便加强领导力，同时可以恢复汉朝为旗帜，号召天下。

那么，立谁为皇帝呢？有人提名刘縯，因为刘縯能力强、威望高，又是率先组织起义的关键领袖之一。但也有一部分人提名另一位叫刘玄的人做皇帝。最后，经过反复讨论确认，刘玄被这支队伍立为皇帝。刘玄是谁？他为什么会被选中呢？刘玄和刘縯、刘秀兄弟一样，都是汉朝皇室的后代，追根溯源，他们都是汉武帝的兄弟长沙定王刘发的后代，而且都是第五代孙。刘玄的曾祖父和刘𬙂、刘秀的曾祖父是亲兄弟。但是，刘玄的曾祖父是那一房里的嫡长子，刘𬙂、刘秀的曾祖父是小儿子。中国古代讲究嫡长子继承制，简单来说就是原配夫人生育的大儿子具有优先继承家族地位和核心财产的权利。就是说，按照当时人的观念来看，如果一定要选一个姓刘的人做皇帝的话，那么刘玄的家族地位比刘𬙂更高，更具有正统性。这是很多人选择刘玄的原因。另一方面，刘玄也有一定的能力和侠义之心，所以能受到很多义军的拥戴。

不过《资治通鉴》在写这段历史的时候还提到了另一个原因：一些义军将领之所以不支持刘𬙂做皇帝，是因为刘𬙂实力太强，威望太高，而且对部下管得很严，严禁部下扰民、抢夺老百姓财富。我们上一讲介绍过，义军中也有不少将领趁着天下大乱打劫。这部分人非常害怕刘𬙂，要是刘𬙂做了皇帝，他们就不能为所欲为了。所以他们更倾向于支持刘玄，因为刘玄对部下的管束稍微宽松一些。

既然多数人赞同刘玄做皇帝，刘𬙂、刘秀兄弟只能接受。而刘玄做了皇帝之后，封刘𬙂为大司徒，官职相当于宰相，这个安排也算合理。但一山不容二虎，刘玄虽然被众人拥立为皇帝，但他非常清楚刘𬙂的实力，支持刘𬙂的也大有人在，这样一来，义军内部就产生了分裂。为了铲除隐患，刘玄身边很多人都劝他趁早杀掉刘縯，因为只有这样才能稳固刘玄在义军内部的领袖地位。刘玄身边的谋士多次帮他制造机会，甚至安排过"鸿门宴"。但是刘玄毕竟还有些良知，他拒绝无缘无故杀害刘縯；而且杀了刘縯之后，支持刘縯的人如果造反也会很麻烦。所以一开始的时候，刘玄始终都没有痛下杀手的决心。直到后来发生了一次事变，刘玄终于忍不住了。

刘縯手下有一位非常英勇的将军，名叫刘稷，当他得知刘玄被拥立为皇帝后，坚决不承认刘玄的皇帝身份，并且拒绝接受刘玄封给他的官职，因为在他心目中，刘縯是唯一的皇帝人选。刘玄得知刘稷的态度后，觉得既然将士不听皇帝的命令，能力再强也没有用，留着说不定还是个祸害，于是下令将其捉拿。但作为刘稷的直系上司，刘縯知道刘稷能力很强，能打胜仗，于是就跑去向刘玄求情，希望他能饶刘稷一命。此时的刘玄正因为刘稷不把自己这个皇帝放在眼里而怒火中烧，他看刘縯居然还来求情，更加愤怒，就责问刘縯："你是怎么管教部下的？居然藐视皇帝，违抗命令！"于是刘玄在身边谋士、将帅的怂恿下，当场把刘縯、刘稷二人全部处死。这成为义军队伍成立以来最大的一次内讧。

刘秀很快就得知哥哥被杀的消息，此时的他有三种选择：第一，勃然大怒、拍案而起，无论自己有多少力量都要为哥哥报仇,率领队伍与刘玄大战一场,哪怕自己战死也要出这口恶气。这是冲动型,逞匹夫之勇。第二,眼见大哥都死了,心想自己恐怕也是朝不保夕,于是赶紧逃命。这是懦弱型,难成大事。第三,虽然内心十分悲伤、气愤,但既不冲动,也不畏惧退缩,着眼长远,先探明情况,周密思考,等待机会再做合理安排。刘秀选择了第三种做法,他在得知大哥被冤杀之后,亲自跑去见刘玄。

真要从长远着眼,刘秀必须先保全自己。所以刘秀见到刘玄后,为了解除刘玄的敌对心理,二话不说,便低头谢罪。他说:"既然哥哥被杀,那想必他一定是有问题的,哪怕我并不知道他的问题是什么,但作为弟弟的我还是要特地前来谢罪。"这个时候,很多

当初支持刘演的人都来安慰刘秀,刘秀也不和他们多说话,不在别人面前表露出内心真实的想法。我们上一讲介绍过刘秀的昆阳大捷。昆阳大捷是刘秀为义军立下的大功,而大哥刘演被冤杀,恰好发生在刘秀取得昆阳大捷之后不久。自己刚立大功,哥哥却被冤杀,一般人都受不了这样的委屈,性格稍微鲁莽一点儿的人就会拔剑而起,像孙悟空大闹天宫一样,搅个天翻地覆。但刘秀不是一般人。他见了刘玄之后居然只字不提自己的功劳,也不和刘玄据理力争,只是自责,知道小不忍则乱大谋。这就是刘秀的过人之处。

以史为鉴

刘秀为什么要这样忍耐呢?哥哥被冤杀当然是一件大事,但是和哥哥心中推翻王莽、振兴汉朝的理想相比,哥哥之死又是一件小事。如果这个时候忍不住去硬拼,刘秀自己也会丢掉性命,那么哥哥的理想由谁去实现呢?如果懦弱畏惧,逃之夭夭,那哥哥更是白死了。任何一种不理智的举动,都有可能给这个时候的刘秀引来杀身之祸。因为与刘玄当时的势力相比,刘秀太弱小了。不要说用武力反抗,刘秀甚至不谈自己昆阳之捷的功劳,连据理力争的机会都放弃了，完全展示出自己最柔弱的一面，以求保全自己。这一切为的就是让自己能够走得更远、飞得更高，也为了能够早日实现哥哥的理想。

思考与辨析

明代大思想家王阳明有一句名言："破山中贼易，破心中贼难。""山中贼"比喻存在于外部的敌人，而"心中贼"是自己内心的执念和魔障。王阳明告诉我们，人生最大的敌人往往就是自己。很多时候，我们真正要克服的是自己的冲动、懦弱，只有这样才能成为更好的自己。刘秀经受住了考验，他组织队伍继续反抗王莽，直到建立东汉王朝。完成哥哥生前的遗愿，是对哥哥最好的纪念和报答。如果当时刘秀没有克服情绪，就无法获得这么大的成就，那样的话他的哥哥才真是白白牺牲了。

缜部将刘稷，勇冠三军，闻更始立，怒曰："本起兵图大事者，伯升兄弟也。今更始何为者邪？"更始以稷为抗威将军，稷不肯拜。更始乃与诸将陈兵数千人，先收稷，将诛之，缜固争。李轶、朱鲔因劝更始并执缜，即日杀之。以族兄光禄勋赐为大司徒。秀闻之，自父城驰诣宛谢。司徒官属迎吊秀，秀不与交私语，惟深引过而已。未尝自伐昆阳之功，又不敢为缜服丧，饮食言笑如平常。更始以是惭，拜秀为破虏大将军，封武信侯。——《资治通鉴·卷三十九·汉纪三十一》

第十二讲

推心置腹的刘秀

·信任与宽容的力量·

"信任"是我们在成长道路上必须思考、关注的话题。如果想实现一个大志向，完成一项大事业，肯定需要很多人的帮助和协作，此时"信任"就显得格外重要。轻信他人，肯定是不行的；但如果没有信任他人的能力，始终无法对人完全信任，也无法成就大事。这一讲我们还是以刘秀为例，看看他在创业过程中，是否碰到过类似问题，而他又是如何处理的。

我们之前介绍过刘秀和刘玄之间的故事。刘玄被起义军拥立为帝，随后和刘秀兄弟间爆发了巨大的矛盾。隐忍的刘秀没有当即与刘玄对抗，而是找了一个机会脱离刘玄，自己带一支队伍到河北去发展了。刘秀在河北发展的第二年，击破了一支叫"铜马军"的农民起义军。铜马军力量非常强大，但由于缺乏长远的战略目标，内部粮食耗尽，团体分崩离析，刘秀抓住时机，在铜马军团队溃散的时候，一举发起进攻，将其击败。最后所有被打败的农民军都向刘秀投降了。

对于刘秀而言，这是一个壮大自己队伍的绝好机会，但是同时他又面临着一个相当严峻的问题：这些投降过来的部队并非刘秀的嫡系，两支军队合并到一起之后，一定会互相猜忌。要让人和人之间信任是一件非常困难的事，更何况是让来源完全不同的两支军队互相信任。刘秀嫡系部队当中有很多社会精英，他们有着明确的革命理想和目标，而铜马军由草根阶层组成，多数人只求每天吃饱穿暖，二者理念完全不一样。此外，铜马军还难以安心，担心自己作为投降过来的群体会受欺负。这些都被刘秀看在眼里。刘秀该怎样才能团结这些新来的兄弟，安住他们的心呢？

刘秀最后想了一个办法，他让这些投降过来的义军将领回到各自的营盘上，等待自己检阅。这些将领回去以后，让手下士兵们穿上铠甲，拿上兵器，排列好队伍。不久，刘秀真的来视察了，没有前呼后拥的士兵，没有任何武装防护措施，他自己骑着一匹马就到了铜马军的营盘上。刘秀为什么这么做？他希望通过这样的行为，向这些新入伙的兄弟表示，自己对他们是绝对信任的。如果不信任，他敢这样毫无防范地来到他们的营地吗？刘秀是拿自己的安危做赌注，希望通过这一行为来换取铜马军的信任。信任是相互的，一个

人不能仅仅要求别人信任自己,而不显示出对别人的信任。刘秀主动表示了对归降义军的信任,相信他们是真心实意地入伙,并且不会有任何坏心思。刘秀的做法马上见效了,铜马军将领们大受感动,说道:"萧王推赤心置人腹中,安得不投死乎!"这里的萧王就是刘秀,意思是"刘秀都把自己的心掏出来放在我们肚子里了,对我们是多么坦诚相待啊,我们还有什么理由不信任他呢?"这就是成语"推心置腹"的由来。于是所有人都被刘秀的胸怀折服了,这批新力量就和刘秀组成了相互信任的关系,也成为刘秀夺取天下的主要力量之一。

关于刘秀还有一个故事。

刘秀在河北经营的时候，碰到过一个劲敌叫王郎。一开始，刘秀被王郎追击得非常狼狈。等到刘秀势力强大之后，他终于击败了王郎。就在军队清理王郎留下的物品时，刘秀发现自己有不少部下居然和王郎频繁通信，来往信件多达上千封。也就是说，在刘秀与王郎作战时，这些人并不确信刘秀能够取胜，所以他们试图和王郎保持联系，万一刘秀失败了，自己也好有条退路。对于这种"脚踏两只船"的做法，刘秀并没有发怒，他看都不看一眼，直接让人把这上千封信全部烧毁，表示自己不会追究，让那些犯过错误的人安心。刘秀心里明白，这些人都不希望留下通敌的把柄。如果保留这些信件，他们都会惶恐不安，甚至会因为惧怕刘秀报复而走到对立面，那样刘秀不就多了一批敌人吗？

刘秀这一招是很高明的，其高明之处就在于对人性的懦弱给予了同情和理解。这些人私下与王郎通信，无非是害怕刘秀被打败，于是两面下注，这是一种懦弱的表现，是人性的黑暗面。想让每一个人的人性都完全光明，这是不可能的。既然不可能，那就要面对它、承认它、包容它。事情已经过去了，那就过去吧，不要再把这些事情激发出来，制造新的恐慌。这样一来，刘秀既显示了自己的大度，又解除了这些人的疑虑，让他们能够安安心心地待在自己的阵营里。

进一步来说,刘秀这样的行为也能够感化这些人,取得这些人更大的信任。

以史为鉴

刘秀这招后来被曹操学习过,在官渡之战中也有类似情节。曹操战胜袁绍后,发现自己阵营中有很多人给袁绍写过信。得知这个消息后,曹操也是对这些信看都不看,直接一把火烧掉,紧接着说:"当时战局艰难,连我自己都没有必胜的信心,更何况是手下的人呢。"所以一个人想要成为好的团队领袖,一定要记住,人无完人,千万不要要求自己团队里面所有人都是道德完人,明白了这一点,才能扮演好团队领袖的角色。

思考与辨析

人和人之间的交往,需要一个非常重要的品质,那就是宽容。没有一个人是完美的,所有人都会犯错误。如果我们希望身边的人把每一件事情都做正确,那是不可能的。每当有人出现差错,我们都斤斤计较,面对任何一个错误都不宽容,就很难成为一个有组织、有领导能力的人,也很难做成大事。古人说"水至清则无鱼,人至察则无徒",意思就是说,对于别人的过错过于斤斤计较,过于明察秋毫的人,往往不容易相处,也很难聚起人气。

通鉴小文言

铜马食尽,夜遁,萧王追击于馆陶,大破之。受降未尽,而高湖、重连从东南来,与铜马余众合,萧王复与大战于蒲阳,悉破降之,封其渠帅为列侯。诸将未能信贼,降者亦不自安。王知其意,敕令降者各归营勒兵,自乘轻骑按行部陈。降者更相语曰:"萧王推赤心置人腹中,安得不投死乎!"由是皆服。——《资治通鉴·卷三十九·汉纪三十一》

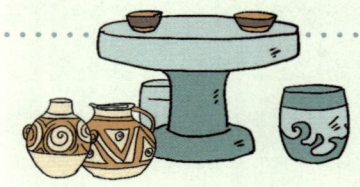

第十三讲

李广与班超

·不能被恩怨蒙蔽双眼·

公元前129年，汉武帝组织了一次对匈奴的大战，派遣四位将军率军出征，李广是其中一位。李广的军队遇到了匈奴的主力军，匈奴骑兵数量远远超过李广率领的人马。在强弱相差悬殊的情况下，李广大败，他自己也被匈奴活捉。后来李广凭借着矫健的身手，找机会逃了回来。

由于军队损失惨重，按照当时的法律，李广是要被问斩的。不过李广毕竟是为国家作战，虽然要为失败负责，但跟那些杀人放火、十恶不赦的罪犯不一样，按照当时的法律他的罪名是可以用金钱来赎清的。在交了一笔钱之后，李广被免除死刑，但他的官职是保不住了，他被降为了普通老百姓。

成为普通百姓的李广待在家里没事干，就和朋友一起打猎喝酒。有一天晚上，他出去喝酒喝到很晚才回来，路过一个关口，被一个守关的官吏截住了，不许他过去。按照当时的法

律,一般人是不允许在晚上擅自走动的。李广的随从就跟这位官吏说:"这就是以前的李将军,你放他过去吧。"没想到这位官吏回答:"别说以前的将军,现在的将军也不行。"严格执法的官吏没有给李广放行,当天晚上就让李广一行人在关口这地方过夜了。这位官吏当时也喝了点儿酒,估计也是酒壮人胆,才敢这么强硬地对待李广。但不管怎么说,他严格执法这一点并没有错,他的职责就是阻挡晚上随便闯关的人。

后来由于匈奴入侵,朝廷缺乏良将,汉武帝想起李广,又任用了他,拜他为右北平(在今内蒙古自治区赤峰市宁城县一带)太守,前去抵挡匈奴。李广临行前特意请旨,要带当时拦截他的那个守关官吏一起赴任,汉武帝同意了。一到军营,李广就公报私仇,把这个官吏给斩了。从这件事可以看出来,李广的度量比较小,不能容人。李广报了私仇之后,还特意向汉武帝汇报了一下。汉武帝正在用人之际,对李广的这个行为也就忍了。朝廷没有追究他的滥杀之罪，李广这次挟私报复就算是成功了。但无论从道德的角度还是从法律的角度看，一个小小官吏，因为履行公务而得罪了李广，而李广居然利用手中的军事权力报复人家，这哪有大将风度？李广的气度和班超比差远了。

班超在西域的时候，龟兹国一度非常强横，仗着兵力攻打西域其他小国，不归顺汉朝。为了对付龟兹，班超建议朝廷与乌孙结成同盟。乌孙是西域的大国，早在西汉时代就曾和汉朝结盟，汉武帝还嫁了两位公主去乌孙和亲。到汉宣帝的时代，汉朝和乌孙联手，重创匈奴。班超说，汉朝和乌孙有这么深厚的历史友谊，现在联合乌孙一起对付龟兹，也是完全有可能的。当时的皇帝汉章帝接纳了班超的建议，派遣一位名叫李邑的官员去和乌孙国联络。

李邑进入西域，走到半道正巧碰上龟兹国攻打疏勒国。战争打得很激烈，李邑胆小，不敢往前走了，就向朝廷奏报，说西域的情况这么复杂，根本不可能真正处理好，出使西域也不可能真的对汉朝有利。李邑还在奏报中诋毁班超，说班超只不过是假借汉朝的权威在西域享乐，经营自己的小日子。汉章帝是一位很聪明的皇帝，接到李邑的报告，汉章帝一看就知道这是李邑对班超的污蔑。为什么呢？汉章帝反问了李邑一个问题："追随班超的将士有一千多人，这些人都告别家人，远离故土，在西域奋斗，如果班超的格局那么小，这一千多名将士为什么能为班超所用，和班超同心同德呢？"毕竟这么多年来班超在西域建立的功业，经过朝廷核实，都是真的呀！

为了防止李邑在西域给班超捣乱，汉章帝做了一个决定，他命令李邑所有的行动都要听从班超的指挥。试想，如果班超像李广那样气量狭小，李邑的命运将会如何？班超如果要对李邑实施打击报复，理由比李广更加充分。因为李广半夜闯关，本来就是他自己不对，关吏只不过因为严格执法才冲撞了他。而李邑自己怯弱就污蔑班超，如果李邑得逞，便会将经营西域的大业毁于一旦，危害国家。总之，如果班超要打压李邑，可以找到非常充分的理由。

但出人意料的是，班超并没有这么做。在和乌孙国联络好之后，班超派给李邑一个任务，请他陪同乌孙国王子去洛阳朝觐皇帝，正式缔结两国的同盟关系。这时候身边的人提醒班超："李邑之前说了你那么多坏话，差点儿把我们的西域事业给毁了，你现在让他回洛阳，他要是再在皇帝面前大造谣言，诋毁你、诋毁西域事业，怎么办？"班超说："李邑之所以造谣中伤我，否定经营西域的事业，就是因为他不肯在西域工作，留他在这里，他内心不服，肯定还会生出很多是非，说不定又会搜集一些我们的负面信息，向朝廷打小报告，这样下去没完没了。借这个机会让他回去，他不用在西域吃苦，就跟我们没关系了，也就没必要再诬陷我们了。"

以史为鉴

与李广报复他人的做法相比，班超显然大度多了。李邑回到洛阳，果然没有再对班超的事业构成威胁。班超的做法既显示了智慧，又显示了气度。汉章帝决定让李邑归班超指挥，是出于对班超的信任。如果班超对李邑打击报复，固然是李邑咎由自取，但也体现出班超不够大度，这样就会辜负皇帝对他的信任，同样会降低朝廷对西域事业的支持度。更重要的是，如果班超是个斤斤计较、没有格局的人，今天这样对李邑，明天就会用同样的方法对待其他手下，最终失去人心，导致西域事业失败。好在班超不是这样的人，对李邑的处理，体现了班超有足够的格局和气度。

思考与辨析

人一生中能取得的成就，总是和他的格局相匹配。我们把班超和李广做个比较，就不难理解班超为什么能成就大业，而李广取得的成绩就小得多了。被恩怨得失蒙蔽的眼睛，哪能看得见远处的目标？装满挟私报复的脑子，又怎么装得下远大的理想？只有把那些蝇营狗苟的事情都放下,才能专心致志地思考未来,实现理想。关于这个话题,无论是正面案例还是反面案例,《资治通鉴》里都有很多,关键是我们愿意以谁为榜样,如何取舍。

通鉴小文言

帝拜班超为将兵长史,以徐干为军司马,别遣卫候李邑护送乌孙使者。邑到于寘,值龟兹攻疏勒,恐惧不敢前,因上书陈西域之功不可成,又盛毁超:"拥爱妻,抱爱子,安乐外国,无内顾心。"超闻之叹曰:"身非曾参而有三至之谗,恐见疑于当时矣!"遂去其妻。帝知超忠,乃切责邑曰:"纵超拥爱妻,抱爱子,思归之士千余人,何能尽与超同心乎?"令邑诣超受节度,诏:"若邑任在外者,便留与从事。"超即遣邑将乌孙侍子还京师。徐干谓超曰:"邑前亲毁君,欲败西域,今何不缘诏书留之,更遣他吏送侍子乎?"超曰:"是何言之陋也!以邑毁超,故今遣之。内省不疚,何恤人言!快意留之,非忠臣也。"——《资治通鉴·卷四十六·汉纪三十八》

第十四讲

从全局出发考虑问题

发生在公元208年的赤壁之战是历史上的一件大事。孙权和刘备联手打败曹操之后瓜分了荆州大部分地区,曹操则退回北方,这一战确定了后来三国鼎立的格局。

当时关羽代表刘备一方镇守荆州(在今湖北省、湖南省一带)。荆州居天下之中,是曹操、刘备、孙权三方都要争夺的战略重地。曹操也派遣曹仁率军屯守在湖北樊城。建安二十四年(219),关羽安排好荆州的防御事务后,亲率大军进攻驻守在樊城的曹仁部队。面对关羽这位"万人敌",曹仁当然不敢掉以轻心,他派遣于禁和庞德两位大将屯驻在樊城以北,抵御关羽的进攻。

这时候老天帮了关羽一个大忙。当时正值农历八月雨季,天降大雨,汉水暴涨,河水甚至涨到高出地面数丈的程度。身为北方将领的于禁没掌握好南方降雨的规律,还没等关羽正面冲杀过来,他的军营就被大水冲垮了,于禁只能带着身边的几位将领到高处去避水。趁此机会,关羽下令发动进攻。在关羽的急攻下,于禁投降,庞德被擒。

　　稍作整顿后,关羽正式进攻樊城。当时洪水越涨越高,樊城城墙都被损毁了不少,而且城内兵力也不强。面对虎视眈眈的关羽,有人建议曹仁赶快撤退,但曹仁还是决定坚守。为了表达决心,曹仁把自己的坐骑白马沉入水中,还和手下这些将领一起盟誓,发誓坚守樊城。但打仗这事,光有决心是不够的。当时整个樊城上下,有战斗力的士兵不过几千人,城墙也快被大水冲毁了,关羽率领大军把樊城里里外外围了好几圈,樊城危在旦夕。眼看这架势,好多人都觉得关羽这一仗肯定会赢,与其被俘虏,还不如趁早投降,于是

曹仁这边一些重要官员都向关羽投降了。这件事的影响太大了，很多附近的地方官都纷纷效法，联络关羽。《资治通鉴》讲到这里，就说当时的关羽威震华夏。

关羽气势如此之盛，不光曹仁心里没底，就连曹操都想过要把都城从许都迁走，避开关羽的锋芒。但司马懿阻止了曹操迁都，他对曹操说："我有一个想法。刘备、孙权两个人看起来是盟友，其实各有各的小算盘。现在关羽势头这么猛，打下这么多城池，孙权肯定不乐意看到这个局面。我们可以派人游说孙权，让他从后面偷袭关羽，然后我们再给他一些好处，许诺分些土地给他，樊城之围也就解开了。"曹操采纳了这个建议。

其实不用曹操派人来劝说，孙权早就蠢蠢欲动了。替孙权镇守荆州的是吕蒙。关羽出兵攻打樊城不久，吕蒙就上疏给孙权:"关羽在讨伐樊城这个节骨眼儿上,还不忘在后方留下大量守兵,无非是害怕我偷袭他。我想,反正我身体不好,莫不如我直接以养病为由,先回到建业去。关羽听到这个消息后,会认为我们军队松懈,不足为虑,肯定会把驻守在荆州的部队全都调到樊城前线,这样一来他的后方就空了,我们就可以急行军,成功偷袭。"

孙权同意了吕蒙的计划。等到吕蒙离开荆州后,孙权把陆逊派到了前线。陆逊是年轻一代将领,但是他把关羽的性格都摸透了。到了前线之后,陆逊就给关羽写信,信里也不说些别的,就一直夸赞关羽,态度非常谦卑,话里话外都透露着自己对关羽的仰慕,发誓绝对不会和关羽为敌。看到陆逊的信以后,关羽放松了警惕,赶紧把留在荆州的守军调到樊城前线。这时候孙权觉得时机到了,又把吕蒙悄悄地派上战场,让他和陆逊协同作战,准备偷袭关羽。

之后孙权给曹操写了一封信,他在信中说:"我们愿意征讨关羽,为您效命,但请您不要把这个消息走漏出去,以免关羽知道。"曹操拿到信以后,就问手下的谋士:"咱们该不该答应孙权,对这事儿保密?"一位谋士说道:"咱们可以表面答应孙权,暗地里赶快将消息散播出去。因为关羽如果听说孙权打过来了,肯定带兵撤退,樊城之围也就解了。而且这样也可以让他们两家相争,我们坐收渔翁之利。最重要的是,现在曹仁他们整天被包围着,估计粮食也没多少了,很可能扛不住了,我们要是把这个消息告诉他们,他们肯定士气大涨。"曹操听完这个建议拍案称绝,说就这么办。于是下令,把孙权派兵偷袭荆州的消息分别透露给曹仁和关羽两大阵营。果然,曹仁得知后,他们士气高涨;而关羽则犹豫不决,不知道是应该继续围攻樊城,还是回去援救荆州。

就在关羽犹豫不决的时候,曹操派来支援曹仁的大部队到了,主将叫徐晃。在徐晃的率领下,曹军势如破竹,关羽这才紧急撤退。祸不单行,关羽刚从樊城撤下来,吕蒙的军队就潜入了寻阳,也就是关羽在荆州的领地。吕蒙的偷袭很出人意料,他让东吴的精兵全部埋伏在小船里,然后让一些士兵穿着平民的服装驾船,其他人穿着商人的服饰,他们就这么偷偷摸摸地渡了江。由于伪装得很好,所以蜀军沿路哨卡都没有发现吴兵入侵。吕蒙这个战术就是著名的"白衣渡江",白衣就是普通老百姓穿的衣服,意思就是将士们穿着老百姓的衣服,渡江发动偷袭。

吕蒙的军队神不知鬼不觉地杀到的时候,负责守城的蜀军将领糜芳和傅士仁本来就和关羽有矛盾,他们趁这个机会就直接投降了,放吕蒙进了城。吕蒙进城以后,战术十分明确:第一,先把关羽的家属控制住;第二,安抚老百姓,不仅不准手下将士扰乱当地百姓的生活,甚至派人向老百姓嘘寒问暖，替生病的人送药医治，为贫苦的人送衣送粮。

关羽得知荆州被攻破后，连忙率军回撤。这回轮到曹仁转守为攻了，曹仁手下这些将领被关羽包围了这么多天，心里都有气，于是劝曹仁说："现在关羽如丧家之犬，我们可以追上去将他擒拿。"这时候有一个叫赵俨的人站出来说："之前孙权对我们低声下气，俯首称臣，无非是想看我们和关羽争斗。现在关羽回头反攻孙权，我们应该借助他的力量去削弱孙权。假如我们猛追猛打消灭了关羽，那么孙权一定会把对付关羽的精力用在我们身上。"曹仁听后便决定按兵不动。果然，曹操听说关羽败走后，便马上派人通知曹仁不要追击，理由和赵俨说的完全相同。

关羽在回撤途中不断派使节和吕蒙联系，吕蒙这时又继续玩起了攻心战，他对关羽派来的使节特别优待，并且派人带他走遍全城。走了几圈下来，使节发现家家户户都给他报平安，蜀军将士家属的日子过得都挺好。使节回去以后，将士们都来问，结果使节把自己看到的情况一说，大家得知自己的家属并没有危险，甚至比以前过得还好，顿时没有了斗志，纷纷散去。

眼见关羽手下的士兵纷纷解散，孙权开始派人游说关羽投降。关羽假意应允，并在城头树立稻草人，然后带着随行的十几个骑兵趁机逃走。但这点儿小计谋很快就被识破了，随后孙权派人切断了关羽逃跑的道路。公元219年底,关羽和儿子关平在章乡(在今湖北省当阳市)附近被生擒,随后被斩,刘备阵营中一颗重要将星就此陨落。回头再看这场持续了四个多月的战争,从樊城之围到白衣渡江,刘、曹、孙三方将领和谋士们斗智斗勇,战争的激烈程度可见一斑。而这场激烈的三方角逐,也使得关羽波澜壮阔的一生被仓促地画上了句号。

以史为鉴

吕蒙攻破荆州以后,善待当地老百姓和蜀军家属的做法十分值得我们思考。关羽的军队本来是吕蒙的竞争对手,但吕蒙采取了善待策略,让竞争对手心服口服,自动瓦解。这就是古代兵法里说的高级谋略"不战而屈人之兵",不用打仗就能让对方屈服,这是最有效,也是损失最小的方案。以德服人永远比以力服人高明。

思考与辨析

三个人看上去只比两个人多一个,但无论在什么样的关系中,三个人的关系都要比两个人的关系复杂得多。因为两个人只有一种双边关系；三个的关系则可以拆分成三组不同的两人关系，其中任意一组两人关系都会影响到整体。三国故事之所以精彩，就是其中的分化组合非常丰富。但对于我们的日常生活和工作来说，关系网并不是越复杂越好，恰恰相反，多数时候是越简单越好，因为这样更有利于把握全局。樊城之战的上半场，关羽打得很漂亮，但他的眼光仅仅停留在曹军方面，没有预估第三方因素孙权的变化可能带来的后果，所以最终失败了。

通鉴小文言

自许以南，往往遥应羽，羽威震华夏。魏王操议徙许都以避其锐，丞相军司马司马懿、西曹属蒋济言于操曰："于禁等为水所没，非战攻之失，于国家大计未足有损。刘备、孙权，外亲内疏，关羽得志，权必不愿也。可遣人劝权蹑其后，许割江南以封权，则樊围自解。"操从之。——《资治通鉴·卷六十八·汉纪六十》

第十五讲

从自身实际出发

三国时代，曹魏和东吴之间发生过一次战争，因为主战场是在一个叫石亭的地方，所以这场战争被称为"石亭之战"，战争爆发于公元228年。东吴挂帅的是大都督陆逊，他是三国最有名的儒将。陆逊手下还有两位将军，一位叫朱桓，另外一位叫全琮。朱桓也是东吴名将，他在看了地理形势以后，建议在曹军（由曹魏大将曹休率领）必经的一个险要路口，也就是夹石这个地方，预先设下伏兵，等曹军到达此处时，伏兵马上发动，和正面军队一起对其进行前后夹击，这样就可以生擒曹休，全歼曹军。

但朱桓的方案被主帅陆逊否决了，东吴军队没有在夹石安排伏兵。最终曹休在正面战场上被陆逊打败，随后曹军果然从夹石撤退了。但陆逊并未在夹石设伏，因此曹休虽然败了，但还有退路。那么，从战术角度讲，如果采纳朱桓的建议,陆逊岂不是能够获得更大的胜利?陆逊身为三国最著名的战略家、军事家之一,是不是在这件事上失策了呢?难道论谋略他还不如朱桓?我们先不急着下结论。

再看一段故事。当曹休和陆逊对峙的时候,消息马上传到了四川地区的蜀汉,被诸葛亮知道了。诸葛亮听说曹休被打败,并探得关中(以今天陕西省西安市、咸阳市为中心的关中平原,当时掌握在曹魏政权手中)虚弱,打算马上安排一次北伐。出行之前,诸葛亮给蜀汉皇帝刘禅上了一道表章,就是著名的《后出师表》,其中有一句名言"汉、贼不两立,王业不偏安"。诸葛亮认为要兴复汉室,光在四川是不行的,必须要重新统一全国。但问题是我弱敌强。蜀汉政权内部,也有人反对诸葛亮频繁北伐,劳民伤财。诸葛亮的理由是"惟坐而待

亡，孰与伐之"，坐等就能够等到汉室复兴吗？等到曹魏逐渐平定北方，灭掉东吴，我们不还是坐着等他们来灭我们吗？这就是所谓的"坐以待毙"，与其坐着等死，不如积极行动起来，说不定尚有一线希望。总结一下，诸葛亮的战略就是要进攻，而且要大规模进攻，这样才会有机会。

之后几年里，诸葛亮频繁率军北上。这种情况延续到了公元230年，终于把负责镇守关中的曹魏名将曹真彻底惹怒了。曹真上表朝廷，请求主动出击，抑制诸葛亮北上。但曹真的策略受到朝廷中一些重臣的反对。例如陈群、华歆、杨阜、王肃等，他们都反对曹真主动出击。最终，**魏明帝曹睿接纳了这些重臣的意见，下令曹真不得轻举妄动**。

总结一下，我们能从东吴、蜀汉、曹魏三方不同的战略安排中发现什么？我们发现：东吴陆逊的战略是要打，但不能打得太大，小打怡情；蜀汉诸葛亮则要大打出手；曹魏的重臣呢，他们的一致意见是千万别打。三方战略完全不一样，有偏积极的，有偏消极的。所以问题来了：他们之中，谁的策略更足以效法呢？以史为鉴的话，我们应该向谁学习呢？

我们先来分析一下三方策略为何不同。诸葛亮要大打，前面分析了，因为蜀汉实力最弱，不打的话只能坐以待毙。出击是为了掌握主动权，这样说不定还有一线机会。那陆逊为什么要小打而不大打呢？他不在夹石设伏，是真的眼光不如朱桓吗？当然不是！陆逊是主帅，必须纵观全局。如果在夹石设伏，曹魏军队必然遭遇惨败，他们的主帅曹休有可能被擒，也有可能被当场击毙。如果发生这样的后果，你想想接下来会发生什么？曹休是曹操的堂弟，在曹魏政权中身份、地位都很高，他无论是被东吴军队活捉，还是死在前线，都会招致曹魏的全力报复。所以接下来很可能出现曹魏军队倾巢而下、全面对付东吴的局面。这样一来，局部战争就会上升成全面战争。如果发生这种情况，实力相对弱小的东吴扛得住吗？所以，在陆逊看来，最好的策略是要跟曹魏之间有斗争，争取一定优势，但要适可而止，以防爆发东吴没有能力应付的全面战争。获取胜利固然重要，但在有些情况下，并不是不遗余力、争取最大的胜利就是最好的选择。无论在历史上，还是在我们的日常生活中，都会发生这种情况。陆逊面对的就是这种复杂情况。能赢不是最厉害的，比能赢更厉害的是知道该赢到什么程度。不仅是军事家，还是战略家的陆逊，其高明之处就体现在这里。而朱桓只看到眼前的有利因素，却没看到打赢之后可能出现的不利因素。陆逊的决策，和东吴的实力也是相对应的。东吴有一定的实力，所以能打；但尚不具备全面掌控局面的实力，所以又不能撒开手来打，必须见好就收。

曹魏重臣们为什么力主不打仗？恰恰是因为曹魏的实

力最强。无论是经济还是军事，曹魏家底最厚，耗都能把另外两方耗死。这是既能拖垮敌人，又对自己最安全的方法。战场上拼的是临机对决，靠智商和勇气，胜负反而具有偶然性。要是出兵征战的话，实力强的一方并不一定能打胜仗，一旦被弱小的一方打败，会产生一系列后遗症，反而不合算。所以曹魏一方最保守。保守并不是虚弱，恰恰是因为有实力、有底气，可选择的方案更多，可以从中寻找损失最小、最有利的方案。而像蜀汉那种情况的，除了积极争取，他们根本没有其他选择。透过上面的分析，你有没有发现三方的态度和实力之间，呈现了什么样的关系？很明显，它们之间呈反相关——实力越强越保守，实力越弱越积极。

以史为鉴

我们学习历史是为了更好地认识自己，为了以后能做出更好的规划。想到达一个目的地，我们要事先搞清楚：出发点在哪儿？要通过怎样的路径？也就是说，以史为鉴该从哪儿开始，该走怎样的路，这是我们首先要解决的问题。

以史为鉴的第一步是什么？三国争雄的案例给了我们一个启示：很多时候我们不能简单地看方案、策略本身，而是要分析这个方案、策略是在什么状态下做出来的。以发生在三国时期的这场石亭之战为例：我们不能盲目地将三国中的某一方作为自己参考的样本，而是应该先分析我们目前所处的状况跟三方中的哪一方更接近，然后再选择相应的历史经验进行借鉴。也就是说，应该学谁，第一步是得知道自己是谁。

思考与辨析

以史为鉴的第一步，一定是先深刻地认识自己、剖析自己，并分析自己现在所处的环境。同一个方案，不同的人采用有不同的效果。同一个人在不同情况下，可能需要不同的方案。就像三国争雄的故事一样，每一方都是根据自己的实力和现状做出决策，也会根据现实情况变化而调整策略。第二十讲关于赫连勃勃的故事所反映的中心议题，和这一讲在本质上是一致的：人首先应该弄明白自己的特点是什么，自身处于什么样的环境中。只有明白了这一点，我们学习历史时才能做到活学活用，而不是纸上谈兵。

通鉴小文言

朱桓言于吴王曰:"休本以亲戚见任,非智勇名将也。今战必败,败必走,走当由夹石、挂车,此两道皆险厄,若以万兵柴路,则彼众可尽,休可生虏。臣请将所部以断之,若蒙天威,得以休自效,便可乘胜长驱,进取寿春,割有淮南,以规许、洛,此万世一时,不可失也!"权以问陆逊,逊以为不可,乃止。——《资治通鉴·卷七十一·魏纪三》

第十六讲

灭吴之战

· 不可争名夺利 ·

中国历史上有一段时期被称为"三国"。真正意义上的三国，也就是曹魏、蜀汉、东吴三足鼎立的局势，是从公元220年曹操去世、曹丕称帝之后逐步形成的。那三国是怎么重新归于统一的呢？公元263年，北方曹魏的军队攻入四川地区，蜀汉的第二任皇帝刘禅（刘备之子）投降了，蜀汉政权就这样灭亡了。而当时曹魏政权事实上已经被权臣司马氏掌握，灭蜀战争的总指挥就是司马昭。公元265年司马昭去世，他的儿子司马炎称帝，取代了曹魏，在洛阳建立了西晋王朝。再到公元280年，晋武帝司马炎发动战争，把南方的东吴政权也消灭了。至此，三国统一。

东吴势力在长江中下游地区盘踞了八十年左右，实力强劲，当晋武帝思考伐吴问题的时候，并没有必胜的把握。所以，晋武帝虽然很想完成统一伟业，但还是有些犹豫，他害怕失败。那么晋武帝是怎么下定决心，并在最终取得胜利的呢？这和西晋名臣杜预有着密切关系。

在当时的骨干大臣中，力主伐吴的其实并不多，只有两三位，杜预就是坚定支持发动统一战争的一位。公元278年，杜预被晋武帝任命为镇南大将军、都督荆州诸军事，驻扎在今天湖北省襄阳市一带。这里地处长江流域中游，是和东吴对抗的战略要点。刚一上任，杜预就组织军队，发动突袭，打了一次胜仗。所以身在第一线的杜预是非常了解敌情的。到第二年，杜预看晋武帝对全面伐吴这件事还是犹豫不决，便上奏说明其实敌人的实力并没有想象的那么可怕。通过自己在前线的经验，杜预列举了敌人的失误和弱点，他劝谏晋武帝，说："如果不抓住眼前的机会，等到敌人明白过来，做好了战争准备，那我们可就麻烦了。现在趁敌人虚弱之际发动全面进攻，取得胜利的把握很大。即便不能取得最终的成功，我们的损失也很小，为什么不尝试一下呢？要知道，万一成功了，重新统一了国家，那可是历史上的大功绩啊！"

最终，晋武帝被说服了，于公元280年兵分六路，正式发动全面伐吴战争。六路大军中与战争关系最为密切的是其中的三支。第一支主力是水军，从今天四川地区沿长江上游顺流而下，由一位名叫王浚的将军率领；第二支就是由杜预指挥的军队，在长江中游地区与吴军对阵；第三支队伍由一位名叫王浑的大臣率领，直扑下游，离东吴都城建业（在今江苏省南京市）非常近。这三位大臣中，杜预和王浑的地位比较高，尤其是王浑，出身名门大族，他儿子娶的是晋武帝司马炎的妹妹。王浚的官位和资历相对来说较弱。

但在这场灭吴战争中，发挥最大作用的却是王浚率领的水军。为什么呢？因为东吴之所以能和北方政权长期抗衡，一个重要优势就是倚仗长江天险。而早在晋武帝全面发动灭吴战争的前八年，王浚就掌管了四川地区，控制了长江上游，并且训练水军，批量制造大型战船。这次战争一发动，王浚就率领着这支训练有素、实力强大的水军，顺长江而下。这样一来，长江的控制权就不仅仅是东吴的了，天险的意义在很大程度上也就不存在了。

王浚的水军一路东下，势如破竹，很快抵达长江中游，也就是由杜预指挥的战区。最初，晋武帝下旨，命令王浚进入长江中游战区后，就听杜预指挥，等到进入长江下游战区后，就听王浑指挥。杜预却并没有死板地恪守这一命令，而是根据当时的实际战况做出了决定。他观察到王浚军队势头很猛，让他一鼓作气，勇往直前，应该能获得更好的效果。如果让王浚听命于自己，事事都要先汇报再作决定，反而阻碍了战争节奏，不利于更快更好地取得整场战争的胜利。

所以杜预直接写信给王浚，对他说："你就趁现在形势一片大好,直捣建业吧,不必受我节制了!"王浚收到这封信以后真是喜出望外。为什么呢?因为一方面现在军队气势正盛,正是进军的大好时机;另一方面如果王浚是在杜预的指挥下作战的,等到以后算功劳,那头功就该是杜预的。如果杜预不干预王浚的行动,王浚一切按照自己的节奏行事,那建立的功劳都属于王浚自己。从杜预的角度看,他为了确保战争进展更为顺利,给予王浚便宜行事的权力,自己却主动放弃了拔

头功的机会，把功劳让给王浚。完成统一，那可是不朽的功勋啊！碰到这样千载难逢的机会，一般将领都会算计，不会轻易放过。杜预却和常人不同，显示出了独有的大气，他认为："只要能完成伟业，早日结束战争，谁建功都一样，为什么非要是我呢？"从这里我们能看出，杜预是一个眼光高远、格局宏大的人。

我们再简单介绍一下负责下游战事的王浑部队。之前，东吴一支主力部队渡过长江，和王浑的军队发生激战，被王浑歼灭了。所以，王浑一开始的时候也是立过功的。但是王浑这个人的性格比较保守，虽然打了一次胜仗，却不敢继续突进。再加上晋武帝交给他的任务就是驻扎在长江以北，也的确告诫过他不要冒进。王浑就以此为由，不再进一步深入作战。

其实王浑不知道，当时东吴的力量已经非常脆弱了。所以当王浚的水军气势汹汹顺江而下抵达下游地区的时候，东吴的军队就开始望风而降。瞬间王浚的船队就过了王浑的防区，往更东面走了。此时王浑想起自己有指挥、号令王浚的权力，所以派人向王浚传话，命令他暂缓进军，并要求他调转船头，重新回来拜见王浑，并商量军事。这样的安排其实非常耽误事情，王浚生怕失去有利战机，没有听从王浑的命令，而是扬帆直指建业，对王浑的人说："你看，风力这么强劲,催着战船往前行驶,我想停也停不下来啊!"其实他就是不愿意让王浑的胡乱指挥打乱了战争的节奏。最终,王浚一举拿下建业,东吴政权的最后一位皇帝孙皓也向王浚投降了。这样一来,灭吴的头功就真成王浚的了。

但王浚忽略了一个问题:不是所有的长官都会像杜预那样宽宏大量。果然,当王浚获得成功后,王浑勃然大怒。第一,他当然是恼恨王浚不听自己指挥;第二,王浚迅速地获得胜利,暴露出东吴的虚弱,得知这些情况后,王浑感到后悔,后悔当时没有一鼓作气拿下东吴,反而让远道而来的王浚抢了头功。从这里就可以看出来,王浑是一个气量很小的人。王浑为什么抓不住机会呢?因为他缺乏判断力、行动力,这是他自己的失误。看到王浚获得成功之后,王浑却又责怪王浚抢了自己的功劳。我们回看这段历史,都知道是王浑不讲道理,但气量狭小的王浑却觉得自己占理,进而恼羞成怒,试图对王浚发起攻击,这就更不讲理了吧?好在经人调解,他们最终没有发生内讧。随后,王浑给晋武帝上了一道奏章,弹劾王浚,指责他不听指挥,并诬陷王浚私吞了很多战利品。这真是恶人先告状。好在晋武帝还没有那么昏聩,并没有听信王浑的一面之辞。

统一战争就这样结束了。我们把杜预和王浑两个人放在一起比较一下,能看出什么问题呢?杜预认为,只要有利于统一事业推进，无论谁立功都一样。如果是别人更具备立功的条件，那就把机会让给别人。这是一种以大局为重的观念。王浑呢，自己没有能力建立功业，却还斤斤计较，甚至为了抢夺功劳而诬陷他人，实在是气量狭小，不值得学习。

以史为鉴

从历史的角度看，杜预和王浑谁更能获得历史的好评呢？虽然杜预把立功的机会让给了王浚，但后来的史学作品都认为杜预在这场战争中发挥了关键作用，也记得他的高风亮节。比如《资治通鉴》，在描写这场战争的时候，从前期策略到后面的战事，都非常突出杜预这个人物的才能和品格。相反，王浑在史书里面就是个气量狭小、争名夺利的小人形象了。

思考与辨析

古人有句话叫"桃李无言，下自成蹊"。意思就是：桃树、李树并不主动去吸引别人的注意力，但因为它们会开出鲜艳的花朵，或结出很好的果实，所以人们自然就会在它下面走来走去，走出一条小路来。只要你有内涵、足够优秀，自然能得到别人的肯定，不需要通过各种算计甚至抢夺别人的成果来彰显自己。

通鉴小文言

初，诏书使王浚下建平，受杜预节度，至建业，受王浑节度。预至江陵，谓诸将曰："若浚得建平，则顺流长驱，威名已著，不宜令受制于我。若不能克，则无缘得施节度。"浚至西陵，预与之书曰："足下既摧其西藩，便当径取建业，讨累世之逋寇，释吴人于涂炭，振旅还都，亦旷世一事也！"浚大悦，表陈预书。——《资治通鉴·卷八十一·晋纪三》

第十七讲

晋武帝和弟弟的斗争

·公心与私心的冲突·

从东汉末年到魏晋时期，曾有瘟疫反复出现并大规模蔓延的情况。晋武帝在位期间就出现过一次大规模瘟疫，这场瘟疫不仅令普通老百姓深受其苦，就连晋武帝本人也被感染了，而且病情十分严重。

按照惯例，每年正月初一皇帝要举行大朝会，出席活动的人员不仅有在京的王公大臣、各国使节，还有各个地方派来向中央汇报工作的官吏。可想而知大朝会是一个非常隆重的活动。这么重要的活动，一般来说皇帝身体哪怕有些不舒服，也会坚持出席。但晋武帝咸宁二年（276）正月初一却发生了非常意外的一幕，朝廷宣布取消这一天的大朝会，给各地前来汇报工作的官吏发放了一些奖励品就打发他们回去了。取消这次朝会的原因就是晋武帝病情非常严重，无法亲自出席。接下来，晋武帝病重的消息一下子就传开了，甚至有人说皇帝已经病危,在社会上造成了紧张气氛。

不过晋武帝运气比较好,过了一段时间病情好转了。逐步恢复健康之后的晋武帝了解到一个情况:在他病危期间,有几位重要大臣结成了同盟,打算万一晋武帝真的病故,他们就齐心协力推动晋武帝的弟弟司马攸继承皇位。晋武帝的太子司马衷是个低能儿,而弟弟司马攸的能力很强,声望也很高,因此司马攸获得了很多大臣的支持。

晋武帝知道以后非常不高兴。人总是自私的,儿子再傻,毕竟是自己亲生的;弟弟再强,那也只是弟弟,不能跟儿子比。晋武帝又是一个心胸比较狭隘的人,他想把皇位传给儿子,而不是弟弟。但眼前的问题是,支持弟弟的势力很强大,想拔掉这股势力,并不是容易的事。

接下来该怎么做呢?首先晋武帝要建功立业,在建功立业的基础上扩大权威,然后再和大臣们讨论皇位继承人的问题。如何建功立业?最重要的一招就是消灭东吴,统一天下。经过几年准备,在公元280年,晋武帝发动了消灭东吴的战争,并且取得了成功。关于这个过程,我们上一讲已经介绍过了。通过完成统一全国的功业,晋武帝证明了自己的能力,树立了权威。他试图通过这种方法,增加自己在决定皇位继承人方面的权威性,确保自己统一的天下可以传给自己的儿子。

　　接下来晋武帝为了瓦解弟弟司马攸的势力,实施了一轮针对弟弟的政治打压,其中最重要的一件事就是督促弟弟离开都城洛阳前往山东。为什么要让弟弟去山东呢?因为司马攸被封为齐王,齐国的封地在今天的山东省。晋武帝就以诸侯王不应该停留在京师,应该回到封地为理由,督促司马攸上路。没想到这件事引起了轩然大波,历史上称为"齐王归藩"。"藩"就是古文中的藩国,我们可以直接把它理解为封地。

　　虽然晋武帝建立了统一全国的丰功伟业,但很多大臣还是没给他面子,在选择皇位继承人这件事上,仍然坚定地支持齐王司马攸。令人惊讶的是,在支持司马攸的大臣中,

竟然有不少是晋武帝的心腹。因为这些大臣对晋武帝的太子司马衷实在没有信心，他们认为从维护国家长治久安的角度看，还是由司马攸继位更合理。所以他们希望晋武帝收回成命，能让司马攸继续留在洛阳并参与朝政。在当时朝廷的骨干力量中，支持司马攸的居然达到百分之七十以上，这让晋武帝非常意外。

司马攸自己呢？当然也不会轻易放弃，所以迟迟不肯动身，一直留在京师。不过他承受的心理压力应该也是非常大的，一方面皇帝哥哥希望他走，另一方面元老大臣们不希望他走，他成为这场政治斗争的焦点人物。在这个过程中司马攸病倒了。司马攸得病以后局面变得更复杂了。一方面，司马攸以生病为理由,暂时不离开京师。另一方面,晋武帝怀疑司马攸是装病,派了几批御医去探望,美其名曰是帮他看病,实则是去刺探情况。

那么司马攸到底是真病还是假病？根据史书记载来分析,应该是真病。但这些御医非常明白晋武帝的心思,不管司马攸的真实情况怎样,晋武帝肯定希望他早点离开洛阳,他最想从御医嘴里听到的消息是司马攸装病,所以这些御医回去都说齐王没病。接下来的情况可想而知,晋武帝一遍遍下令催促,让司马攸上路。这么一来司马攸气坏了,开始吐血,过了不久就去世了。从最后司马攸去世这个结果来看,他生病应该是实情。

晋武帝和弟弟之间的斗争,以齐王司马攸去世结束了。但最根本的问题仍旧没有解决,那就是晋武帝把皇位传给儿子以后,如何确保国家稳定呢？目前来看,最佳方案是挑选一些值得信赖的大臣来辅佐儿子司马衷上位。找谁来做辅政大臣呢？这个问题让晋武帝感到头疼。司马攸虽然死了,但那些曾经支持司马攸的大臣和晋武帝之间已经有了不可弥缝的裂痕,而且当时支持司马攸的人非常多,这就导致另一个问题——晋武帝可以信任的人就非常少了。

最终晋武帝决定在宗室和外戚中各挑选一个人来作为儿子的辅政大臣。这两个人分别是司马亮和杨骏。司马亮被封为汝南王,是司马懿的第四个儿子,论辈分是晋武帝的叔叔。杨骏是晋武帝皇后杨芷的父亲,出自东汉时期的大族弘农杨氏。他们两个人一个代表司马氏家族的力量,一个则代表晋武帝最信得过的外戚。

那晋武帝看人准不准呢?这两个人后来有没有起到辅佐少主、稳定国家的作用呢?公元290年晋武帝去世了。之后发生的事情证明晋武帝看人的眼光很有问题,他最终所托非人。杨骏是一个没有能力却很有野心的人,这是一种非常糟糕的人生状态,会引发极其可怕的后果,让当事人及他身边的人付出巨大代价。任何德不配位,都会带来惨烈的失败。杨骏为了独揽大权,趁着晋武帝弥留之际篡改旨意,把汝南王司马亮排挤出了辅政大臣行列,变成他一个人辅政。而司马亮这个人恰好又非常懦弱怕事,知道自己被杨骏排挤以后不仅不敢站出来斗争,还匆匆忙忙从都城逃往了外地。

杨骏既没有建立令人信服的功业,也缺乏足够的能力和威望,即便做了辅政大臣,也没有多少人服他,所以根本驾驭不了朝廷。为了巩固自己的地位,杨骏一方面大力收买人心;另一方面,对于那些真正有能力有名望又不肯服从他的人,他则给予打击,所以杨骏上位以后短短几个月就大失人心。由于杨骏的无能和自私,政局失控了,最终导致了"八王之乱",就是八位姓司马的诸侯王自相残杀,国家陷入一片混乱。西晋王朝就在这个过程中走向衰弱，公元316年就灭亡了，此时距离晋武帝去世才二十多年。

以史为鉴

晋武帝出于私心，一心想把皇位传给儿子，结果导致天下大乱，不仅让老百姓吃足了苦头，他自己辛辛苦苦统一的天下，也再次陷入分裂和混乱，他的功业与成就也没有保住。如果他的心胸和格局能够大一点儿，认识到只要能把天下治理好，能让老百姓安居乐业，无论是儿子还是弟弟，谁当皇帝都一样，那么至少他当年统一天下的努力没有白费，今天我们谈论这段历史的时候，也会更尊重他。

思考与辨析

"德不配位"的表现有很多种，在这个故事里，杨骏是德不配位，晋武帝同样是德不配位。杨骏的德不配位体现在能力、威望的不足，晋武帝的德不配位体现在格局狭小、眼光短浅。但这两种德不配位又有一个共同点，那就是夹杂着私心去办国家大事，违背了"天下为公"的原则。坐在皇帝、宰相这样的高位上并不容易，越高的位置对人的格局、公心要求越高，因为这些人的一举一动都牵涉千千万万人的利益甚至是生死。把范围缩小到一个团队、一个家族，道理也是一样的。

通鉴小文言

齐献王攸愤怨发病，乞守先后陵。帝不许，遣御医诊视。诸医希旨，皆言无疾。河南尹向雄谏曰："陛下子弟虽多，然有德望者少；齐王卧居京邑，所益实深，不可不思也。"帝不纳，雄愤恚而卒。攸疾转笃，帝犹催上道。攸自强入辞，素持容仪，疾虽困，尚自整厉，举止如常，帝益疑其无疾。辞出数日，欧血而薨。——《资治通鉴·卷八十一·晋纪三》

第十八讲

苻坚的功业

· 智者千虑必有一失 ·

苻坚祖上是一个氐族部落的首领,在今天甘肃省东南部的秦安县一带活动。五胡十六国时代,苻坚的祖父苻洪率领部落进入中原地区,参与了各民族间的角逐纷争。苻坚的伯父苻健,以长安为中心,在今天的陕西省、甘肃省一带建立了前秦政权。公元357年,苻坚取得了前秦的统治权,称"天王"。内政上,苻坚启用王猛等优秀汉族士大夫,法治与仁政并行,巩固了内部统治,大大增强了国力。不久之后,苻坚就迈出了统一北方的步伐。先是公元370年消灭了由鲜卑贵族慕容氏创建的前燕政权(核心统治区域分布在今天河北省、河南省、山东省、辽宁省等地区);公元371年又降服了仇池政权(统治区域在今甘肃省陇南地区);公元373年向西南方向推进,占有今天四川省、重庆市部分地区;公元376年进入河西走廊,消灭了张氏家族的前凉政权；同年平定代地（在今山西省北部及内蒙古自治区部分地区），可以说是战功赫赫。

通过疆域的变化还可以发现，对苻坚来说，剩下的强劲对手已经不多了，其中最重要的就是地处南方的东晋王朝。东晋王朝虽然偏安于南方，但它是曾经统一过中国的西晋王朝的延续，所以东晋被很多人认为是正统王朝。如果能消灭东晋，实现南北统一，对苻坚的前秦王朝来说会具有非凡的意义。因为这样前秦就可以成为像汉朝那样伟大的大一统王朝了。所以，当北方的局部统一逐步实现之后，苻坚就开始认真考虑对付东晋这件事了。

公元382年，就是否要发动灭晋战争，苻坚和大臣们展开了激烈讨论。从《资治通鉴》的记载来看，当时绝大多数重臣名将都是反对发动这场战争的。为什么呢？大臣们反对的理由主要有四条：一、东晋内部安定，又不缺乏治国领军的能人，比如谢安、桓冲等，对前秦来说无机可趁；二、要攻打东晋的话，必须渡过淮河、长江等天险，而北方士兵不擅长水战；三、前些年，苻坚一直率领前秦军队东征西讨，虽然取得了很大的成就，但将士和老百姓其实已经比较困乏了，如果紧接着就去对付东晋这个强敌，恐怕将士和百姓都力不从心；四、天文星象对东晋有利，而对前秦不利。这四条理由，除了第四条带有古人的迷信思想，前面三条都是根

据当时的实际情况做出的判断和分析,都是很务实的意见。

苻坚却并不这么认为,根本没把这些反对意见放在心上。他认为自己实力强大,消灭东晋的条件已经非常成熟。一方面,苻坚估算了一下己方兵力,能达到一百万左右。他说:"我们有这么庞大的军队,只要将士们把马鞭投入长江,就能使长江水流阻塞,那时候东晋还有什么天险可言

呢?"另一方面,前秦在之前几年的对外扩张战争中节节胜利,这给了苻坚很大的底气,他认为自己的军队是所向无敌的。在苻坚看来,讨伐东晋、统一南方是势在必行、志在必得的。在这个问题上,苻坚和很多前秦政权中的核心人物产生了严重分歧。

发表不同意见的大臣，既有追随苻坚多年的心腹人物，也包括苻坚家族中的重要成员，比如苻坚的弟弟——非常有才能也非常有名望的苻融，以及太子苻宏，他们认为发动对东晋的全面战争是非常冒险的。在苻坚一意孤行，听不进劝阻的情况下，他们想到了一个人，那就是非常受苻坚信任的高僧道安。道安是中国佛教史上非常重要的人物，很有修为，也很有学问，深得人们敬重。大臣们希望通过道安劝阻苻坚。很可惜，道安也没能说服苻坚。接下来，苻坚最疼爱的妃子张氏，以及他最宠爱的小儿子苻诜，都来劝说苻坚。苻坚对张夫人说："你一个妇道人家，你懂什么？"又对苻诜说："你一个小孩儿，你懂什么？"

无论是道安，还是张氏、苻诜，肯定都不如苻坚懂军事，懂国家大事。苻坚应该如何来看待他们的反对意见呢？第一，苻坚虽然是军事专家，更懂得行军作战，但这也不能确保他的意见全部是正确的。专家也有犯错误的时候，苻坚不应闭目塞听，需要重视不同的意见。第二，连僧人、妇女、小孩都来劝阻苻坚，可见当时前秦内部对发动灭晋战争的反对意见是很强烈的，不主张发动战争的人占多数。这种情况下苻坚应该充分考虑到，即使他能力再强，也不可能独自成大事，必须依靠众人的力量。现在内部分歧如此严重，时机显然不成熟。

很可惜，这些意见都没起到作用。有一个成语叫"一意孤行"，意思就是不听任何劝告，固执地按照自己的想法去做事情。苻坚的确是一个很有能力的人，但再有能力的人一旦决定一意孤行，就离失败不远了。公元383年，苻坚最终还是决定发动灭晋战争。关于战争的经过和结局，以及更多的历史教训，我们放在下一讲再详细交代。

以史为鉴

中国是一个多民族的统一国家，在历史上，除了汉族之外，其他很多兄弟民族也为中国历史、文化的发展做出了巨大贡献。中华民族最终形成一个大家庭，经历了漫长而复杂的过程。魏晋南北朝时期，是民族融合的一个高峰期。在这个时期，匈奴、鲜卑、羯、氐、羌等多个民族部落进入中原地区。一方面他们参与政权争夺，相互之间发生过大规模战争，也和汉族政权角力、驰逐，给普通老百姓带来了很大的灾难；另一方面，多元文化也伴随着这些民族的脚步进入华夏地区，丰富了中国的历史和文化，促进了民族融合。苻坚曾经取得辉煌的成就，统一了混乱的北方地区，还主动学习汉文化，积极推进各民族融合，但他却因盲目发动对东晋的战争而遭致惨痛失败，留下了深刻的历史教训。

思考与辨析

苻坚取得过辉煌的成就，但他决定伐晋时的表现却是值得反思的。那么多人反对苻坚发动这场战争，苻坚为什么还要一意孤行呢？人们在日常生活中经常看到一种现象：越成功的人往往越自信。他会认为："之前那么多困难我都克服了，这一次能难倒我吗？"面对那些反对他的人，他又会认为："你们的能耐不如我大，本领不如我强，凭什么反对我呢？"事实上，世事变化无常，以前的成功并不能确保今后也一定能成功，盲目的自信是非常有害的。俗话说"智者千虑必有一失，愚者千虑终有一得"，任何意见我们都要认真倾听。

通鉴小文言

坚锐意欲取江东,寝不能旦。阳平公融谏曰:"'知足不辱,知止不殆。'自古穷兵极武,未有不亡者。且国家本戎狄也,正朔会不归人。江东虽微弱仅存,然中华正统,天意必不绝之。"坚曰:"帝王历数,岂有常邪,惟德之所在耳!刘禅岂非汉之苗裔邪,终为魏所灭。汝所以不如吾者,正病此不达变通耳!"——《资治通鉴·卷一百四·晋纪二十六》

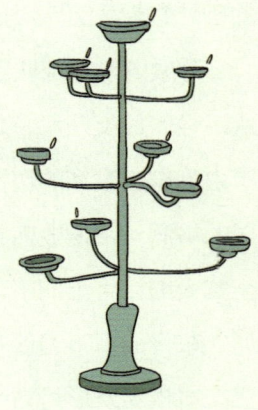

第十九讲

淝水之战

·做事不可急于求成·

公元383年,历史上著名的"淝水之战"拉开了序幕。这一年农历八月,苻坚命令弟弟苻融率领二十五万大军为前锋,自己率领六十万步兵、二十七万骑兵随后出发。出师时盛况空前,飘扬的旌旗前后连绵一千里。如此浩大的声势,的确让东晋朝廷感到恐慌。

苻融的前锋部队顺利夺下寿阳,于是苻坚撇下大军,率领八千轻骑日夜兼程,赶到寿阳与苻融会合。此时东晋方面派出了由刘牢之率领的精锐北府兵迎战,刘牢之带领军队在淮河流域的洛涧一带击败前秦军队,扳回了一局。这一仗让东晋军队士气大增,将士们不再畏惧强敌,踊跃向前。此时苻坚才意识到,东晋的军事力量并没有他想象得那么弱。一次,他和苻融登上城楼观察形势,远远望见对面八公山上的草木,误以为那也是整装待发的晋军。"草木皆兵"的成语便由此而来。

接下来，双方隔着淝水对阵。东晋方面要求前秦军队后撤，以便晋军渡河，然后展开决战。苻坚本来打算假装后撤，引诱晋军渡河，然后在晋军登岸之前发动突袭，消灭他们。为了诱敌深入，苻坚下令前秦军队稍作后撤。这一撤可不得了。东晋方面早就预料到这一幕，所以事先在秦军后方安排了内应。当苻坚下令军队后撤的时候，忽然有人在后面大喊："秦军败了，秦军败了！"一方面，很多秦军将士本来就不想打这一仗，斗志不强；另一方面，在后方的秦军将士根本不清楚前面发生了什么，看到前面的军队的确在后撤，又有人高喊"秦军败了"，所以产生了群体性恐慌，纷纷丢盔弃甲、夺路而逃。

苻坚的弟弟苻融眼见形势不对，试图亲自赶到乱军队伍中稳住阵脚，没想到他骑的马被乱军撞倒，自己也摔了下来。正值秦军大乱之际，晋军已经渡过了淝水，向秦军发起了进攻，摔倒在地的苻融被晋军所杀。兵败如山倒，战场形势瞬息万变，突如其来的大崩盘，让久经沙场的苻坚也深感无力回天，他根本没有办法让这支汹涌的逃命队伍镇静下来。试想一下，有几十万人在那儿争先恐后地逃命，那场面是何等混乱惊慌，随之发生踩踏事件也是必然的。所以，秦军绝大多数的伤亡，并非来自晋军的杀戮，而是来自踩踏式的自相残杀。败亡的秦军将士内心深度恐惧，深怕晋军追赶上来，出于心理作用，当他们听到风啸的声音、野鹤啼鸣的声音，

都疑心是晋军追赶上来了。因此历史上又有了"风声鹤唳"这个成语。

苻坚这次输得很彻底。前线一败之后，后方也迅速出现了不利于他的局面。之前，苻坚用了二十几年统一北方，虽然取得了很好的成绩，但民族形势依然复杂。军事征服并不能让这么多民族的人民在短时间内融合，各自为政的情形依然存在。苻坚的失败给了他们机会。原先被苻坚征服的北方民族，纷纷起来反抗，试图摆脱前秦的统治。短短两年之后，苻坚就在鲜卑、羌等多股势力的夹击之下，身死国亡，彻底失败了。

以史为鉴

苻坚的失败并非偶然。可能有人会认为，如果不是东晋安插了内应，扰乱前秦军心，苻坚不一定会失败。我们在学习历史、讨论成败的时候，要注

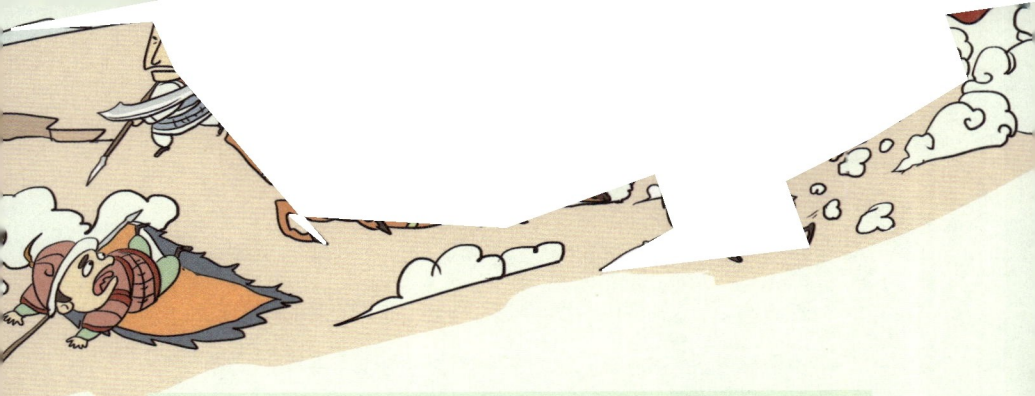

意两个问题：第一，任何一次巨大的成功或失败，都不可能只由一个原因导致，而是都源于一系列组合因素；第二，最终能以人物、故事形式表现出来的，往往是最浅层的原因，真正重要的因素都隐藏在这些故事的背后。如果我们希望能以史为鉴，就一定要把这些深层的原因挖掘出来。人心不齐、后方不稳固、低估对手，这都是苻坚失败更为深层的原因。只要这些因素存在，哪怕东晋没有在秦军后方安插内应，哪怕秦军取得了短暂的胜利，最终这些深层的原因还是会借助其他机会爆发出来，苻坚仍然会面对严峻的考验。

思考与辨析

苻坚为什么非得发动伐晋战争？最重要的原因是他急着想取得更大的成功。只要能消灭东晋，苻坚就能完成统一大业，成就不朽。急于求成的心态影响了苻坚的决策，使得他作出错误判断，既低估了东晋的实力，也忽略了后方的危机，最终酿成惨剧。成功是水到渠成的事，在条件不成熟的情况下，刻意谋求成功，不仅达不到预期效果，反而会遭受其害。另外，过分期待成功的心态，也会让人产生错觉、误判形势。苻坚是一位了不起的人物，尚且犯下这样的错误，造成不可挽回的败局，可见保持清醒的头脑是一件多么不容易的事。

秦兵遂退，不可复止。谢玄、谢琰、桓伊等引兵渡水击之。融驰骑略陈，欲以帅退者，马倒，为晋兵所杀，秦兵遂溃。玄等乘胜追击，至于青冈；秦兵大败，自相蹈藉而死者，蔽野塞川。其走者闻风声鹤唳，皆以为晋兵且至，昼夜不敢息，草行露宿，重以饥冻，死者什七八。初，秦兵少却，朱序在陈后呼曰："秦兵败矣！"众遂大奔。——《资治通鉴·卷一百五·晋纪二十七》

第二十讲

大夏天王赫连勃勃

· 知人者智，自知者明 ·

五胡十六国时期出现过一个大夏政权，它的创建人赫连勃勃出身于军旅世家，他的家族是归附汉朝的南匈奴的后代，最初生活在今山西省一带。南匈奴有几任单于曾娶汉朝的女性为妻，通过联姻和汉朝结成同盟。在五胡十六国时期，很多匈奴人都改姓刘，表明自己和汉朝皇帝之间有密切的关系，以此来争取在中原的政治地位。所以，赫连勃勃的曾祖父、祖父、父亲，出现在《资治通鉴》等史书里时都是以刘为姓的。

我们在之前的内容里介绍过五胡十六国时代一位重要的历史人物——苻坚。苻坚的前半生非常成功，几乎统一了中国北方地区。但后来在攻打东晋的时候决策失误，在淝水之战中被东晋军队打得大败，之后，在他手上强盛起来的前秦政权也逐步走向衰亡。赫连勃勃所在的匈奴部落，正是在淝水之战以后逐渐强大起来的。当时这个部落的首领是赫连

勃勃的父亲，名叫刘卫辰。当时刘卫辰坐拥朔方之地（在今山西省北部及内蒙古自治区部分地区），统领着三万八千士兵。然而在公元391年，刘卫辰在一场政治斗争中被部下所杀，他的物资、牛马牲畜全部被另一个部落的首领，也就是鲜卑拓跋部的拓跋珪夺取。拓拔珪是后来统一北方的北魏政权的奠基人。这件事发生后，作为刘卫辰的第三个儿子，年仅十岁的赫连勃勃可以说是一下子从天堂跌进了地狱，失去了父亲的庇护，他只能四处辗转，寻找靠山。后来，原先由刘卫辰掌管的匈奴部落，被关中地区的另一个政权后秦接管了，因此赫连勃勃也就投靠了后秦政权。

赫连勃勃生性善辩聪慧，风度仪表华美，深得后秦君主姚兴的器重。所以赫连勃勃依附后秦之后不久，姚兴就任命他为骁骑将军，并且经常让他参与军国大事，对他的宠信甚至超过很多元老功臣。这一点引起了很多大臣的不满，他们建议姚兴不要这么信任赫连勃勃。姚兴却不以为然，在他看来，赫连勃勃有匡时救世的才能，是平定天下难得的人才。

但赫连勃勃是一个很有主见、很有想法的人，并不甘心一直屈居人下，他想独立干一番事业。站在赫连勃勃的角度看，这是雄心壮志。但站在姚兴的角度看，这就是背叛了。姚兴万万没想到，自己这么欣赏、这么信任的赫连勃勃居然会叛变。公元406年，姚兴任命赫连勃勃为安北将军，又把一个拥有两万多户的鲜卑部落交给他管理，让他镇守朔方。结果赫连勃勃渡过黄河以后，就私自扣留了他人向姚兴进献的八千多匹良马，随后以打猎为由，率领三万骑兵偷袭并杀害了同为后秦大臣的没奕干，且兼并了他的部落和军队。而这个没奕干其实就是赫连勃勃的岳父，从中可见赫连勃勃有着一副六亲不认的硬心肠。

公元407年，赫连勃勃自称为天王，设置百官，脱离了后秦的管辖，正式建立大夏政权。赫连勃勃自称大夏天王以后，他手下很多将领都劝他向其他政权学习，找一块土壤肥沃、地势险要的地方作为都城，安定下来，但赫连勃勃并没有采纳这个建议。手下的人又对他说："要是想兼并天下，首先肯定要巩固根本，使人心有所依托。假如连一片核心区域都没有，还怎么发展事业呢？"赫连勃勃回答说："你们只知其一，不知其二。我们军队很少，完全没办法和其他强大的政权相比。假如我们在某地定都，然后固守一城，姚兴一定会派遣大军围攻我们，我们怎么会是他们的对手呢？所以现在我们应该利用骑兵打游击战，灵活出动，出其不意。他们救援前军，我们就攻打后军，他们救援后军，我们再回过头去攻打前军，让他们疲于奔命。通过这个过程来消耗他们的实力，我们便不用固守某个据点，这样就可以省去很多后顾之忧。我保证，用这样的方式，不出十年，我们就可以拖垮姚兴的部队，进而占领大片地区。现在姚兴年纪大了，等他去世以后我们再想办法进攻长安，实力强大了再建立都城也不迟。"

果然，赫连勃勃这种作战策略给后秦带来了很大威胁。

因为赫连勃勃的骑兵非常灵活机动,敌军根本无法预料他们会出现在哪里,以至后秦很多地区的城市在白天都不敢打开城门。就这样,用了几年时间,赫连勃勃逐步消耗掉了后秦的耐心,也消灭了他们很多有生力量,并扩大了自己的地盘。

不久之后,后秦终于忍受不了大夏的持续侵扰,姚兴派遣大军正面进攻大夏。结果一战下来,后秦大败,全军覆没,赫连勃勃俘虏了两万多名后秦将士,缴获了上万匹战马。从此以后,胜利的天平就彻底倒向了大夏。在后秦灭亡前夕,后秦北部的大部分地区都被赫连勃勃成功攻占。

公元416年姚兴去世了,儿子姚泓继承皇位。公元417年,后秦的另一个敌人东晋太尉刘裕率军攻破潼关,姚泓放弃抵抗,举国投降。后秦就此灭亡,而后秦的都城长安也被刘裕占据。但取得胜利以后,刘裕非常急迫地想要回到南方,准备篡夺东晋的皇位,所以就让自己年仅十余岁的儿子刘义真镇守长安。面对这种鹬蚌相争的局面,老辣的赫连勃勃怎么会错过渔翁得利的机会?刘裕刚撤退不久,刘义真的军队还没有站稳脚跟,赫连勃勃就快速出兵,大败东晋军队,占据了长安,刘义真只能狼狈逃回南方。

公元418年,赫连勃勃在长安城外的灞上举行了称帝仪式,大夏的国力达到顶峰,成为五胡十六国后期一股非常强劲的力量。这个时候,赫连勃勃才开始考虑建都的问题。令人出乎意料的是，他没有选择长安，而是选择了位置更北的统万（在今陕西省榆林市一带），选择这里作为都城更有利于防御兴起于北方的北魏政权。

以史为鉴

创业之初，赫连勃勃清醒地认识到自己实力薄弱，如果建立都城，反而会让自己成为别人的靶子。他从自身条件出发，采取灵活作战模式，放弃选地立都、建设据点的思路，因而取得了巨大成功。等到实力强大起来之后，管辖的区域和人口越来越多，没有都城就不行了，所以赫连勃勃及时调整，开始选择战略要地作为都城。这些决策都是赫连勃勃根据自身特点做出的判断。他没有照搬照抄别人的做法，因为别人的经验并不一定适合他。

思考与辨析

赫连勃勃的故事对我们很有启发。如果我们想要做出正确的判断和选择，首先得非常清楚自身的特点是什么，而不是光看别人怎么做。古语有言："知人者智，自知者明。"这句话的意思是，想要了解别人是非常不容易的，所以一个人如果总能对别人做出正确判断，那他就是非常智慧的。想要彻底了解自己，同样非常不容易。如果一个人能彻底了解自己，那他就是个明白人。赫连勃勃就是这样一个明白人。

通鉴小文言

诸将皆曰："陛下欲经营关中，宜先固根本，使人心有所凭系。高平山川险固，土田饶沃，可以定都。"勃勃曰："卿知其一，未知其二。吾大业草创，士众未多，姚兴亦一时之雄，诸将用命，关中未可图也。我今专固一城，彼必并力于我，众非其敌，亡可立待。不如以骁骑风驰，出其不意，救前则击后，救后则击前，使彼疲于奔命，我则游食自若，不及十年，岭北、河东尽为我有。待兴既死，嗣子暗弱，徐取长安，在吾计中矣。"于是侵掠岭北，岭北诸城门不昼启。——《资治通鉴·卷一一四·晋纪三十六》

第二十一讲

急于求成的隋炀帝

·爱惜物力与民力·

公元589年,兴起于北方的隋朝消灭了盘踞江南的陈朝,重新统一了中国,从东晋开始的近三百年的南北分裂终于结束了。当时负责灭陈战争的前线总指挥是隋朝开国皇帝隋文帝的第二个儿子,名字叫杨广。杨广后来继承了皇位,他就是历史上著名的隋炀帝。隋炀帝是一个充满矛盾的历史人物。历史上的隋炀帝,并不像小说演义里描写的那样昏庸无道,只会吃喝玩乐。恰恰相反,他是一个很有才能、很有战略眼光的人。但隋朝还是因为他而灭亡了。这是为什么呢?答案可以从《资治通鉴》中寻找。

隋炀帝在位期间发生了很多大事,这一讲打算着重介绍开挖大运河这件事。因为从这件事上,我们能特别清晰地看到隋炀帝身上同时具备的优点和缺点,并能从中总结历史教训。先简单介绍一下这条大运河。在今天的地图上,我们很容易便能找到这条贯通南北的大运河，它南起杭州，北至北京，被称为"京杭大运河"，全长1794千米。直到今天，它还是全世界最长的由人工挖掘的大运河。它的基本河段，主要是在隋炀帝时期修成的。

　　隋炀帝刚即位不久，就开启了修运河这项宏大工程，可见他对这件事的重视。那么他为什么要做这件事呢？先讲一个有意思的小故事。前面我们讲过，在隋朝统一之前，中国历史自东晋开始曾有长达近三百年的南北分裂。这么长时间的分裂，导致南方和北方的文化形成了较大的差别，这些差别也体现在日常生活中。比如，当时南方人已经开始把茶作为日常饮料了，而北方人还是更热衷于喝奶酪。有一次，一位北方人到了南方，出于好心，他请一位南方朋友一起品尝他最钟爱的奶酪。结果那个南方人喝完之后，整晚都在拉肚子，差点儿闹出人命来。南方人之前没喝过这类饮品，肠胃根本接受不了。直到今天，南方和北方的文化风俗、生活习惯仍然有差别。比如，元宵节，北方的习俗是吃饺子，南方是吃汤圆。豆花，南方人喜欢吃甜的，北方喜欢吃咸的。平时聊天的时候，人们也喜欢说，南方如何如何，北方如何如何。在人们的印象中，全中国最大的地域差别，就是南方和北方的差别。为什么呢？这就是自东晋开始南北分裂近三百年的历史产物。

因此隋朝虽然统一了南北，但三百年分裂导致了较大的南北隔阂。要真正长期维护南北方的和平统一，必须要加强南北方的交流，文化上加深融合，经济上互通有无，人才上加强流通。所以隋炀帝想到了挖运河。那南北要融合为什么必须挖运河呢？走路不行吗？第一，无论是运人还是运货，在没有铁路的古代，水路都比陆路更为便捷省力。走陆路的话，需要翻山越岭，人疲马乏，很不容易。第二，中国境内最大的两条自然水系——长江和黄河，恰恰都是以东西为基本走向的，中国没有南北走向的大水系。所以必须人工开挖一条贯穿南北的大运河。事实证明，这条大运河，无论是对于加强南北的经济文化交流，还是对于巩固南北统一，都发挥了重大作用。这就说明，隋炀帝这个人很有战略眼光。这是他的优点。

　　但也正是挖大运河这件事，将隋炀帝的缺点暴露无遗。为了尽快完成任务，隋炀帝让上百万壮丁投入劳动，后来人手不够，还强迫妇女一起去挖河。挖运河劳动强度也非常大，他有时候根本不让民工休息，导致大量的老百姓为挖运河而丧命。《资治通鉴》描写了一个非常悲惨的场面，挖运河的老百姓，十个里面有四五个会被累死，官员就用车把这些死尸拉走，结果在通往各个城市的道路上到处都是载死尸的车子。隋炀帝作为一个封建帝王，却对老百姓缺乏基本的仁爱之心。在挖大运河这件事上，他急于求成，滥用民力，甚至可以说是通过虐待老百姓来完成自己的雄图伟业。这样的帝王，再有战略眼光，也难以得到老百姓的爱戴。

后来，从洛阳到扬州这段运河挖成了，河道宽60米左右，两岸都种上了柳树。隋炀帝想要乘着船，沿着运河到南方考察。他坐的船叫"龙舟"，船身高13.5米，有今天的三四层楼那么高；长600米，船身上装饰着各种金银珠宝。船舱一共分四层，最上面一层是隋炀帝休息、接见大臣的场所，第二、三两层共有120个房间，供随行的官员们休息，最下面一层是宦官、宫女、杂役居住并工作的地方。在一千四百多年前就建成了这么壮丽的大船，与如今的豪华游轮相比也毫不逊色。可想而知，为了这样一艘船，当时的劳动人民又付出了多大代价——不仅仅是劳力上的代价，还有生命的代价。除了隋炀帝乘坐的龙舟外，皇后也有一艘专船，虽然比"龙舟"略小一点儿，但也相当华丽。其他船身共有三层舱位的豪华船还有九艘，王侯、公主、外国使节，甚至和尚、道士，全都随行。各类大大小小的跟班船，更是多达几千艘。整支船队前前后后绵延二百里，光是岸上拉船的纤夫、提供相应服务的人员，就接近十万人左右。想象一下当时的场面，该有多么壮观。

　　这么庞大的一支队伍，相应地也造成了很大的麻烦。比如在旅行过程中，这么多人的吃饭问题怎么解决，粮食从哪儿来？那个时代，这么遥远的路途，至少要走一个月。在这一个月的时间里，这么多人口，得消耗多少粮食啊？这么多粮食不可能随身携带。那怎么办呢？船队到达一个地方，官员们就让生活在周边五百里地之内的老百姓都贡献粮食。这给老百姓带来多么沉重的负担啊！地方官员为了讨好皇帝，又变本加厉剥削百姓。所以就形成一个极端的对比：一方面，沿途老百姓勒紧裤腰带、饿着肚子来供养一支这么庞大的皇家队伍；另一方面，公主、后妃、皇子，这些娇生惯养的人又吃不了那么多，每次不是把剩余的食物丢弃，就是在岸上挖个坑埋了。这多浪费啊！

　　关于隋炀帝为什么要挖运河，很早就有人在《隋唐演义》这类小说里探讨过。小说里说，隋炀帝挖运河就是为了去南方看一种特别漂亮的琼花。琼花只生长在南方，而扬州的琼花开得最漂亮。所以隋炀帝要不惜一切代价下扬州。小说里的说法当然不可信。我们前面介绍过，挖掘大运河本身是有战略意义的。但隋炀帝奢侈铺张，为达目的而不顾老百姓死活，也是一个事实。所以，小说里的情节虽然是虚构的，但把隋炀帝定位为一位暴君，却是有历史依据的。不仅是小说，后来的历史学家们，也把隋炀帝当成中国历史上暴君的典型。我们读《资治通鉴》的时候，能很明显地感受到这一点。到了隋炀帝统治后期，全国遍地都是穷困饥寒、被逼无奈的百姓发动的起义。公元618年，隋炀帝在扬州被自己的亲信部队所杀，同年隋朝也灭亡了。隋朝一度看上去很强大，但在历史上仅仅存在了三十八年。

以史为鉴

隋朝经过隋文帝的治理，还能算得上是国泰民安。司马光认为，在隋文帝去世以后，哪怕来一个中等水平的人接手，只要不瞎折腾，隋朝也不至于这么快灭亡。不幸的是来了个隋炀帝，司马光说他："坐承富强之业，志骄气溢。"接了这么好的一个家底，等于抓了一副好牌，他瞬间就自我膨胀了，开始瞎折腾。这时候隋炀帝越是有战略眼光，结果就越糟。为什么呢？他看到很多值得做的事，就一定要不惜代价去做到，不知道控制节奏，更不懂得珍惜人力、财力。就像挖大运河，要懂得爱惜民力，慢慢挖，不能急于求成。隋炀帝却完全不懂这一点，导致百姓怨声载道。这样，再好的事也会变成坏事，最终成为隋朝灭亡的导火索之一。可以说，隋炀帝选对了战略目标，却不懂得运用正确的手段实现它，把一手好牌打得稀烂。

思考与辨析

无论做什么事，手段的正确和目标的正确同样重要。千万不要以为只要目标正确，就可以不择手段地去实现它。错误的手段，从来无法带领人实现正确的目标。

通鉴小文言

又发淮南民十余万开邗沟，自山阳至杨子入江。渠广四十步，渠旁皆筑御道，树以柳。自长安至江都，置离宫四十余所。庚申，遣黄门侍郎王弘等往江南造龙舟及杂船数万艘。东京官吏督役严急，役丁死者什四五，所司以车载死丁，东至成皋，北至河阳，相望于道。——《资治通鉴·卷一八十·隋纪四》

第二十二讲

张象与杨国忠

·把希望寄托在自己身上·

唐朝有位非常著名的皇帝,名叫李隆基,他在历史上被称为唐玄宗或者唐明皇,他和贵妃杨玉环的爱情故事家喻户晓。唐明皇是个非常复杂的历史人物,在他统治的前期,创造了开元盛世,这是整个唐朝最鼎盛、最繁华的时期。但在他统治的后期,却爆发了安史之乱(755—763),使得唐朝急剧衰弱。为什么会发生这么大的转变呢?有些历史学家认为,唐明皇早期任用有才、有德的宰相,比如姚崇、宋璟、张九龄等,所以国泰民安,天下大治。在他后期,却任用了杨国忠这样的小人做宰相,最终导致天下大乱。我们这一讲的故事,就从杨国忠说起。

杨国忠是贵妃杨玉环的堂兄,两人是同一个曾祖父。杨贵妃得到唐玄宗宠爱,杨家一门鸡犬升天,杨国忠也扶摇直上。这个年轻时只会喝酒赌博、遭族人唾弃的无赖之徒,最

后居然做到了宰相。仗着妹妹撑腰，皇帝宠信，权势煊赫的杨国忠时常盛气凌人，对公卿这样的高级官员尚且颐指气使，其余中下级官员他更是不放在眼里。当时中央政府各个要害部门的官员，有才华、有名望却不听从杨国忠的，都被杨国忠想办法——整治、罢免了。

官员们都在杨国忠面前屏气噤声，然而俗话说"初生牛犊不怕虎"，这时候真来了一个不怕"老虎"的"初生牛犊"。有个刚考中进士的年轻人，名叫张彖，他是陕州（今河南省三门峡市）人。在唐朝，普通人家的子弟想当官，可以参加科举考试。如果能考中进士，就有步入仕途的机会。那时候考中进士，比今天考上北大、清华还要难。张彖能考中进士，说明他真的非常优秀。但也并不是一考中进士就能当官，中间还要经历一些复杂的选拔程序，最后还得看有没有合适的官职。当然，如果能得到皇帝的赏识，或者找到位高权重的大臣帮忙，接下来就会顺利些。所以在杨国忠当道的时候，很多想当官的年轻人都去投靠、巴结杨国忠，希望能够尽快获得好的官职。

于是就有人对张彖说："你赶紧去拜见杨国忠，只要巴结上杨相爷，马上就可以飞黄腾达了！"没想到张彖却回答说："你们找杨国忠做靠山，以为杨国忠的地位稳若泰山，在我看来，杨国忠不过一座冰山而已，太阳出来之后，随时有可能倒塌。为什么呢？因为杨国忠做到宰相，并不是靠自己的能力和威望，而是靠着和皇家的特殊关系。更重要的是，他身上并不具备做宰相的素质，他没把国家管理好。一旦皇帝不再宠信他了，他就很容易垮台，到那时候你们还能依靠他吗？依靠他得到的官位，还能保得住吗？"张彖说得很有道理，但当时杨国忠还很得势，不投靠他就没有官当。鉴于这种情况，张彖下定决心，既然不走杨国忠的门路就当不了官，那干脆不当官了。他放弃了好不容易考上的进士，去嵩山隐居了。张彖想,这样做虽然当不了官,但至少可以避免在杨国忠倒台的时候受牵连。

《资治通鉴》在讲到杨国忠的时候,为什么要特别向读者交代张彖的故事呢?往下看我们就明白了。不久之后,安史之乱爆发,眼看叛军要打到首都长安了,唐明皇带着杨贵妃、杨国忠,还有很多文武大臣,逃往四川。半路上,情绪激愤的将士们认为,杨贵妃、杨国忠兄妹是误国误民的罪魁祸首。无奈之下,唐明皇将杨贵妃赐死,而将士们则冲上去,将杨国忠杀了。

以史为鉴

此时想想当年跟随杨国忠的人,在这种情况下会是什么下场?从这个角度看,把杨国忠比喻为冰山不对吗?太对了!像张彖这样不屑于巴结杨国忠的人,在杨国忠得势时虽然没有吃香喝辣,但在杨国忠失势的时候也不必陪着他赴枉死城。与一时的享乐相比,性命更为重要。《资治通鉴》是一部注重"借鉴"的书,司马光希望通过一些历史故事,告诉后人正确的、值得借鉴的道理。这里《资治通鉴》借助张彖的故事,讲述了一个朴素却充满辩证的道理：靠山往往也是冰山。古代官场上一心想找靠山却因抱错大腿而引来尴尬的故事比比皆是。

思考与辨析

张象远离杨国忠，是基于一种"正义"的判断。他认为杨国忠的成功暴露出朝廷在用人上存在严重问题。唐明皇因为宠爱杨贵妃而重用杨国忠，这本身就是任人唯亲。杨国忠的确很坏，但更大的责任在于唐明皇。投靠杨国忠虽然可得一时美官，却不得不依附于腐朽的官场文化。张象人微言轻，无力改变现状，但可以选择不同流合污，于是他选择了放弃。放弃需要勇气，很多本性不恶却不具备勇气的人，很可能会被挟持到共同作恶的轨道上来。值得我们学习的不仅仅是张象的明智，还有他的勇敢。

或劝陕郡进士张彖谒国忠,曰:"见之,富贵立可图。"象曰:"君辈倚杨右相如泰山,吾以为冰山耳。若皎日既出,君辈得无失所恃乎!"遂隐居嵩山。——《资治通鉴·卷一九三·唐纪九》

第二十三讲

·正义的选择·

武则天是中国历史上唯一的女皇帝,她称帝以后其实有自己的国号,叫"周"。但因为她称帝的时间很短,到晚年时,她又把皇位还给了唐朝皇帝,所以我们也可以把武则天执政的时代算在唐朝历史里面。

武则天可以说是一位"非常"的统治者。"非常"的意思就是和常规的、传统的不一样。主要就是因为她是一位女性。因为中国古代其他皇帝都是男性,朝廷上的官员也都是男性,整个社会的权力都掌握在男人手里,是一个名副其实的男权社会。武则天的确很能干,很有手段,但肯定会有很多有权力、有能力的男人表示不服。女人如何领导、管理一个男权社会?在这条路上,武则天一定会碰到不少难题和麻烦。为巩固统治、打击异己,武则天决定采用一系列"非常"手段,其中有一个手段,就是任用了一批在中国历史上非常出名的酷吏。酷吏都是不讲道理、不遵守法律的官吏，他们完全靠揣摩皇帝的心思办案，而且手段非常残忍。这批酷吏中最有名的，是一个叫来俊臣的人。

来俊臣因为善于编织罪名，帮助武则天除掉了很多政敌，因此大受武则天的青睐，从一名告密的囚徒高升至朝廷高官。他曾一度担任御史中丞，这个官职是当时的首席执法官员。为了武则天的事业，来俊臣组织了数百名无赖专门从事告密活动，帮助武则天打击敌人。他还发明了各种酷刑，制造了很多冤假错案。来俊臣靠捏造罪名、酷刑逼供等手段，枉杀了很多宗室、大臣，还和他的同党编写了一部《罗织经》，传授罗织罪名以致人死地的诀窍。

武则天靠着来俊臣这批人压制了反对者，但也使得朝廷上人心惶惶，内部矛盾急剧上升。迫于巨大的舆论压力，武则天不得不把来俊臣抛出来做替罪羊，以平息众怒。最终，在皇室成员和其他大臣的严厉控诉下，来俊臣被武则天下令处死，他的同党都被流放到岭南。《资治通鉴》讲到来俊臣之死时，添了非常有意思的一笔。司马光在此处讲了两个小故事。第一个故事是这样的：负责考核迁升的官员们在来俊臣死后受到了审查，因为之前他们在考察其他官员的时候，都是看来俊臣的眼色办事。每逢全国性的官吏大考核，来俊臣都会拟一张多达数百人的名单，要求关照。负责官员不敢

得罪来俊臣,所以这些名单上的人都会得到破格提拔。来俊臣被杀后,这几位官员向武则天自首,坦白了罪行。武则天责问他们为什么要这么做。这些官员回答得非常坦率,说他们当然知道这么做是不对的,是触犯国法的死罪,但他们触犯国法,不过自身领罪受罚;如果违背来俊臣的意志,很可能马上就遭到灭族之灾。权衡利弊,他们选择宁犯国法,而不愿得罪来俊臣。这件事让武则天陷入沉思,决定赦免那些因害怕得罪来俊臣而触犯国法的官员。

　　除了上面这个故事之外,《资治通鉴》还讲了另一个故事。这个故事讲述了一位女性的智慧。来俊臣炙手可热的时候,自然有大量低级官吏想依附他以获得晋升机会,京城小官僚侯敏就是其中一个。尽管侯敏百般谄媚来俊臣,侯敏

的妻子董氏却是一位颇有远见卓识的女性。董氏劝说他丈夫远离来俊臣，因为她深知所有不正常、不正义的事物都不可能维持太久，更不可能带来长久的利益。来俊臣获得权势的途径显然是不正常、不正义的。侯敏有一个特点，就是他很听妻子的话，于是他开始逐渐疏远来俊臣。这自然让来俊臣不爽，于是他把侯敏贬到外地当官。这下使得贪恋京城繁华生活的侯敏很不舒服，不愿意出京赴任。董氏却催促他起紧走，不要做任何停留。侯敏又一次听了妻子的话，乖乖地去外地赴任了。

　　后来，来俊臣被杀，他的同党全都被流放到岭南。唯独侯敏，因为他之前被来俊臣贬到外地去了，所以大家都觉得他早就得罪了来俊臣，不可能是来俊臣的同党。就这样，侯敏借助妻子的智慧，早一步离开了是非之地，没有被当作来氏党羽处理，因此躲过一劫。侯敏一辈子做得最正确的事情，大概就是娶了这么一位贤惠而有远见的妻子。董氏虽为女子，却能在众人皆醉的时候保持清醒，看清形势发展的必然归宿，帮助丈夫和家人躲过劫难，令多少须眉自叹不如。《资治通鉴》的告诫之意，往往就隐含在这些尘埃落定后的小故事里。

以史为鉴

武则天也有她的无奈和困境。作为"非常"的统治者,她需要"非常"的手段维护统治,来俊臣是她的得力工具。来俊臣这类人,身为执法官员,所维护的却不是法制的尊严,而是掌权者的利益。这就决定了这类人不可能是真正知法、守法的官员。恰恰相反,他们必须歪曲法律以达到目的。愿意这样做的人,他们的品德可想而知,故而他们往往是德行败坏、率先违法的人。从这个角度看,武则天这么做是不正义的,来俊臣这样的人更是不正义的。

思考与辨析

在我们成长的道路上,会碰到各种比我们更有阅历、更加优秀的人。我们会羡慕他们的见识,羡慕他们的成功,有时候甚至还会刻意靠拢他们、模仿他们,希望自己也能那么非凡。但一定要记住,我们眼睛看到的、耳朵听到的,并不一定是全部。有些人能取得卓越的成就,是靠自己的能力和努力,但也有一些人的"成功"是通过不正当手段获得的。这个世界留给人们最终的结果，一定是公平的。不正义的"成功"可能会维持一段时间，但最终的结果，一定是回归正义。我们要耐心观察，仔细判断，不要盲目追随杨国忠、来俊臣这样的"成功人士"。

通鉴小文言

上林令侯敏素谄事俊臣。其妻董氏谏之曰："俊臣国贼，指日将败，君宜远之。"敏从之。俊臣怒，出为武龙令。敏欲不往，妻曰："速去，勿留！"俊臣败，其党皆流岭南，敏独得免。——《资治通鉴·卷二百六·唐纪二十二》

第二十四讲

张巡的奇妙计谋

· 品德是立身之基 ·

唐朝中期发生了安史之乱,从此唐朝由强盛走向衰弱。这次叛乱发生在公元755年至公元763年,前后持续了八年。安史之乱的发动者,是军阀安禄山。安史之乱中,很多勇敢的唐朝军民和破坏社会稳定的叛军展开了激烈的斗争,睢阳之役就是其中一例。这场战役的发生地睢阳,在今天河南省的商丘市。这次战役中,唐朝军民的领导者张巡、许远,是从基层官吏中涌现出来的战斗英雄。

张巡不仅很有才华,也很有骨气。他长期在离京城很远的县做官,因为不愿讨好权贵,始终得不到升迁。安史之乱爆发的时候,他正在担任真源县(在今河南省周口市鹿邑县)县令。安禄山叛军到达的时候,张巡的上司率先投降了。张巡这么有骨气的人,当然不可能投降,他率领军民举起了反抗安禄山的旗帜,并且和其他志同道合的官员会合,展开了军事行动。不久,他们攻下了被叛军占据的雍丘城(在今河南省开封市杞县)。面对数次强攻雍丘的劲敌,张巡在雍丘坚守了一年左右。

关于张巡守雍丘城,《资治通鉴》讲述了一个非常有意思的故事。当时安禄山派去进攻雍丘的将领名叫令狐潮。张巡招募了一千多名壮士,和令狐潮斗智斗勇,做着非常艰难的抵抗。当时张巡面临的情形是敌众我寡,而且雍丘城里的箭快用完了。在那个年代,弓箭是守城最重要的武器。因为这件事,张巡心急如焚。忽然,他想到了一个主意。那时候的城都有很高的城墙,以便于防守,雍丘城也一样。一天深夜,雍丘城头上黑乎乎一片,隐隐约约有上千个穿着黑衣服的兵士,正沿着绳索试图爬下城墙。驻扎在城外的叛军发现了这个情况后赶紧报告主帅令狐潮。令狐潮断定,这是张巡派兵偷袭,就命令兵士向城头放箭,阻止张巡的"兵"爬下来。令狐潮这边的士兵一直放箭到天亮,叛军再仔细一看,才看清楚城墙上挂的全是稻草人,根本不是真正的士兵。而在城墙上面,张巡和他的将士们则高高兴兴地拉起草人。那上千个稻草人上插满了箭,经过将士的粗略统计,竟然有几十万支。这样一来,城里面缺箭的问题就解决了,而且箭还是敌人免费赠送的。将士们对张巡都很佩服,觉得他能想出这一招,真是太绝了!而精彩的故事还没有结束。

又过了几天,还是在深夜时分,雍丘城墙上又出现了"草人"。叛军的巡逻士兵见了又好气,又好笑,心想:"张巡你怎么老来这招啊,又来骗我们的箭了,这次我们可不上当了!"所以当时的几个巡逻兵,谁都没去理会这件事。结果这一次从城上下来的并不是草人,而是真人,是张巡派出来偷袭敌营的五百名勇士!这五百名勇士乘叛军不防备,向令狐潮的大营发起突然袭击。令狐潮还在睡梦中,被一阵厮杀声惊醒,爬起来的时候再想组织抵抗已经来不及了。半夜里他也搞不清楚对方到底来了多少人，有多强的实力，只能灰溜溜地逃走了。主帅一逃跑，几万叛军失去了指挥，四下里乱奔。张巡的人马一路追击了十几里，大获全胜。

张巡不仅是正义的化身，还充满智慧。他的足智多谋，是千锤百炼出来的做事能力，值得我们学习。安禄山等叛军将领听到张巡打胜仗的消息之后，便恼怒成羞。令狐潮也担心没法向安禄山交代，于是调集了更多人马，再次围困了雍丘城。到第二年，也就是公元756年，在这一年的农历十二月，由于雍丘城内能用于抗敌的资源逐步耗尽，而来围攻的敌人一天一天地多起来，周边的重要城池也几乎都被叛军攻占了，张巡的队伍就陷入了孤立无援的境地，于是张巡主动放弃了雍丘，把队伍带到睢阳，与担任睢阳太守的许远会合，以睢阳为据点抗击安禄山的叛军。张巡和他的军队进入了睢阳保卫战阶段。

睢阳太守许远有显赫的家族背景，他的曾祖父名叫许敬宗，是武则天时代的宰相。所以，无论家庭出身还是行政级别，许远都比张巡强。但因为张巡更精通兵略，擅长指挥作战，所以许远毫不犹豫地将军事指挥权交给了张巡，自己主要负责运送粮草和准备战备物资等工作。他的这一行为体现出了豁达的胸怀和以大局为重的高风亮节。当然，张巡也是一位地地道道的忠义之士，能力也的确很强，没有辜负许远对他的信任。张巡和许远密切配合，苦守睢阳十个月左右，与叛军大小四百余战。张巡撤向睢阳的时候，手下只有士兵三千人，战马三百匹，与许远等人的队伍合计，士兵总数大概也只有七千人左右。在这期间，源源不断调来睢阳会战的叛军，则累计达十八万人。张巡、许远的军队坚守到内无粮草，而外部援兵却迟迟不到，军民只得抓田鼠作为食物。原有的数千将士，在一次次大小战役中伤亡殆尽，只剩下数百人，战况极为惨烈。城池最终被叛军攻陷，张巡、许远都不屈而死。

以史为鉴

睢阳保卫战不仅是阻止安史叛乱过程中最悲壮的一幕，也是中国历史上为正义而战的事迹中最可歌可泣的篇章之一。睢阳地处南北交通要道，是长江流域的屏障。虽然睢阳最终还是沦陷了，但激烈的战斗消耗了叛军大量时间和实力，使他们无力再南下到长江流域进行掠夺、破坏，为唐朝政府保住了一个重要的粮食生产区，也为后来平定安史之乱、重新恢复唐朝的统治秩序奠定了基础。所以，后来的文坛领袖韩愈用极为雄壮的文辞赞扬了这次战役："守一城，捍天下，以千百就尽之卒，战百万日滋之师。蔽遮江淮，沮遏其势，天下之不亡，其谁之功也！"这几句文言文很有气势，如果翻译成白话文的话，反而传递不了那种豪气凌云的感觉。我们可以仔细读几遍，体会一下睢阳保卫战悲壮的场景和中国文字的魅力。

思考与辨析

这又是一个强调品德与能力兼重的故事。好的品德是立身之基，能让我们成为一个合格的社会人。但为了更好地尽到对于国家、社会、家庭的责任，我们也应该在能力上努力提高自己。张巡身上有一种可贵的品德，那就是对国家的忠诚。如果他仅有忠诚而才能不够，那么在反击安史之乱这件事上也发挥不了太大作用。如何提高自身能力呢？除了在日常生活中多实践、多反思，我们还可以通过阅读这类历史故事来开阔思路和眼界。

城中矢尽,巡缚藁为人千余,被以黑衣,夜缒城下,潮兵争射之,久乃知其藁人,得矢数十万。其后复夜缒人,贼笑不设备,乃以死士五百斫潮营,潮军大乱,焚垒而遁,追奔十余里。潮惭,益兵围之。——《资治通鉴·卷二一八·唐纪三十四》

第二十五讲

冯道的语言技巧

·沟通的重要性·

　　五代是夹在唐朝和宋朝之间的一个历史阶段，包括后梁、后唐、后晋、后汉、后周五个小王朝。这五个王朝加起来才五十四年，其间一共出现过十四位皇帝，每位皇帝平均在位时间还不到四年。从这一点上可以看出，这是一个政治比较混乱的时期。

　　但也正是在这段时期内，官场上出现了一个奇迹。什么奇迹呢？皇帝跟走马灯似的换，几年换一个，换了十几个，有一位宰相却屹立不倒。在这五十几年中，他做了将近三十年的宰相，辅佐了十位皇帝。在五个小王朝里，他的宰相生涯贯穿了后面四个王朝。这个人名字叫冯道，在历史上也算是大名鼎鼎的人物了。这么混乱的时代，很多时候皇帝都保不住，他的宰相之位是怎么做到稳如泰山的呢？

　　冯道能在乱世之中稳坐这么多年宰相之位有很多原因。

比如他的确为老百姓做过很多实事,很有品行,积累了很高的威望。另外,冯道的一项高超技能也发挥了极其重要的作用。什么技能呢?冯道是一个很懂语言艺术,并擅长用语言来沟通的人。在战争频繁的乱世,很多登上皇位的都是手握重兵的军阀,他们文化水平不太高,脾气也比较暴躁。要引导这些皇帝向善,做更多有益于百姓的事,那是非常考验人的,尤其对语言、沟通技巧要求很高。冯道恰恰具备了这方面的能力。

第一位任用冯道做宰相的皇帝,是五代中第二个王朝后唐的唐明宗。唐明宗也是军阀出身,但他在位的时候,战争倒是减少了不少,社会经济也还不错,算是整个五代时期少有的和平年代了。为此,唐明宗也感到很骄傲。有一次,他对冯道说:"你看,这几年天下太平,农业丰收,是不是很不错啊?"冯道没有直接回答这个问题,而是岔开去说了另外一件事。他说:"我以前因为公事,经常往来于山西、河北之间,这样就一定要翻越太行山脉,过太行山最常走的关口,就是井陉关。井陉关可是天下著名的险要关口啊,两旁峻崖峭立,山道非常窄,一不小心就会连人带马滚下山崖。所以,我每次过这个关的时候,都小心翼翼,非常谨慎,两

手紧紧抓住马的缰绳，一点儿都不敢放松。正因为如此谨慎，所以在过这道险关的时候倒是没出过什么差错。但往往刚过了这个险关，来到平坦的大路上，我就放松警惕了，以为总算安全了，所以整个人就随之进入了轻松状态，甩开缰绳，放任马儿奔驰，结果常常一不小心就导致马失前蹄，我也从马上翻滚下来了。陛下呀！"冯道话锋一转，继续对唐明宗说道："治理天下，跟过太行山是一个道理呀！"

冯道其实是打了一个比方，把治理天下比喻为翻越太行山。人有一种心态，在面对危机的时候害怕出错，就会变得小心谨慎，因而降低了犯

错的可能性。而在平常情况下，往往没有那么高的警惕性，反而容易出错。翻山越岭的时候是这样，治理国家的时候也是这样。冯道的意思是说，前些年唐明宗刚即位的时候，因为天下还不太平，所以治理国家的时候勤勤恳恳，生怕出错，就像走在很险的山道上一样。经过这几年的治理，国家初步安定了，就好比是马儿刚走出最危险的山路，踏上了平坦的大道。这时候很多人都会觉得，终于可以松口气了。但一旦放松下来，就很容易出现失误。所以冯道告诫唐明宗，千万要注意，不能掉以轻心。想要长治久安，必须坚持努力，不能因为眼前小小的成绩而骄傲自满，否则就会一不小心，前功尽弃。唐明宗觉得冯道这个比方打得很好，很有道理，认为自己的确不应该因为眼前的这些成绩而放松、懈怠。

这番对话就体现出冯道的说话技巧。他的本意是劝告皇帝不能骄傲，再接再厉。如果要表达同样的意思，却不像冯道这样讲，而是直截了当地对皇帝说："你不要骄傲自满呀，骄傲使人退步啊，要知道治理国家是没有止境的，你必须继续努力才行！"你觉得皇帝听了之后会是什么感觉？他会觉得："你是在教训我！"一个人如果觉得别人对他说话是在教训他，很自然地会产生抵触、反感的情绪。更何况他是皇帝，更会感觉不舒服。唐朝时期的唐太宗和魏徵之间就不像唐明宗与冯道。魏徵讲话就有些教训皇帝的味道，但好在唐太宗气度大，见识广，能够容忍魏徵直言劝谏的方式。但像唐太宗这样的皇帝毕竟是少数。更何况，冯道生活在五代时期，他要面对的很多皇帝都是军阀出身，性格粗暴，文化修养也不高。如果采用魏徵给唐太宗提意见的方式，恐怕很难见效。所以冯道并没有像魏徵那样一上来就讲大道理，而是通过分享一个生活经验来唤起唐明宗的共鸣，让他自己想明白其中的道理，这样他就能接受了。这个故事对我们很有启发。如果我们想说服一个人，该怎么办呢？我们应该想办法让对方自动想明白其中的道理，而不是简单地把道理灌输给他。只有对方发自内心地觉得这个道理是对的，劝说才是有效的。

在冯道仍然做宰相的后晋时期，北方契丹族的军队在他们的皇帝耶律德光的率领下，攻入后晋的都城开封，把后晋灭了。契丹军队就在城里烧杀抢掠，祸害百姓。这时候耶律德光就把冯道叫到身边，指着这些遍地哀号的老百姓问冯道："你看这些百姓，还有得救吗？"这个问题本来代表着侵略者的蛮横，意思是"谁叫你们朝廷不早点儿投降呢？你们早点儿投降，我就不这样打进来了，老百姓也不用吃这些苦头。这些百姓就是被你们不肯投降的态度给害了呀！"这既是狡辩，也是在显示胜利者的傲慢。谁知道，冯道根本不跟他辩论，他看了一眼这些受苦的百姓，对着耶律德光说出了一句谁都想不到的话，并且让契丹人放下了屠刀。冯道说了什么呢？他说："陛下啊，依我看，现在即便是佛祖出世，也救不了这些百姓了！但是，"冯道话锋一转，接着说，"有一个人能救他们，就是陛下你。"就这一句话，把耶律德光打动了。耶律德光心想："哦，连佛祖都救不了，我能救，那我不是比佛祖还伟大吗？"能做一件比佛祖还伟大的事，耶律德光心里很高兴，马上下令停止烧杀抢掠。于是，很多开封城的百姓就得救了。

> **以史为鉴**
>
> 　　真正救百姓的是什么呢？就是冯道的这句话啊！侵略者是不讲道理的，他们烧杀抢掠，还要假惺惺地问道："你看这些百姓还有得救吗？"如果换成一个充满正义感，却又没有斗争策略的人，很可能就跟耶律德光吵起来了："百姓落得这般模样，不正是你们侵略军害的吗？"根据当时的实际情况，可以组织出很多大义凛然的话反驳、痛斥耶律德光。这当然很正义，但是对于那些正在被烧杀抢掠的百姓来说，有用吗？不仅没用，还可能会使侵略者更加恼火，迁怒于百姓，让百姓吃更多苦。

冯道很清醒，跟侵略者是没有道理可讲的，会讲道理他们就不会来侵略了。义正词严地讲上一番大道理根本没用，要把百姓从他们手里救下来，就必须顺势而为。所以冯道再次运用了语言技巧，不仅没有痛骂他们，反而把耶律德光捧得很高，为此还把佛祖拉出来，让耶律德光自己都不好意思再举起屠刀，起到了很好的实际效果。

思考与辨析

在乱世中做人不容易，做好人更不容易，做一个对社会、百姓有用的好人尤其不容易。冯道做到了，凭借着他的智慧和沉着。在这个过程中，冯道高超的语言表达能力和沟通技巧，发挥了不同凡响的作用。冯道的故事告诉我们：当我们试图去说服别人时，首先要让对方接受我们说话的方式，对我们所说的内容有所认同，不能让对方对我们说话的方式和内容产生反感。一旦让对方产生反感，我们讲得再有道理，也很难打动他，那也就起不到说服作用了。所以，努力改善说话方式和语言技巧，增强语言沟通能力，会对我们非常有帮助。

通鉴小文言

上与冯道从容语及年谷屡登，四方无事。道曰："臣常记昔在先皇幕府，奉使中山，历井陉之险，臣忧马蹶，执辔甚谨，幸而无失。逮至平路，放辔自逸，俄至颠陨。凡为天下者亦犹是也。"上深以为然。上又问道："今岁虽丰，百姓赡足否？"道曰："农家岁凶则死于流殍，岁丰则伤于谷贱，丰凶皆病者，惟农家为然。臣记进士聂夷中诗云：'二月卖新丝，五月粜新谷。医得眼下疮，剜却心头肉。'语虽鄙俚，曲尽田家之情状。农于四人之中最为勤苦，人主不可不知也。"上悦，命左右录其诗，常讽诵之。——《资治通鉴·卷二七六·后唐纪五》

资治通鉴智慧故事 全三册

❸ 能力与践行

姜鹏 著

陕西新华出版 三秦出版社

果麦文化 出品

目录

第一讲 **田单复国** 001

第二讲 **擅于纳谏的汉文帝** 009

第三讲 **冯唐劝谏** 014

第四讲 **张骞出使西域** 020

第五讲 **汉武帝的失误** 027

第六讲 **不卑不亢的汲黯** 035

第七讲 **汉宣帝刘病已** 042

第八讲 **汉宣帝与光武帝** 048

第九讲 **陈汤抗击匈奴** 055

第十讲 **班超经营西域** 062

第十一讲 **张绣归顺曹操** 071

第十二讲 **官渡之战** 078

第十三讲 **曹植与曹丕** 085

第十四讲 **临危不乱的司马师** 091

第十五讲 **陶侃惜阴** 099

第十六讲 **空谈误国** 106

第十七讲 **慕容垂建立后燕** 113

第十八讲 **东晋名将刘牢之** 121

第十九讲 **刘裕篡位** 129

第二十讲 **高纬嬉戏亡国** 137

第二十一讲 **谏臣魏徵** 144

第二十二讲 **姚崇聪明反被聪明误** 151

第二十三讲 **朴素的卢怀慎** 158

第二十四讲 **忠直栋梁颜真卿** 165

第二十五讲 **善始恶终的李存勖** 172

第一讲

田单复国

·居安思危的道理·

战国中期发生过一次战争：燕国、赵国、秦国、魏国、韩国五个国家联合起来去攻打齐国。齐国原本非常强大，在这次战争中大败，连都城临淄都被敌人占领了，差点儿亡国。这时候，齐国出现了一位英雄，拯救了国家，这个人叫田单。

五国联军攻势猛烈，大多数齐国人都争着逃命，生怕被敌人抓住。田单是个贵族，要照顾一大家子，他也率领家族逃亡。逃亡之前得先准备行李，大家找来推车放行李。田单跟族人说："你们不要急着逃，先检查一下推车车轴，把暴露在车轮外侧的那一端用铁笼子罩好，然后再上路。"那时的车子都是木头做的，一根木头做车轴，把两个车轮连接起来，就成了这辆车最重要的底盘。族人一开始不明白田单为什么这么吩咐，但还是照着做了。结果一上路，他们就明白了。在争相逃生的过程中，人们你争我夺地抢占道路，就发生了人挤人、车撞车的情况,很多车子由于没有保护好车轴,车轴被撞断了。车轴一断,车轮就转不起来了,这车子还能用吗?只有田单家族,因为事先把车轴保护起来了,路上没有一辆车受损,安全地逃出来了。

通过这件事,大家觉得田单非常有先见之明。后来田单就被选中,作为齐国抗击五国联军的重要将领。

齐国在行政上分为五个大区,相当于今天的五个省,每个大区都有一个中心大城市,相当于今天的省会。当时五国联军已经攻克了其中三个中心城市,包括齐国的都城临淄,另外还攻下了七十多个小城市。还没有被攻克的中心城市是即墨和莒,田单就驻守在即墨。经过长期艰难

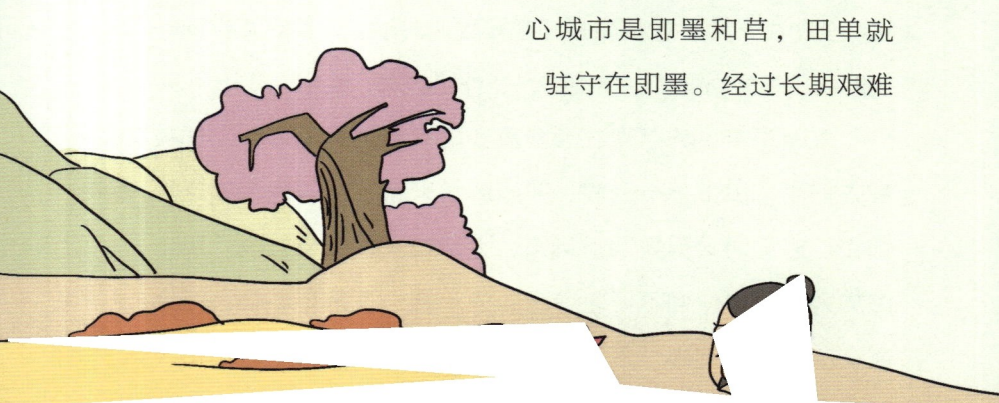

的防守，田单终于等来了机会：敌军内部产生了矛盾，最能干的主帅被撤换了，换上了一个既无能，而且对前线战况又不熟悉的新元帅。田单抓住这个机会，大规模反攻，一举打败敌军主力。

　　田单击败敌军主力的消息传开之后，鼓舞了齐国军民的斗志，各地纷纷展开反攻大战，全面击退了敌军。就这样，在田单的努力和领导下，齐国复国了。田单自然成为齐国人心目中的英雄，国君也非常信任他，让他做了宰相。田单到达了他人生的巅峰时刻。

　　后来，田单要率领军队去攻打狄国。临行之前，一位高人来找他。这位高人名叫鲁仲连，口才是出了名的好，而且一身正气，很有原则，也愿意帮助别人。他对田单说："你要去攻打狄国，我打赌，你肯定打不赢这一仗。"田单听完很不高兴，说道："你胡说些什么？我当年率领残兵败将，

尚且能打败强大的五国联军，恢复齐国的江山社稷。现在去攻打一个小小的狄国，怎么可能打不赢？"说完直接拂袖而去，都没跟鲁仲连打声招呼。

田单本来以为攻打狄国很容易。没想到连续攻打了三个月都没成功，而且损失惨重，很多将士阵亡。这个时候，田单心里有点儿不踏实了，自己费了九牛二虎之力，不仅没能拿下狄国，还给国家、百姓造成这么大的损失，真是被鲁仲连说中了啊！消息传回齐国，老百姓也都嘲笑起这位当年的复国英雄了，而有子弟在前线阵亡的父老乡亲，更是对田单的表现很不满意，儿童们甚至在大街上传唱讽刺田单的歌谣。

这时候田单想起了鲁仲连。无奈之下，他留下军队驻守前线，自己先回临淄找鲁仲连，向他请教。田单问："先生，战争还没开始，您就说我这一次肯定打不了胜仗，您当时为什么会这么说呢？问题到底出在哪里？"鲁仲连说："田将军啊，当年您和五国联军决战，虽然身处困境之中，心里却充满着复国的斗志，想想当时您是什么状态？您无论坐着还是站着，有一刻是闲着的吗？听将士们说，当时您为了把防御工程筑造得更扎实，亲自编织草筐、铲土，亲自把土装进草筐里，把城墙、战壕一点点地堆高。您还激励将士们说：'我们齐国人现在已经无家可归了，只有打赢这一仗，才有机会继续生活下去，如果齐国亡了，我们也无法继续生存下去了!'将士们在您的感召之下,一个个摩拳擦掌,都愿意为国家血战到底,以身殉国在所不惜!您和将士们处在这样一种状态下,怎么可能打不赢呢?所以,最终你们打败了敌人,恢复了齐国。而现在您又处于什么状态?您是齐国的宰相,又是领军的元帅,享受着这么高的俸禄,又有很多奢靡的娱乐活动,荣华富贵的生活您舍得丢弃吗?现在的您,还吃得起苦吗?上了战场,还愿意拼死作战吗?如果战死了,岂不辜负了这么美好的生活?我想,这正是您现在的顾虑吧?现在的您不会再和将士们同甘共苦,也下不了任何决心,因为值得您留恋的东西太多了!所以在您出发之前,我就断定这一仗必输。您现在的状态跟当年复国之战时完全不一样了!"

田单听完之后赶紧向鲁仲连下拜,表示感谢。真是一语点醒梦中人,田单感到深深的惭愧。在鲁仲连的指点下,田单已经知道接下来该怎么做了,他需要改变这种迷恋奢侈生活的状态,才有可能打赢这一仗。

回到前线后,田单不仅亲自到第一线安抚将士,和他们同甘共苦,还亲自到战场上擂战鼓激励将士,与他们并肩作战,面对敌人的飞箭也毫不畏惧。这时候的田单又回到了当年复国战争时的状态,为了赢得战争,什么都可以豁出去,哪怕是生命。最终,田单打败了狄国。

以史为鉴

田单在《资治通鉴》中一出场，就让人感受到他的智慧。后来在艰难的复国战争中，他更是凭借着智慧和能力挽救了齐国。但同样是田单，到后来竟连一个小小的狄国都攻克不了，其中的原因，鲁仲连分析得很透彻。这告诉我们什么道理？智慧和能力，是取得成就的必要条件，却不是充分条件。没有智慧和能力的确不行，但有了它们也不能确保成功。坚韧不拔的毅力、奋发向上的斗志，乃至敢于牺牲的勇气等素质，对于想要有所作为的人来说也是必备的。在这个故事里我们看到，在艰难的环境下，毅力、斗志和勇气会更容易被激发出来，而在安逸的环境中，它们却很难被激发。哪怕像田单这么有智慧的人，也很难打破这个规律。这就提醒我们，安逸享乐会消磨人的意志，改变人的精神状态，使人失去奋发的动力。

思考与辨析

漫漫人生路上，每个人都在不停地追逐，有人是为了考上一所好学校；有人是为了获得一份好工作；有人是为了建立更好的事业。但人们很容易忽视一个问题，那就是：当你达到目标之后，并不意味着你就可以不去奋发向上了。因为这个时候人很容易滋生骄傲自满的情绪，很容易进入松弛享乐的状态，而这往往就是下坡路的开始。久而久之，下一个人生目标是什么，会变得越来越模糊，进而止步于眼前的成功，安于眼前的状态，丧失勇气，丧失理想，不愿意再奋斗，这个时候我们离失败也就不远了。因此，我们甚至可以说，成功过后很可能就是危机。

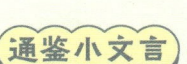

通鉴小文言

田单将攻狄，往见鲁仲连。鲁仲连曰："将军攻狄，不能下也。"田单曰："臣以即墨破亡余卒破万乘之燕，复齐之墟，今攻狄而不下，何也？"上车弗谢而去，遂攻狄。三月不克。齐小儿谣曰："大冠若箕，修剑拄颐，攻狄不能下，垒枯骨成丘。"田单乃惧。问鲁仲连曰："先生谓单不能下狄，请问其说。"鲁仲连曰:"将军之在即墨,坐则织蒉,立则仗锸,为士卒倡曰:'无可往矣!宗庙亡矣!今日尚矣!归于何党矣!'当此之时,将军有死之心,士卒无生之气,闻君言莫不挥泣奋臂而欲战,此所以破燕也。当今将军东有夜邑之奉,西有淄上之娱,黄金横带而骋乎淄、渑之间,有生之乐,无死之心,所以不胜也。"田单曰:"单之有心,先生志之矣。"明日,乃厉气循城,立于矢石之所,援枹鼓之;狄人乃下。——《资治通鉴·卷四·周纪四》

第二讲

擅于纳谏的汉文帝

·克己守法的典范·

西汉的都城长安是临渭水修建的。有一次，汉文帝的车队过桥渡渭水。按照当时的法律，皇帝出行，百姓就得避让。那么，汉文帝的车队过桥，百姓就不能同时在桥上走了。但有一个路人，不知道是什么原因没有回避，而是设法从桥下走，结果惊到了汉文帝的马，于是这个路人就被逮捕了。主管司法的廷尉张释之调查审问之后，给出了一个处理意见，他认为这个路人的确犯了没有回避皇帝车驾的罪，按照法律应该处以罚金。汉文帝看到这个处理之后大怒，说："这个人这么大胆，敢惊吓我的马，还好这匹马性格比较柔和，没有对我造成大的伤害，万一它性格烈或受不起惊吓，不是会伤到我吗？你怎么罚他几两金就了事呢？这会让天下都觉得惊吓皇帝没关系，出几两金就能了结。"

张释之就对汉文帝说："法是天下人共同遵守的准则。

现在法律规定，对不及时回避皇帝车驾者，就是要处以罚金。如果仅仅因为皇帝本人不满意，而加重对犯事者的处罚，那么朝廷的法令对于老百姓来说就没有信用可言，因为有权力的人可以随便改动。况且这个案件已经移交给司法部门处理了，就应该遵照法律来裁决，而不能由任何人随心所欲。"张释之作为廷尉，就好像一个天平，如果这个天平可以根据有权势的人的意志随意倾斜，那不是乱套了，还要法律干吗呢？

　　汉文帝思考良久，认为张释之讲得非常有道理，这一次就赞同了张释之的处理方案。但后来有个案子，让君臣二人在执法问题上又发生了冲突。有个盗贼偷盗了祭奠汉高祖刘邦的高庙里的玉器，这件事性质比较严重，由廷尉来处理。张释之根据法律判了这个罪犯死刑。这已经是非常重的判罚，但汉文帝仍然不满意，说："这个人胆大妄为到敢偷高庙器具，我让廷尉来处理，是想让他遭受灭族之罪以儆效尤，而廷尉只判他一人死刑，太令我失望了！"张释之再一次据理力争，对汉文帝说："对于盗窃高庙器具者，法律规定就是判他个人死刑，而没有灭族一说。罪责之间有等差性，不同罪责对应不同刑罚，陛下觉得现在这么惩罚不过瘾，偷个高庙的器具就要灭族，那么以后有人犯了更重的罪，比如直接去盗掘开国皇帝的陵墓，那又该如何处罚？盗

掘陵墓的罪肯定比偷盗高庙器具更重,偷盗器具都要灭族了,那么盗掘陵墓的刑罚怎么再往上加?"这一番争执之后,汉文帝最终还是觉得张释之讲得有道理,又同意了张释之的处理方案。

以史为鉴

汉文帝也是普通人，也有喜怒哀乐。但他又有胜过普通人的一面——贵为帝王而克己守法。历史上真正能做到克己守法的帝王屈指可数。相反，凭借个人权威歪曲法律的帝王却比比皆是。总结一下历史规律，我们会发现只有像汉文帝这样，能在规则、法律面前控制自己权力欲望的皇帝，才有可能开创一代盛世。比如唐朝的唐太宗，在这方面和汉文帝也有几分相似。那些为了满足个人需求而不惜践踏规则、粗暴地对待法律的皇帝，最终都是非常失败的。

我们虽然没有机会像汉文帝一样掌管一个国家，但我们有可能主持一个家庭，或是成为一个团队的领军人物，甚至有可能创建一个企业、成为领导，在一定范围内拥有权力或权威，这时候就要以汉文帝为榜样，对于大家都认可、都遵守的规则，我们同样也要遵守，不能行使特权、蔑视规则。

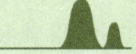

思考与辨析

为了维护社会秩序、营造良好的社会生活氛

围，我们需要各种各样的规则。维护社会秩序、营造良好的生活环境，是目的；而规则就是我们用来达到目的的工具。但规则又不同于生活中的普通工具，不能简单地认为对自己有利的规则就加以利用，对自己不利的就可以无视甚至抛弃。一旦规则可以被随意践踏、抛弃，那它就没有意义了，我们就失去了安定、公平的生活环境。

通鉴小文言

释之曰："法者，天下公共也。今法如是，更重之，是法不信于民也。且方其时，上使使诛之则已。今已下廷尉，廷尉，天下之平也，壹倾，天下用法皆为之轻重，民安所错其手足？唯陛下察之！"上良久曰："廷尉当是也。"——《资治通鉴·卷十四·汉纪六》

第三讲

冯唐劝谏

· 克制自己的情绪 ·

汉朝时，北方蒙古草原上有一个强大的游牧帝国，那就是历史上大名鼎鼎的匈奴。汉文帝时代，汉朝和匈奴之间虽然还没发生大规模战争，但关系已经比较紧张。汉文帝在采取克制立场的同时，也积极在边境调兵布阵，做好防御工作。国难思良将，汉文帝对此很有感慨，他曾对一位名叫冯唐的官员说："要是我能得到廉颇、李牧这样的大将该多好，就不用担心匈奴了。"廉颇和李牧都是战国时代的名将。尤其是李牧，曾常年驻守在北部边疆地区，抵挡了游牧部落的南侵。汉文帝讲这些话，本来只是想表达一下感慨，希望有良将可用。谁知冯唐这个人极为坦率，回答了一句话，直接把汉文帝噎住了。冯唐说："您就算手下有廉颇、李牧这样的优秀将领，也不懂得该怎么用呀。"

汉文帝听了非常生气，觉得自己是皇帝啊，冯唐怎么可以这样当众顶撞他呢？汉文帝回宫良久，心情稍稍平复之后，派人把冯唐召来，问他道："你为什么要当众顶撞我？要提意见就不能换个没人的地方吗？"冯唐回答说："我是个粗鄙的、不知礼数的人，因此不懂得忌讳，我只知道实事求是地回答问题。"

汉文帝并没有因为此事惩罚冯唐，反而要求冯唐深入谈谈，为什么批评自己不能用将。冯唐也非常坦率地把自己的意见表达了出来，他认为廉颇、李牧这样的名将之所以能建功立业，关键在于君主在任用他们的同时不以任何形式束缚他们的手脚。军费如何开支，赏罚如何施行，由将军在外决定，归朝再奏报，君王只问一件事：是否有效地击退了敌人？只要能退敌，中间过程一律不干预，这是当年李牧这样的名将能成功退敌的关键。冯唐认为汉文帝时代其实也有优秀将领，但手脚被束缚得很厉害，不能施展才能。冯唐举了个例子，就是当时的将领魏尚。魏尚有古代名将的风范，不仅把军队所有收入都拿来犒赏将士，甚至自己出钱，每隔五天宰牛改善将士们的伙食。将士们也乐于为他所用，作战勇敢，所以魏尚防守边境功绩卓著，使得匈奴不敢进犯。

但根据汉朝制度，将士们的赏罚要由中央官员根据法令来考核。将士们的长处是上阵打仗，语言文字能力不一定

强,陈述功劳时略有不当,就会被考核官员揪住把柄,得不到奖赏。魏尚有一次呈报战功,因报告中灭敌数量和实际差了六个,就受到重罚,不仅爵位被削夺,还被判了一年徒刑。所以冯唐批评汉文帝说:"您不要感慨没有名将,您手下就有优秀将领。优秀将领在哪里?在监狱里!将士们在前线拼命作战,很难得到奖赏,但受到处罚却很容易。这和李牧做大将的时候,赏罚由军中根据实情决定,君主和朝廷不过问的情况完全不同。像现在这样的管理方法,把将领的手脚捆得死死的，即便有廉颇、李牧这样的名将，又怎么有机会大显身手呢？"

魏尚的遭遇当然不是汉文帝的问题，而是当时的体制造成的。汉文帝觉得冯唐讲得非常有道理，于是马上派冯唐为特使，赦免了魏尚，恢复其职务，并且升迁了敢于提意见的冯唐。这件事很能体现汉文帝的优点。一开始冯唐当众批评他的时候他很不高兴，这是人之常情。汉文帝没有马上惩罚冯唐，而是等心情平复之后再找冯唐谈话，希望他把话说透。这是汉文帝优于常人的地方。当他认为冯唐阐述得有道理，又能及时有效地把建议付诸实施，让整件事有一个圆满的结局。这个过程中，汉文帝最值得赞赏的是当众受冯唐指责时，虽然很生气却能忍耐，这就是汉文帝的"克己"。

以史为鉴

什么叫"克己"？就是克制自己，包括克制自己的情绪、欲望等。这并不是说要把情绪都憋在心里，情绪也是需要疏导的，心里憋屈不利于健康。我们这里讲的管理情绪、克制情绪，是说在公共场合牵涉到公共利益的时候，不能任性而为，不能把别人当作宣泄情绪的对象,而是要努力管理好自己的情绪,理性思考。在这一点上,汉文帝就值得我们学习。

思考与辨析

每个人都有情绪:取得成绩后会开心,甚至骄傲;经历失败,受到不公平待遇,或对他人和周边环境感到不满时,会忧郁、生气,乃至于恼怒。无论骄傲到得意忘形,还是气愤到暴跳如雷,都是不好的情绪状态。当我们情绪暴发的时候,父母和真正关心我们、珍视我们的人,会宽容和原谅我们,但绝大多数人只会觉得这样的我们性格偏激、没有分寸、缺乏涵养,因而对我们降低信任、保持距离。所以不假思索地宣泄情绪,不仅有损于自己的身心健康,也会伤害到他人,不利于和他人的交往,甚至会伤害到自己的社会形象。历史上的很多成功人物,都很擅长管理自己的情绪,不擅于管理情绪的人,会更容易走向失败。

通鉴小文言

上搏髀曰:"嗟乎!吾独不得廉颇、李牧为将,吾岂忧匈奴哉!"唐曰:"陛下虽得廉颇、李牧,弗能用也。"——《资治通鉴·卷十五·汉纪七》

第四讲

张骞出使西域

· 培养坚韧不拔的性格 ·

汉武帝时代有一件大事,那就是打通了西域的通道,历史上的丝绸之路就是从这个时候开始慢慢发展起来的。汉武帝最初打通西域之路的意愿,是和对匈奴的战略联系在一起的。建元二年(前139),汉武帝刚登基不久,一些投降于汉朝的匈奴人提供了一个信息,说匈奴打败了它西边的月氏国,杀了月氏王。月氏人为躲避匈奴暂时逃走了,但心里非常怨恨匈奴,苦于找不到盟友。当时的汉朝和匈奴还勉强维持着和亲关系,但双方之间的和平基础并不坚实,战争迟早会到来。如果汉朝单独采取军事行动,结果会如何,汉武帝心里也没有底。当汉武帝从投降的匈奴人嘴里得知这个信息后,就打算布一局棋,联合月氏人,共同抗击匈奴。

那么,月氏国在哪儿?怎样才能找到他们呢?月氏人的活动范围,属于当时的西域。西域又在哪里呢?在汉朝的西北边陲，今天的甘肃省敦煌市附近有两个关口，一个叫玉门关，一个叫阳关。出了这两个关口，一直往西，到达葱岭地区，也就是今天的帕米尔高原，这一整块地区，我们的古人称之为"西域"。这片地方，在今天有很大一部分属于中国领土，但对汉武帝时代的人来说，那是十分陌生的异乡。通过史书的介绍，我们可以归纳出三个重要信息：第一，在汉武帝之前，西域和中原华夏民族基本上没什么来往，相互之间也不了解。第二，这片区域的族群很复杂，分布着大大小小几十个部落和王国，他们相互之间风俗迥异，有些接近匈奴，过着迁徙不定的游牧生活；有些则像汉人，在城郭中定居，从事农业耕种；有些甚至还生活在高山峻岭中，文明程度比较落后。这里既有人口几十万的大国，也有几千人的小部落，情况非常复杂。第三，从相对地理位置来看，这些部落和王国都在匈奴的西面或西南面，其中有一个大国，叫乌孙国，在匈奴的西面，西域的其他王国基本都分布在乌孙的南面。

　　那么汉武帝所要寻找的月氏人当然也在匈奴的西南面。汉朝的位置则在匈奴的东南面，如果能够说服月氏和汉朝联手，一起发动进攻，那么就可以形成对匈奴东南、西南两个方向的夹击。在这个构思的推动下，朝廷招募愿意出使月氏的人。对于当时的人来说，西域是一块非常陌生的地方，要

出使的话，该走哪条路？会碰到些什么？怎样应付那些语言、习俗迥异的西域人？路上断粮断水了怎么办？这些问题都没有现成答案。所以寻找月氏人的路，必然是一条充满艰险的坎坷之路。但在汉武帝时期，就有这么一个人愿意踏上险途，为大汉帝国的外交开辟一片新天地。

这个人叫张骞。当时匈奴的势力非常强大，控制了西边大部分地区，扼制着交通要道，想要到达月氏，必须经过匈奴控制的区域。张骞带领着一批人，在穿越匈奴势力区的时候被抓住了，并被带到了匈奴单于面前。单于得知张骞的出使任务之后，既没有杀了他，也没有遣送他回来，而是把张骞一行扣留在匈奴，一扣就是十多年。匈奴人对张骞倒还

算客气,保障他基本的生活需求。张骞被羁留在匈奴,始终没有忘记自己的使命,十多年来他很谨慎地保护着汉朝政府颁发给他的"节",古代使者手里的"节"一般是由竹竿做成,上面还缀着牦牛的尾巴,这是使命和身份的象征。张骞一直在寻找机会,继续完成他的使命。而匈奴人呢,时间一久也放松了对张骞的警惕。张骞终于抓住一次机会,带着几名随从逃出了匈奴,往西奔逃了数十天,到达了西域地区的一个重要王国:大宛国。大宛王派人把张骞送到康居国,康居又派人把他送到大月氏。就这样,历经十余年的艰辛,张骞终于到达了出使目的地,找到了汉武帝最初打算结作盟友、共同出击匈奴的月氏人。

那么月氏人对于张骞的出现有什么反应呢?月氏人对张骞共同打击匈奴的提议并不感兴趣。这时候离月氏王被匈奴杀害已经过去很久了,他们迁徙到了一块新的土地上,日子逐渐安定下来,而且他们现在居住的这块土地非常肥沃,也没有什么人侵犯他们,所以月氏人过着安乐的生活,已经没有报复匈奴的想法了。而且月氏和汉朝相距这么远,月氏人对共同打击匈奴这一战略的可行性也有疑虑。

张骞历经千辛万苦到达大月氏,却难以说服月氏和汉朝联手对匈奴采取军事行动。也就是说,张骞并没有完成使命。他在大月氏停留了一年光景,始终不得要领,只能返回。结果在回来的路上,又被匈奴人逮个正着。好在这一次没过多久单于就死了,匈奴内部发生混乱,张骞就乘机跑了回来。他回到汉朝,再次见到汉武帝的时候,已经是元朔三年(前126),一晃十三年过去了。

以史为鉴

《资治通鉴》介绍说,张骞走的时候带了一百多名随从,回来的时候只剩一个跟班,其他人由于各种各样的原因,或在异乡滞留,或在路上亡故。

张骞一生中最黄金的时期，要么是在跋山涉水、横渡流沙，要么就是被匈奴扣留，过着半囚徒的生活。但正是这些苦难让张骞留名青史，成为沟通西域的第一人。虽然张骞没有完成出使任务，但他带回了很多有价值的信息，改变了当时人们对世界的认识，推动了中原与西域的交流。沿着张骞的足迹，丝绸之路逐渐成为沟通中西方文明的重要通道。

思考与辨析

　　站在后人的角度看，张骞最大的贡献就是开辟了通往西域的道路，促进了中西方的文化交流。试想，当张骞决定踏上这条西去之路的时候，需要多大的勇气？因为对他来说，这是一条从未有人走过的路，根本无法预知会遇到什么，甚至不知道是否能活着回来。张骞是幸运的，经历了那么多磨难，最终还是回到了中原。他的经历告诉我们，没有一份成就是可以轻轻松松就能获得的，每一份成就之前都有艰难的旅途。而且越是想取得大成就，途中需要经历的困难就越多。所以，如果我们立有大志向,就要像张骞那样,具备坚韧不拔的性格,面对任何困难都有坚持到底的勇气。

通鉴小文言

初,匈奴降者言:"月氏故居敦煌、祁连间,为强国,匈奴冒顿攻破之。老上单于杀月氏王,以其头为饮器。余众遁逃远去,怨匈奴,无与共击之。"上募能通使月氏者。汉中张骞以郎应募,出陇西,径匈奴中;单于得之,留骞十余岁。骞得间亡,乡月氏西走,数十日,至大宛。大宛闻汉之饶财,欲通不得,见骞,喜,为发导译抵康居,传致大月氏。大月氏太子为王,既击大夏,分其地而居之,地肥饶,少寇,殊无报胡之心。骞留岁余,竟不能得月氏要领,乃还,并南山,欲从羌中归,复为匈奴所得。留岁余,会伊稚逐于单,匈奴国内乱,骞乃与堂邑氏奴甘父逃归。上拜骞为太中大夫,甘父为奉使君。骞初行时百余人,去十三岁,唯二人得还。——《资治通鉴·卷十八·汉纪十》

第五讲

汉武帝的失误

·分清主次矛盾·

　　汉武帝时期有一位名叫汲黯的大臣，为人很正直，正直到连汉武帝都对他敬畏三分。汉武帝即位早期，在今天河南省的西部地区，发生过一场严重的火灾，一千多户老百姓的房子都被大火烧了。朝廷很关心这件事，就派汲黯为特使去察看灾情。汲黯到现场了解完情况，回去向汉武帝作了详细报告，同时还汇报了另外一件事。汲黯说："我到了河南才发现，有一些地区发生了水灾或旱灾，严重影响农业生产，一万多户贫穷的百姓没饭吃，受灾人数比火灾更多。发生火灾的地方，百姓的房子已经毁了，也没有其他办法，只能重新建设了。相比之下，那些饿肚子的百姓更可怜，解决不好的话会出大问题。看到这个情况，我也来不及先向朝廷汇报，就伪造了您的命令，擅自打开粮仓赈济百姓了。伪造皇帝的命令是死罪，现在我等待您的处罚！"

一方面，汲黯拯救了饥民；另一方面，根据汉朝的法律，伪造皇帝的旨意的确是死罪。所以，汲黯其实是冒着生命危险为老百姓做事。汉武帝听完汇报说："虽然你事先没有得到我的授权，但毕竟做的是救济百姓的好事。你的胆量也真够大的，愿意冒生命危险救济百姓，这是贤人所为啊！"汉武帝不仅没有治汲黯的罪，还非常欣赏他。从这件事情中我们就可以看出，汲黯正直、爱民、有胆量、肯担当。

公元前121年，汉朝出击匈奴取得了一个关键性的胜利，那就是派遣霍去病将军率领军队打通了河西走廊。我们今天看到地图上黄河以西、祁连山和巴丹吉林沙漠中间的甘肃省西北部地区，就像一条狭长的走廊，连接着中原和西域，这就是历史上著名的河西走廊。这一地区上本来盘踞着匈奴的势力，霍去病将他们驱逐出去了。汉朝打通河西走廊

之后，可以直接和西域诸国取得联系，并且结成抗击匈奴的同盟。后来，原本驻扎在河西走廊的匈奴贵族浑邪王，率领部下四万多人投降了汉朝。汉武帝命令霍去病将他们都接到了长安。

这些匈奴人到了长安之后，发生了一件事情。匈奴人都在草原上成长，没有在大城市生活的经历，他们目睹长安的繁华，走上长安的街头，到市场上游逛，买一些以前没见过的东西。但无论是匈奴人，还是那些把东西卖给他们的长安小商人，都不知道汉朝有一条法律，严禁商人把商品卖给外国人，违反命令者，是要被判处死刑的。官府发现这个现象以后，马上追查，揪出了五百多位和匈奴人做过生意

的小商贩。

我们可能会感到奇怪，市场本来就是做生意的，你买我卖，大家一手交钱一手交货，公平合理，为什么卖东西给匈奴人就要被判死罪呢？其实很多法律都有具体的时代背景。因为汉朝和匈奴一直是敌对国，在浑邪王投降之前，长安城里从来没有匈奴人居住。此前两国发生接触，要么是在前线打仗，要么是汉朝老百姓偷偷跑到边境和匈奴人做生意。在那种情况下，汉朝的法律禁止老百姓和匈奴人做生意，既是为了防止有人偷偷越过边境，惹出事端，也是要防止中原地区先进的技术和兵器，通过贸易流入匈奴人手里。浑邪王投降之后，长安城里一下子住了几万匈奴人，这是新的情况，而禁止和匈奴人做买卖的法律条文却没来得及修改。官员们不考虑实际情况，只按照旧的法律条文行事，于是就出现了这种情况。

这样说来，这些小商贩非常值得同情，就这样被杀的话，真是太可怜了。但汉武帝居然同意了官员们的判罚，要杀了这五百个商贩。这时候有人站出来替他们说话了，这个人就是汲黯。汲黯找到汉武帝，和他讨论案情。汲黯说："首先这些小商人未必对法律了解得那么清楚，并不是存心犯法，情有可原。其次，现在具体环境也变化了，以前制定法律的人怎么会想到今天这种情况呢？既然您允许匈奴人在长安生活，那发生买卖不是很正常的事吗？法律也要合乎情理，更要以保护老百姓的生命、财产安全为目的。如果因为一条不切实际的法律，就杀五百个无辜的人，那法律不就成了残害百姓的工具了吗？您怎么可以同意这样的判罚呢？"

讲着讲着，汲黯的情绪激动起来。最后他说："如果您同意了这个判罚，我认为是非常不正确的。"汉武帝听完，一开始是沉默，因为汲黯讲得很有道理，他根本无法反驳。但汉武帝内心深处是不痛快的。汲黯是个正直的人，有什么话都喜欢直讲，因此也得罪过汉武帝好几次。这次又把汉武帝批评了一通，所以汉武帝自然很不开心。最终，汉武帝的情绪战胜了理智，决定利用皇帝的权威，把汲黯的意见打压下去，于是下令将这五百位商人杀了。汉武帝不仅没有采纳汲黯的意见，还对人说："汲黯怎么又来胡说八道了！"

汉武帝是一位很有作为的帝王，为中国的历史作出过很大贡献，但他对这件事的处理，不仅完全错误，而且非常残暴。汉武帝主持打击匈奴，本来是保家卫国的好事，数万匈奴人的投降也证明了汉武帝的雄才伟略。但打击匈奴、接受匈奴人的投降，最终的目的是什么呢？不就是为了让百姓安居乐业吗？而且，能打赢匈奴，真正的英雄也是百姓，正是他们为这场战争提供财物、粮食，甚至献出生命。汉武帝在赢得战争之后，却没有认真思考过百姓的权益，还滥杀无辜。那么，这些百姓辛辛苦苦为打击匈奴而牺牲，又是为什么呢？对他们来说，屈死在匈奴人的铁骑下，和冤死在汉武帝的屠刀下，结果不是一样的吗？用今天的话讲，汉武帝是忘了"初心"，忘了打赢匈奴的初衷是什么。

以史为鉴

汲黯这一次站出来，不仅是为了维护百姓的利益，更是为了挽救五百条无辜的生命，同时也是给汉武帝敲响警钟，提醒他不要忘记初心。很可惜，汲黯的努力没有结果。有人可能会说，如果汲黯懂得点儿策略，说话圆滑一些，不要惹汉武帝生气，结果说不定就会好一些。在沟通的过程中注意技巧、策略，这个想法当然是对的，但我们更要懂得五百条生命的可贵，汲黯的不足只是技巧性的，而汉武帝的错误是原则性的。

思考与辨析

我们看这个故事的时候,首先应该注意到,是汉武帝决定要杀这五百个人,汲黯才挺身而出的。如果汲黯不出现的话,汉武帝还是会杀这五百个人,所以汲黯只是没有成功地解救这五百个人,他们的冤死并不是由汲黯的言行引起的。这个悲剧的主要原因,还是在于汉武帝对百姓不仁,我们应该先把主次分清楚,不能忘了汉武帝应该承担责任,反而去责怪汲黯。汲黯是一位正直、能替老百姓说话的好官。这一次他的解救行动虽然没有成功,还与汉武帝产生了冲突,但他的人格和精神,还是使得汉武帝不得不对他敬重有加。

通鉴小文言

及浑邪至,贾人与市者坐当死五百余人,黯请见高门,曰:"夫匈奴攻当路塞,绝和亲,中国兴兵诛之,死伤者不可胜计,而费以巨万百数。臣愚以为陛下得胡人,皆以为奴婢,以赐从军死事者家,所卤获,因予之,以谢天下之苦,塞百姓之心。今纵不能，浑邪率数万之众来降，虚府库赏赐，发良民侍养，譬若奉骄子。愚民安知市买长安中物，而文吏绳以为阑出财物于边关乎！陛下纵不能得匈奴之资以谢天下，又以微文杀无知者五百余人，是所谓'庇其叶而伤其枝'者也。臣窃为陛下不取也。"上默然不许，曰："吾久不闻汲黯之言，今又复妄发矣！"——《资治通鉴·卷十九·汉纪十一》

第六讲

不卑不亢的汲黯

· 尊重他人也是尊重自己 ·

卫青在抗击匈奴的过程中立了大功,被封为大将军,并且成为汉武帝宠信的大臣。朝廷上的官员们也都看在汉武帝的面子上,对卫青礼让三分,他们往往降低自己的身份,向卫青行礼。然而偏有个不买账的,不肯在卫青面前低头,这个人就是汲黯。汲黯认为自己和卫青是平等的,都是朝廷大臣,凭什么要降低身份去迎合卫青呢?所以他每次碰到卫青,只是行常规的见面礼,决不点头哈腰,更不会因为卫青是汉武帝的宠臣而去讨好他。汲黯对待卫青的态度,我们可以用"分庭抗礼"这个成语来形容。

有人看到汲黯不肯在卫青面前屈服,也挺替他着急。他们觉得提高卫青在朝廷上的地位,是汉武帝的意思,汉武帝希望大臣们都对卫青尊崇有加。汲黯这样和卫青分庭抗礼,不肯屈服,不又得罪汉武帝了吗?所以有一些好心人劝说汲黯,希望他能够和其他公卿大臣一样,在卫青面前表现得卑微一些,最好是恭恭敬敬的,不要得罪卫青,更不要得罪汉武帝。他们对汲黯说:"这可都是为了你好啊!"

没想到汲黯毫不领情,反而说:"你们这些人真是趋炎附势,不管自己官大官小,见到大将军就拜。我碰到他,只是礼节性地作个揖,不拜他。如果大将军不计较我的做法,不是更能体现他宽宏大量的品格吗?我是用另一种方法成全大将军的名望啊!"作揖是古人常用的见面行礼方式,可以用于同辈、同等级的人之间,而拜礼就比较隆重了,是晚辈见长辈、下级见上级所用的礼节。汲黯见到卫青,采用的行礼方式是作揖,既不失礼貌,又体现出自己和卫青是平等的,维护了自己的尊严,也成全了卫青的名声。

汲黯这番话传到了卫青耳边,卫青听后不仅没生气,反而对汲黯更加尊重了,觉得汲黯有个性,有骨气,不趋炎附势,不因为现在皇帝宠信谁,就来拍谁的马屁。卫青觉得,汲黯能够坚守自己的原则和立场,非常了不起。当然这也体现出卫青的性格是宽厚且包容的。不仅如此,后来每当卫青对国家大事有所疑问的时候,就会想到要去请教汲黯。他觉得汲黯这个人有自己的立场,不会人云亦云,一定会提供独特的观点,这对全方位看问题有所帮助。就这样,汲黯反而成了卫青的良师益友。

　　我们再从汉武帝的角度看看汲黯这个人。汉武帝见不同的大臣时有不同的态度，我们来做个比较。首先还是讲卫青。卫青经常到宫廷里和汉武帝商讨国家大事，或者聊家常，汉武帝见他的时候往往坐姿随意，有时候边说话边把腿支起来，踩着坐席的边缘。怎么理解汉武帝这个动作呢？因为汉朝的人不像我们今天坐在椅子上，他们是席地而坐的，一般来说，在正式的场合都是双膝着地，类似于跪坐。尤其是有客人的时候，这样的坐法也是表示礼貌。还有一种非常不礼貌的坐法，叫箕踞，就是一屁股坐在地上，两条腿像簸箕一样向前岔着。汉武帝的坐法虽然不是箕踞，但也是屁股

着地，一条腿耷拉在地上，另外一条腿竖起来，是非常随意的坐姿，不像在朝廷上接见大臣那样正式。这种坐姿也体现出汉武帝对待卫青的态度，比较亲近。

我们再看汉武帝接见丞相公孙弘时的情形。丞相毕竟是百官之首，汉武帝见公孙弘时，坐姿便不像见卫青那么随意了，一般会规规矩矩坐着。坐姿问题解决了，另外的问题又产生了。什么问题呢？汉武帝见公孙弘的时候，并不太注重衣冠仪表，甚至有时候不戴帽子。帽子是我们今天的说法，古人称为"冠"。对于古人来说，成年男性出席比较正式的场合，必须戴帽子，否则很不礼貌。更何况，皇帝接见丞相，行为上都要符合朝廷礼仪，出席人员都应该冠带整齐。就像我们今天去一些公共场合，或者参加一些比较隆重的活动，都应该衣装整洁一样。而汉武帝在接见公孙弘的时候居然不戴帽子，用中国古代的标准来衡量，礼节上是非常不妥的。礼节是一个人内心态度的反应，汉武帝接见公孙弘不注意这些礼仪细节，说明他并不是十分尊重公孙弘。

那么汉武帝见汲黯的状态是怎样的呢？如果是汲黯求见，汉武帝不仅不敢摆出非常随意的坐姿，还必须穿上朝服，冠带整齐，每一个细节都符合礼仪，工工整整地坐在那儿等着汲黯来。有一次汲黯因为公务要找汉武帝，来得比较匆忙，汉武帝来不及梳头发、戴帽子了，怎么办？汉武帝只能躲起来不出面,让身边的人把汲黯的公文拿来一看,大概明白怎么回事后便作了个批示,再让人传话给汲黯,说皇帝同意按他的意见办理。这个故事很有意味。从政治地位看,汲黯既不如大将军卫青,也不如丞相公孙弘。但汉武帝见卫青和公孙弘的时候都很随意,唯独见汲黯的时候,冠带不整齐就不敢出来相见。可想而知,汲黯虽然不是地位最高的大臣,却是汉武帝心目中最值得尊重的大臣。

以史为鉴

卫青和公孙弘都很有能力,尤其是卫青,不仅能力强,人品也不差。但卫青之所以能获得建功立业的机会,一定程度上是因为他的姐姐卫子夫是汉武帝的皇后。而公孙弘则是靠着讨好汉武帝,一步一步爬到丞相这个位置上的。所以面对这两个人的时候,汉武帝完全可以说:"要不是我给你们机会,哪有你们今天的荣华富贵!"卫青、公孙弘为了保住富贵,也不得不对汉武帝亦步亦趋、事事屈从。越是这样,汉武帝就越看不起他们,越不会发自内心地尊重他们。汲黯跟他们不一样,他不是依靠和汉武帝的私人关系获得官职,甚至会为了坚持自己的原则反对汉武帝，从不会为了个人利益而屈从汉武帝的意志。所以在汉武帝面前，汲黯是一个有独立人格的人。尽管汉武帝有时候对汲黯非常不满意，甚至有时否定汲黯的意见，但汉武帝心里明白，像汲黯这样的人太稀缺了，是值得尊重的。

思考与辨析

尊重看上去是别人对我们的态度，但实质上是我们的能力和人品在社会关系中的反映。一个人值得别人尊重，首先是要有独立的人格，然后是优秀的人品和能力，这就是汲黯的故事给予我们的启发。在和他人交往的过程中，如果发现别人不是那么尊重自己，我们应该先反省一下，自己的行为是不是做到了值得别人尊重。

通鉴小文言

于是青尊宠,于群臣无二,公卿以下皆卑奉之,独汲黯与亢礼。人或说黯曰:"自天子欲群臣下大将军,大将军尊重,君不可以不拜。"黯曰:"夫以大将军有揖客,反不重邪?"大将军闻,愈贤黯,数请问国家朝廷所疑,遇黯加于平日。大将军青虽贵,有时侍中,上踞厕而视之;丞相弘燕见,上或时不冠;至如汲黯见,上不冠不见也。上尝坐武帐中,黯前奏事,上不冠,望见黯,避帐中,使人可其奏。其见敬礼如此。——《资治通鉴·卷十九·汉纪十一》

第七讲

汉宣帝刘病已

·养成积极的生活态度·

汉宣帝本名叫刘病已,这个名字记录着他与生俱来的灾难。汉宣帝的身世显赫,他是汉武帝的曾孙,而且他的爷爷刘据是汉武帝的嫡长子,曾被汉武帝立为太子。那么汉宣帝为什么还会一出生就遭磨难呢?原来在汉武帝晚年,当时的太子刘据遭到了陷害。有人向汉武帝报告说,太子企图利用巫术,诅咒汉武帝生病,甚至是早点儿去世,这样刘据就能早日登上皇位了。这完全是坏人的谎言和陷害,但汉武帝没有经过调查就相信了。刘据为了自保而起兵造反,最终兵败自杀。

那时候的刘病已,也就是后来的汉宣帝,还是个婴儿,才几个月大,事变发生以后也受到牵连,和他母亲一起被关进监狱里去了。"病已"这个名字就是他母亲在监狱里给他取的,"已"是结束的意思。"病已"这个名字有两层含义：一方面是他出生的时候身体就比较弱，又在这么小的年龄被关进潮湿、阴冷的监狱，经常生病，所以他的母亲希望他能健康起来，身上的病早点儿痊愈；另一方面，他还这么小就要经历这样的磨难，命运之"病"更为坎坷，他的母亲更希望他能尽早摆脱这样的命运。

事情过去一段时间以后，汉武帝才慢慢意识到，这是有人在污蔑太子，目的是除掉太子之后再来抢夺皇位。可惜的是，汉武帝明白得太晚了，他永远失去了这个儿子。另外，汉武帝也不愿意承认自己犯了错误，轻信了那些小人之言，害死了太子，所以他也没有下旨给刘据洗冤平反。不过对刘病已来说，他可以出狱了。但他的母亲已经在监狱中病逝了，他成了一个孤儿，从小由外婆带大。后来有一些忠于他爷爷的老部下，陆陆续续来帮助他，他才得以艰难成长。

小小年纪就处在人生低谷的刘病已，从来没有气馁过，更没有自暴自弃过。他依然认真生活，努力学习。他的内心深处，不仅没有熄灭对生活的希望，而且对未来充满着期许。在那个时代，如果想成为社会精英，就必须精通儒家经典，所以刘病已跟随老师努力学习儒家经典，成绩优秀。另一方面，刘病已并不满足于书本上的知识，时常深入社会，四处游走，了解民情以及官员治理社会的得失。有时候他还会碰到一些地痞

流氓，遭到他们的刁难。但对从小就经历过大风大浪的刘病已来说，这点儿小小的挫折根本不算什么，从来没有吓倒过他。总之，少年时代的刘病已，虽然生活在艰难中，但他对待生活的态度是很积极的，他有心事，却并不颓废。

在刘病已十八岁那一年，命运的天平开始向他倾斜。那一年，当朝皇帝汉昭帝去世了。汉昭帝去世的时候，没有留下儿子，所以由谁来继承皇位成为一个问题。大臣们首先选择了一个名叫刘贺的年轻人。刘贺是汉武帝的孙子，他的父亲刘髆是汉武帝的另一个儿子。论辈分的话，刘贺是汉昭帝的侄子，也是刘病已的堂叔。但刘贺即位后荒淫无度。为了保全社稷，几位老臣联手把刘贺给废了。

于是，皇位再次空缺。接下来该找谁来继位呢？这时候，有人想起了刘病已。有几位大臣认为，刘病已是武帝的曾孙，身份很合适，而且他学习了大量儒家经典，很有才华，品德也很端正，行为非常规范，应该是继承皇位的最佳人选了。经过一番大讨论，大臣们一致同意由刘病已来继承皇位。事情推进得很顺利，不久之后刘病已就成了汉朝的新一任皇帝。刘病已的人生，至此总算是实现了当年他母亲希望他摆脱坎坷的命运之"病"的愿望。于是他把自己的名字改作刘询，历史上称其为汉宣帝。汉宣帝即位后不负众望，勤政爱民，让汉朝进一步走向强大。汉宣帝也因此成为中国历史上著名的有作为的皇帝。

以史为鉴

假设当年刘病已的生活态度并没有那么积极，沉重的身世和不幸的遭遇，让他感到沮丧、颓废，甚至自暴自弃，那他就会成为一个不学无术，乃至品行不良的人，那么大臣们在讨论皇位继承人的时候，还会想到他吗？刘病已一旦失去这个机会，他可能就真的摆脱不了坎坷的命运之"病"了，恐怕要在不幸的生活环境中挣扎一辈子。

思考与辨析

我们作为普通人，在成长的过程中也会碰到各种挑战和挫折，但一般不会像刘病已那样，遭受这么沉重的打击。面对困难、身处低谷时，抱怨、颓废是没用的，那样反而会继续被困难摆弄；只有积极应对，时刻做好迎接人生巅峰的准备，才有可能真正帮助我们走出低谷。

每个人的人生，都会经历各种起落，有时候我们发现自己登上了高峰，有时候我们发现自己正处在低谷。很多人不明白，起起落落其实是人生常态,他们一旦进入人生的低谷期,就会变得情绪烦躁、沮丧,甚至陷入恐慌与消极。这样的话,就很难把握住机会,让自己尽快走出低谷,重新走上发展的道路。

通鉴小文言

曾孙因依倚广汉兄弟及祖母家史氏,受《诗》于东海澓中翁,高材好学;然亦喜游侠、斗鸡走狗,以是具知闾里奸邪、吏治得失。数上下诸陵,周遍三辅,尝困于莲勺卤中。尤乐杜、鄠之间率常在下杜。时会朝请,舍长安尚冠里。——《资治通鉴·卷二十四·汉纪十六》

第八讲

汉宣帝与光武帝

·业精于勤荒于嬉·

在中国历史上有一个惯例，如果一位皇帝被称为"宣"，往往意味着他挽回了一个王朝衰退的势头，实现了这个王朝的中兴。在汉宣帝即位之前，汉朝因为长年与匈奴作战，国力损耗很大。汉宣帝即位以后，励精图治，使得汉朝重新强大了起来。那么汉宣帝是怎么做到这一点的呢？

《资治通鉴》里有一段话是专门用来总结汉宣帝为什么能取得这些成就的。汉宣帝在童年和少年时代，历经坎坷，知道老百姓的生活有多么不容易。所以他做了皇帝之后，立志要管理好天下，让老百姓安居乐业。这是汉宣帝美好的愿望。愿望要实现，是需要付诸行动的。在行动上，汉宣帝最重要的特征就是一个字——"勤"。

首先，在听取大臣报告这件事上，汉宣帝非常勤快，也非常有规律，每五天必然召集一次大臣会议。有人可能会问,五天一次也算勤快吗?我们不是天天学习、天天工作吗?要知道,汉宣帝和他的大臣们管理的是全天下的事,头绪之多、复杂程度之深,远超我们的想象。大臣们要搜集、整理相关信息,汉宣帝听取汇报后要思考、查证,再决定如何处理。五天开一次会,其他四天也并不闲着。而且他们要尽量避免出错,因为这关系到国家安危、百姓死活。

其次,汉宣帝制定了一套非常严密的赏罚规则,并且严格执行。那些认真工作的官员,应该如何赏赐,那些不

称职的官员，应该受到怎样的处罚，汉宣帝都制定了严格、细密的准则。这就使得官员们都能兢兢业业地履行职责，不敢懈怠。

最后，汉宣帝特别重视地方官员的任命和选拔。每次任命新的地方官，汉宣帝都要亲自接见，和他们讨论施政理念。等官员上任以后，汉宣帝还会持续观察他们的表现，看看他们做的是不是像他们说的那样好。如果发现有官员言行不一，汉宣帝还会仔细思考，这位官员的问题到底出在哪里。对于政绩合格的官员，汉宣帝反对频繁调动他们的岗位。他认为一位官员在某个地方任职时间越长，对当地的民风民情越了解，管理效果就会越好，政令也比较稳定，而不太会出现朝令夕改的状况，地方政策的稳定也更有利于老百姓安居乐业。所以，如果一位地方官员政绩卓著，汉宣帝一般不会用升官、调任这样简单的方法奖励他，而是通过增加收入、提高政治地位等方法达到激励目的。

经过汉宣帝的一番努力，汉代出现了人才鼎盛的局面。纵观整个汉代，汉宣帝时代的优秀官员数量极多。承担起历史赋予皇帝的责任，管理好天下，是汉宣帝的"业"，古人称之为"帝业"。我们普通人的生活，也由各种各样的"业"组成，比如家业、学业、事业。汉宣帝从事的是大事业，我们日常的学业、事业，虽然没有那么"高大上"，但做好每一件事，完成每一份"业"，都需要认真的态度和勤奋的行动，从这一点来说，无论我们从事的是何种"业"，都是一样的。我们勤奋、专注之后，就会像汉宣帝那样，对自己从事的学业、事业，琢磨得越来越透，能总结出更好的学习、工作方法，帮助自己取得更大的成就。汉宣帝要是三天打鱼、两天晒网，也就不可能琢磨、设计出这么有效的官员管理方法，就不会涌现出那么多优秀的地方官员了。

汉代历史上还有一位中兴之主，那就是东汉的开国皇帝光武帝刘秀。刘秀年轻的时候，是一个非常勤快的庄稼人。由于他的勤快，他种的田总能比别人多一些收成。后来汉朝的政权被一位名叫王莽的大臣篡夺，刘秀参加了起义军，并逐步成为起义军的领袖，最终打败了王莽，重建了汉朝政权，历史上称为"东汉"。做了皇帝的刘秀，也和汉宣帝一样勤政爱民。我们也可以认为，做了皇帝的刘秀本色不改，依然保持着务农时的勤朴。《资治通鉴》中说他"每旦视朝，日昃乃罢"，"旦"是天刚亮的时候，"昃"是指太阳偏西。这句话就是说，每天天刚亮的时候，刘秀就开始进入工作状态了，看各类文件、听取各种报告，一直忙到下午。但一天的忙碌并未就此结束，稍事休息后，刘秀还会邀请一些有学问的大臣来到宫里，共同探讨、钻研学问，经常聊到太阳下山才作罢。处理政务和探讨学问，看上去是两件事，但有学问、明事理，可以加强处理政务的能力，所以工作再忙，刘秀也不放弃学习。

刘秀废寝忘食地工作，让皇太子担心他的身体会出问题，他劝刘秀道："您不要这么劳累，要注意休养。"刘秀却说："学习和勤政，对于我来说是乐在其中的事，并不觉得劳累！"《资治通鉴》总结：正是因为刘秀如此勤政、好学，才使得当时的社会能够迅速地从战乱中恢复过来，并且迎来了一个太平盛世。

以史为鉴

皇太子劝刘秀注意休养，并没有错。我们在日常的学习、工作、生活中，也应该注意劳逸结合。刘秀最难能可贵的地方在于，从做农民到做皇帝，他能始终如一，保持着勤朴的本色。这至少能给予我们两个重要启示。第一个启示是，对于多数人来说，努力一时容易，一生都能坚持努力、勤奋却很难，而想要取得成就，必须持续地努力、奋发，勤奋不能是一时兴起、转身就忘的事。刘秀之所以能取得这么大的成就，关键就在于他不仅勤奋，而且能持续不断地勤奋。第二个启示是,做农民和做皇帝,这两项职业看上去差别很大,但只要勤奋、努力,也都能做好。

思考与辨析

中国有句老话:"业精于勤,荒于嬉。"我们前面举的汉宣帝和光武帝刘秀的故事,都属于"业精于勤"的正面典型。相反,如果一个人只知道荒唐嬉闹,那他什么事都做不好;拥有再多,最终也会失去。

通鉴小文言

(宣)帝兴于闾阎,知民事之艰难。霍光既薨,始亲政事,厉精为治,五日一听事。自丞相以下各奉职奏事,敷奏其言,考试功能。——《资治通鉴·卷二十四·汉纪十六》

(光武)帝每旦视朝,日仄乃罢,数引公卿、郎将讲论经理,夜分乃寐。皇太子见帝勤劳不怠,承间谏曰:"陛下有禹、汤之明,而失黄、老养性之福,愿颐爱精神,优游自宁。"帝曰:"我自乐此,不为疲也!"——《资治通鉴·卷四十四·汉纪三十六》

第九讲

陈汤抗击匈奴

·当机立断的决断力·

在汉武帝、汉昭帝、汉宣帝时代，汉朝与匈奴发生了持续不断的激烈战争。在汉朝的打击下，匈奴的实力大幅削弱，内部也发生了严重分裂。匈奴最终分化为两支，一支由呼韩邪单于率领，被称为南匈奴；一支由郅支单于率领，被称为北匈奴。汉宣帝时代，南匈奴被北匈奴打败，呼韩邪单于投靠汉朝以寻求保护。后来呼韩邪单于和汉朝结成了更为紧密的关系，在汉宣帝的儿子，也就是汉元帝时代迎娶了王昭君。而北匈奴则在郅支单于的率领下远遁西域。

到达西域之后的北匈奴依然拥有相当的实力，他们虽然打不过汉朝，但欺负那些西域小王国还是绰绰有余的。北匈奴的势力到达西域之后，数次出兵攻击乌孙国。乌孙国和汉朝有联盟关系，汉朝先后嫁了两位公主到乌孙国以维持两国联盟。匈奴攻打乌孙国，一方面是打击汉朝在西域的势力；

另一方面是为了攻打西域大国乌孙国来树立自己的威望。同时，匈奴还派兵攻击大宛等国，向他们勒索财富，并迫使周边多个小王国来朝贡，在西域建立了霸权。这明显损害了汉朝在西域的利益和权威，更让汉朝感到愤怒的是，郅支单于居然还敢明目张胆地杀害汉朝使者。

陈汤正是在这样的历史背景下到西域任职的，他担任的职务是西域副校尉。汉朝负责西域事务的总长官是西域都

护,而西域副校尉则是西域都护的副手。当时的西域都护名叫甘延寿,陈汤以副校尉的身份辅助甘延寿。但陈汤这个人相当敢作敢为,在胆魄和行动力上都大大超过甘延寿。《资治通鉴》说陈汤这个人"为人沈勇,有大虑,多策略,喜奇功"。意思就是说他性格沉稳,能办大事,而且很善于出谋划策,有建功立业的志向。

根据当时的形势,陈汤对甘延寿说:"如果让北匈奴的势力在西域继续发展下去,不仅会对西域诸国造成更大的危害,而且对汉朝也更为不利。如果我们能联合受匈奴压迫的西域各国,及早给予北匈奴有力的打击,不仅能为国家解决一个棘手的问题,也能成就自己的千秋功业。"甘延寿觉得陈汤讲得很有道理,打算先奏禀朝廷,等朝廷同意后再采取行动。陈汤却说:"朝廷每有大事都要和公卿商议,这样大动干戈的计划肯定得不到保守派大臣的赞同。如果朝廷最终不同意这个行动计划,这事当然也就干不成了。"陈汤的意思是,不必先禀明朝廷,干了再说。

甘延寿性格比较谨慎,对于陈汤不禀报朝廷、擅自行动的计划感到犹豫,不敢轻易答应。这事没商量出个结果,甘延寿就病了,而且病的时间不短。陈汤果然敢作敢为,他抓住长官卧病的机会,假传朝廷旨令,联合了几个西域国家,并且发动汉朝屯驻在西域的官吏和将士,准备向北匈奴的郅支单于发动进攻。甘延寿听说以后，急忙从病床上坐起身来，试图阻止陈汤，反而被陈汤用剑压住身体，并遭到陈汤严厉的呵责。陈汤说："大军已经集合完毕，你难道想扰乱军心、败坏大事吗？"甘延寿在陈汤的胁迫之下，只得配合行动。于是这两位代表朝廷处理西域事务的总长官和副长官，一边发兵攻打北匈奴，一边向朝廷打报告说明在这个时候对北匈奴采取军事行动的原因。

陈汤组织了一支四万人的军队，向郅支单于驻扎地进发，行军一段时间后，在距离郅支单于六十里左右的地方扎营。汉军在西域诸国的帮助下，掌握了郅支单于的基本情况。第二天，陈汤、甘延寿就把军营向郅支单于所在的城堡推进了三十里。第三天，又把军营推进到距离北匈奴城堡仅三里的地方。

匈奴人得到消息后便登城防守，一开始还表现得无所畏惧，百余名骑兵在城下驰骋，甚至有逼近汉军营帐的意图，守城的匈奴士兵也主动向汉军邀战。陈汤、甘延寿下令，让将士们四面攻城，前面用盾牌排成阵形，以抵御匈奴人从城上射下来的箭，盾牌阵后面是手持兵器进攻的将士。郅支单于所在的这个城堡，中间是一个土城，土城外面还有用木头搭建的木城。汉军放火焚烧了木城，引得城内大乱，里面的匈奴人纷纷外逃。在这个过程中，汉军利用先进的弓弩技术，取得了战场上的优势。

郅支单于刚知道汉军逼近的时候，曾试图逃走。但考虑了一下，知道自己在西域结怨太多，到处流亡的话，很可能被痛恨他的西域诸国劫杀，所以最终还是决定坚守。郅支单于亲自披甲登城，几十位匈奴贵族女性也登上城楼，手持弓箭和汉军对射。在兵器制造方面，毕竟汉朝比匈奴先进得多，无论是弓弩还是刀戟，都更精良。所以对抗了一阵之后，匈奴军队就落了下风。半夜，前来救援郅支单于的匈奴军队试图偷袭汉军大营，但没有成功，郅支单于也没有找到突围的机会。第二天，汉军擂起军鼓发起总攻，气势非常强盛，终于攻破了单于的城堡。郅支单于在战斗中遭重创而死。汉军俘虏了很多匈奴贵族，缴获了大量战利品，大获全胜。

以史为鉴

陈汤通过这一战，解决了汉朝在西域的心腹大患。虽然当时北匈奴的实力完全不能和鼎盛时期的匈奴相比，但击杀他们的最高领袖，也就是单于，的确是连汉武帝时代的名将们也未曾取得过的战果。所以陈汤非常响亮地提出了这句口号："明犯强汉者，虽远必诛。"《资治通鉴》也记载了这句话。站在汉朝的立场来看，陈汤的确建立了千秋功业。

思考与辨析

总结陈汤能够建功立业的原因，关键在于他善于捕捉机会，并且有果断的行动力。试想，如果陈汤的性格不是那么当机立断，就不可能抓住有利时机，发动对郅支单于的攻击。如果陈汤坚持等待朝廷批复以后再行动，郅支单于也可能会听到风声，提前做好准备。等到那个时候，不要说建功立业了，陈汤能不能把军队推进到单于的驻地都不好说。战争就是这样，要随机应变、勇于决断、敢于行动。我们想取得一些大成就，有时候也必须要有打破框架的勇气和当机立断的行动力。

通鉴小文言

汤为人沈勇,有大虑,多策略,喜奇功,与延寿谋曰:"夷狄畏服大种,其天性也。西域本属匈奴,今郅支单于威名远闻,侵陵乌孙、大宛,常为康居画计,欲降服之;如得此二国,数年之间,城郭诸国危矣。且其人剽悍,好战伐,数取胜;久畜之,必为西域患。虽所在绝远,蛮夷无金城、强弩之守。如发屯田吏士,驱从乌孙众兵,直指其城下,彼亡则无所之,守则不足自保,千载之功可一朝而成也!"延寿以为然;欲奏请之。——《资治通鉴·卷二十九·汉纪二十一》

第十讲

班超经营西域

·理想使生命更有意义·

东汉时期出现了一位非常杰出的人物,他的名字叫班超。班超一家子都是名人,他的父亲班彪、哥哥班固,都是著名学者、大历史学家,妹妹班昭是那个时代独一无二的女学者、女作家,可以说班家是一个文化名门。而班超与族人以文成名不同,他靠的是武,而且是在远离中原王朝的西域建立了卓越的功勋。

虽然父亲和哥哥都是大学者,但班超年轻的时候家里还是很穷,他要靠替官府抄写公文、档案养家糊口。忽然有一天,班超厌倦了这样的生活,他把笔往地下一扔,感慨道:"大丈夫应该有大志向、干大事,怎么能一辈子窝在这里抄抄写写呢!"和他一起工作的抄写员都嘲笑他,以为他是说大话,班超觉得跟他们没有共同语言。后来班超选择了报名参军,这就是著名的"投笔从戎"。

汉明帝永平十六年（73），朝廷命令将军窦固率军打击匈奴。班超随军出征，获得了不小的战果，受到窦固将军的赏识。接着，窦固命班超和另一位名叫郭恂的官员一起出使西域。西域分布着几十个大大小小的国家，有的过着游牧生活，有的过着农耕定居生活，这些国家有的亲近匈奴，有的亲近汉朝，所以汉朝和匈奴的外交竞争在这里也非常激烈。班超的使命就是争取让更多的西域国家支持汉朝，这是一个重大而又艰难的任务。

班超一行先来到鄯善国，这是西域诸国中离汉朝最近的，也比较亲近汉朝的一个国家。他们到达后，受到了热情的招待。但过了一阵子，班超感受到鄯善国的热情正在下降。班超对他的随从们说，应该是匈奴也派使者来了，鄯善王正在为投靠汉朝还是匈奴犹豫不决，所以最近招待他们的热情有所下降。班超盘问了鄯善国派来的一名侍者，侍者把自己知道的情况都告诉了班超。果然如班超所料，匈奴使者已经来了好几天了。

确定了这些信息后，班超让人摆上酒席，和随从们痛饮了几杯。看着大家的兴致慢慢上来了，班超说道："我们远离故土，原本是想来这里建功立业，现在匈奴使者才到几天，鄯善王对我们的态度就冷淡了，如果过几天他把我们绑了交给匈奴人，那我们岂不是死无葬身之地！"随从们纷纷附和道:"您觉得该怎么办呢,我们都听您的!"接着班超讲了一句千古名言:"不入虎穴,不得虎子"。后来这句话变成一个成语,也经常写作"不入虎穴,焉得虎子"。

那具体怎么做呢?班超说:"现在唯一的方法就是趁着夜色,打他个措手不及,我们去偷袭匈奴使者的营地,把他们的使团消灭掉。这样大胆的行动肯定会让鄯善王感到震惊,在知道我们大汉使者的威力之后,他才会一心一意归顺汉朝。"随从们说:"您的主意好是好,但郭恂大人还不知道我们的计划,他也是朝廷命官,是不是先去跟他商量一下?"班超说:"郭大人没有胆魄,听说我们的计划后肯定会退缩、犹豫,时间一长,万一消息走漏了,我们

就更麻烦了，所以我们不用去征求他意见了，说干就干，就在今晚！"随从们纷纷答应道："好！"

　　入夜时分，班超率领着三十六个人来到匈奴使者居住的地方。首先他让十个人手里拿着鼓躲到一边，其余的人拿好弓箭在一旁埋伏，接着班超看了看风向，跑过去顺风放火。待到火势一起，那些拿着鼓的人使劲地敲打起来，匈奴人被震天的鼓声惊醒了，赶紧跑出来，却又看到了熊熊大火。当他们惊慌得不知所措时，班超事先安排好的弓箭手开始众矢齐发，杀了匈奴人一个措手不及。在班超的精妙安排之下，这次奇袭行动非常成功，几乎将匈奴使团全部歼灭。

大获全胜之后，班超率领随从们回到了自己的驻地。这时候才把郭恂找来，告诉他刚才发生的事情。起初，郭恂非常生气，责怪班超擅自行动。但后来转念一想，班超这是立了大功啊，朝廷一定会有嘉奖。想到这里，郭恂脸色开始变化。班超当然明白郭恂心里在想什么，便让他放心，说这是大家的功劳。郭恂一听，开心坏了，连连说好！

第二天，班超拜见鄯善王，将昨晚发生的事情都告诉了他。这个消息传播出去后，举国震惊，鄯善王更是惶恐。班超安慰了鄯善王，告诉他只要鄯善国一心一意向着汉朝，汉朝一定会善待他们，请他不必惊慌。在见识了班超的能力和魄力之后，鄯善王决定把自己的王子派往东汉都城洛阳，表示臣服于汉朝。事情办妥后，班超向上级窦固将军汇报了相关情况。窦将军得知情况以后喜出望外，没想到班超这么能干，赶紧上报给朝廷，说明了相关情况。汉明帝得知后当然也是十分开心，决定任命班超为使节，代表汉朝出使西域其他国家，经营汉朝和西域的关系网络。

班超领受了朝廷交付的艰巨任务之后，窦固本来想给他多配一些人马，没想到班超却说，这项工作靠的不是人多势众，而是智谋与胆略。真要依靠人力的话，有些西域国家有着十余万的兵力，多配给几百个人根本没有意义。所以班超带着原来的三十六个人就出发了。后来班超果然凭借着这三十六个人纵横西域，先后慑服于阗、疏勒、康居、乌孙、月氏、莎车、拘弥、龟兹、姑墨、温宿、焉耆等数十个国家。最鼎盛的时候，西域五十多个国家都臣服于汉朝。这是一项了不起的成就，为汉朝边疆稳定作出了巨大贡献。因为，如果不把西域经营好，一旦匈奴势力渗透进来，匈奴就可以利用西域的战略通道和军事力量，对汉朝边境发动进攻，抢夺汉朝老百姓的财富，甚至伤害他们。因此，班超经营西域的功绩，对汉朝来说意义巨大。

从公元73年一直到公元102年，前后整整三十年，班超始终没有离开西域，一直为汉朝努力地工作着。刚踏上西域的时候，班超42岁，正值壮年；三十年之后，班超已经是一位满头白发的老者了。他上奏朝廷表示：不是不愿意继续替国家工作，而是自己年纪大了，无论体力还是脑力都跟不上了，各方在西域的斗争非常激烈，以他现在的年龄，稍有差错，形势就可能发生巨变，匈奴的势力可能会趁机返回西域，而那些不坚定臣服于汉朝的国家也会反叛。所以，班超希望朝廷尽快派遣一位年轻力壮、经验丰富的官员来替代自己，好把西域的事业继续经营下去。朝廷认为班超的观点是正确的，于是就另派官员去接他的班。交接完工作后，班超终于踏上了回家的路。公元102年农历八月,班超回到了东汉都城洛阳,回到了阔别三十年的家乡。然而短短一个月之后,班超就去世了。他为汉朝的西域事业耗尽了生命。

以史为鉴

班超的智慧与格局显而易见。成就班超的,首先是他的志向。如果班超满足于抄抄写写,每天想着如何挣点儿小钱填饱肚子,那他就不会立下丰功伟业,更不会名垂青史了。其次,奇袭匈奴使团,拉拢鄯善国,使得班超一战成名。其中的关键是什么?是迅速决断、周密安排、大胆执行,这三者缺一不可。如果在这过程中,班超体现出一丝犹豫和怯懦,那最后很有可能反过来被匈奴人消灭。所以理想需要能力来实现,否则就只能是空想。另外,班超在对待郭恂的态度上,体现了他的格局。他知道郭恂不能成事,所以撇开他独自行动,这仍然是一种果断;但最终却愿意和郭恂分享胜利果实,这是他的气度和格局。班超对没有参加行动的郭恂尚能如此,那他如何对待那些共同出生入死的兄弟,就可想而知了。所以那么多人乐意为他所用,和他同甘共苦毫无怨言。

思考与辨析

任何时候，都要有理想，理想能提升我们人生的高度，让我们找到生命的意义，不再那么庸庸碌碌。理想不一定非得高大、遥远，也可以是把眼前的事踏踏实实做好、做到极致。理想的实现需要很多条件。首先是决心和行动，两者相比，下决心容易，真正行动起来难，所以很多人的理想永远停留在空想层面。其次，无论我们的理想是什么，无论我们想做的是大事还是小事，真想做好都不容易，会碰到各种困难和阻碍。当我们的耐心、能力、格局不足以应付的时候，难免会遭遇失败。面对这种情况不要灰心，要学会提高自己的耐心、能力、格局，继续前行。

通鉴小文言

（班）超行到鄯善，鄯善王广奉超礼敬甚备，后忽更疏懈。超谓其官属曰："宁觉广礼意薄乎？"官属曰："胡人不能常久，无它故也。"超曰："此必有北虏使来，狐疑未知所从故也。明者睹未萌，况已著邪！"乃召侍胡，诈之曰："匈奴使来数日,今安在乎?"侍胡惶恐曰:"到已三日,去此三十里。"超乃闭侍胡,悉会其吏士三十六人,与共饮,酒酣,因激怒之曰:"卿曹与我俱在绝域,今虏使到此数日,而王广礼敬即废。如令鄯善收吾属送匈奴,骸骨长为豺狼食矣,为之奈何?"官属皆曰:"今在危亡之地,死生从司马!"超曰:"不入虎穴,不得虎子。当今之计,独有因夜以火攻虏,使彼不知我多少,必大震怖,可殄尽也。灭此虏,则鄯善破胆,功成事立矣。"——《资治通鉴·卷四十五·汉纪三十七》

第十一讲

张绣归顺曹操

·着眼全局，胸有成竹·

东汉末年天下大乱，群雄割据，是"三国演义"的前半部分。在这个历史阶段，发生过一次非常著名的战役：官渡之战。这场战役的意义重大。当时曹操尊奉东汉最后一位皇帝汉献帝在许县（今河南省许昌市）建立了新的都城——许都，而大军阀袁绍则占据今河北、山西、山东、辽宁等一大片地区，势力强大。为了争夺势力范围，曹操和袁绍之间的战争变得不可避免。

当时除了曹操、袁绍这样的大军阀，还存在着一些相对弱小的势力，比如盘踞在宛城（今河南省南阳市）、穰城（今河南省邓州市）的张绣。为了壮大自己，袁绍和曹操都想争取到张绣的支持。在支持谁的问题上，张绣非常犹豫，但整体上倾向于投靠袁绍。一是因为袁绍的势力更强大；二是因为张绣之前和曹操打过一仗，在那次战役中杀了曹操的一个儿子,所以他害怕曹操不能真正地接纳他。

袁绍率先派人来笼络张绣,希望他能一起夹击曹操。在袁绍使者的游说之下,张绣非常动心,很想答应他。然而张绣最重要的谋士贾诩轻描淡写的一句话,就把张绣和袁绍结盟的路给断了。贾诩对袁绍的使者说:"麻烦你回去以后替我们谢谢袁绍,但也替我们说一下,我们不能跟他结盟。"这为什么呢?贾诩认为,袁氏家族内部的亲兄弟尚且不能相互包容,相互支持,怎么可能真正容纳天下英雄之士呢!贾诩的这番评价是有依据的。袁绍有个兄弟叫袁术,也是东汉末年的一位军阀,他们两兄弟为了争权夺利闹得不可开交,这是人所共知的事情。贾诩的判断是,像袁绍这样气量狭小,和亲兄弟都要争个明白的人,是不懂得珍惜、重视人才的。只不过现在他和曹操要打一场硬仗,出于眼前的利益考虑,才来拉拢张绣。如果他打败了曹操,就不会像现在这样重视、尊重他们了,到时候也不见得能容得下他们。所以他对张绣说:"我们不能投靠袁绍,这个人靠不住。"贾诩当着袁绍使者的面就这么说话,这样的行为让张绣大惊失色。但贾诩是张绣最核心的智囊,也是他最信任的人。所以他并没有责怪贾诩,而是在送走袁绍的使者后,虚心地向贾诩请教,为什么要公开地反对和袁绍结盟;拒绝了袁绍之后,又该怎么办?贾诩非常肯定地回答张绣,应该归顺曹操。

张绣非常犹豫，对贾诩说："现在明明是袁绍的实力大大强于曹操啊。"贾诩的回答非常有意思，他说："正因为袁绍强曹操弱，所以我们要投奔曹操。"为什么呢？贾诩分析道："袁绍实力强大，麾下猛将如云。我们归顺袁绍，对袁绍来说也就是增加十分之一的力量，实力其实没有提升多少。现在要打仗，他可以非常重视你，等到仗打完了，他就不拿你当回事了。曹操就不同了，与袁绍相比，他实力弱小，现在正是最需要援助的时候，我们的加入，可以直接使曹操实力翻倍。你想，在这样的情况下，袁绍和曹操，谁会更重视我们的加盟呢？更重要的是，曹操背后是天子，以曹操为阶梯归顺天子，那更是名正言顺。"

张绣还是有疑虑，他又对贾诩说："之前我们和曹操大战过一场，那一战中杀了他的儿子，结下了深仇大恨，曹操会不计杀子之仇，诚心接纳我们吗？"针对这个问题，贾诩的分析要点在于如何看待曹操这个人。贾诩看准曹操是一个想成就大业，并有能力成就大业的人。这样的人，如果斤斤计较于个人恩怨，就配不上他的理想。对于他们来说，有足够的胸怀容纳天下之士，已经不算是什么高要求了，是必须要做到的，关键更在于，是否能容纳曾经的敌人。曹操是一个有雄才大略的人，他的眼光会关注未来，只有放下过去的种种恩怨，才会拥有更远大的前程。所以贾诩判断说："曹

操肯定会不计前嫌,接纳我们。"

在贾诩的劝说下,张绣最终下定决心归顺曹操。果然不出贾诩所料,曹操对张绣的到来大喜过望。不仅与张绣把手言欢,还为自己的一个儿子聘娶了张绣的女儿,两家结成儿女亲家,用这种方式来抵消之前的恩怨,以便张绣能安心留下来。

官渡之战的结局大家都知道,最终曹操打败了袁绍,张绣也在这一场著名的战役中建立了功勋。袁绍死后,张绣又追随曹操出兵,击破了袁绍的儿子袁谭。袁氏被彻底消灭后,曹氏集团稳步走向历史舞台的中心。而张绣因为在曹操最困难的时刻加入进来,使得曹操一直心怀感恩。在击破袁谭后，曹操就上奏朝廷，要求嘉奖张绣。张绣所享受的待遇，甚至超过了曹操手下很多战功卓著的名将。这一切都印证了之前贾诩的判断，选择和谁结盟，以及在什么时机跟他结盟，都非常重要。

以史为鉴

纵观这一历史事件，贾诩把握全局的能力令人赞叹。很多时候，对强弱的判断不在于看现状。现有的强弱对比，很可能会随着形势的发展瞬间转化，关键在于看透现象背后的本质。袁绍虽然坐拥强兵，但贾诩从他的所作所为，尤其是兄弟不能相容这件事上断定他不能成就大事。而眼前看似弱小的曹操，背靠汉献帝，立场上有政治优势，再从他的理想与行事风格上判断，贾诩断定他不会计较前嫌。在贾诩看来，曹操潜力巨大，与其等他强大起来之后再去投奔他，不如在他最困难的时候和他结盟，帮助他强大，这样才能更好地凸显自己的价值，所以贾诩力主张绣归顺曹操。后来事情的发展皆如贾诩所料。

思考与辨析

世事如棋局，俗话说"一着不慎，满盘皆输"。这句话提醒人们谨言慎行，每一步都可能关系到大局成败。然而我们观察高手对弈，却又会发现他们往往并不执着于眼前一子之得失，而重在谋篇布局，该退的地方退，该进的地方进。无论是进还是退，都必须着眼于大局。唯有做到胸有大局，才能将眼前的一招一式与最终的成功挂钩。贾诩之所以能成功地预判未来，就是因为他有一种把握大局的能力，能把所有的人和事放到一个大局里观察。

袁绍遣人招张绣，并与贾诩书结好。绣欲许之，诩于绣坐上，显谓绍使曰："归谢袁本初，兄弟不能相容，而能容天下国士乎！"绣惊惧曰："何至于此！"窃谓诩曰："若此，当何归？"诩曰："不如从曹公。"绣曰："袁强曹弱，又先与曹为仇，从之如何？"诩曰："此乃所以宜从也。夫曹公奉天子以令天下，其宜从一也；绍强盛，我以少众从之，必不以我为重,曹公众弱,其得我必喜,其宜从二也。夫有霸王之志者,固将释私怨以明德于四海,其宜从三也。愿将军无疑!"冬,十一月,绣率众降曹操,操执绣手,与欢宴,为子均取绣女。——《资治通鉴·卷六十三·汉纪五十五》

第十二讲

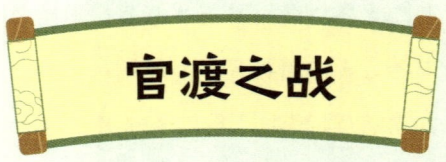

官渡之战

·擅于听取他人的意见·

官渡之战爆发于公元200年的春天。战争开始之前,发生了一段小插曲。曹操碰到个麻烦:原先归顺于他的刘备,趁这个机会背叛了,拉起旗帜来反对他。有谋士建议曹操,应该趁刘备根基不稳的时候进军讨伐。曹操一开始感到犹豫,现在出兵讨伐刘备,万一袁绍趁机打过来怎么办?这位谋士对曹操说:"以我对袁绍的了解,他并不是一个善于把握机会的人,应该不会这么快有所反应。"曹操想了想就同意了,先出兵讨伐刘备。

袁绍身边也有高人。得到曹操和刘备开战的消息之后,就有谋士建议袁绍,趁曹操后方空虚,迅速出兵抢占先机。结果袁绍用了一个非常荒唐的理由拒绝出兵。他说最近自己的孩子病了,不是出兵的时候。用这样一个理由拖延战机,把他身边的谋士气坏了,连连感叹:"惜哉,事去矣!"袁绍连这样的机会都抓不住，可见大势已去。果然，等曹操打败刘备回来的时候，袁绍还没有出兵。通过这个回合的较量，曹操和袁绍的决策力、行动力，谁高谁下，一目了然。

战争开始之后，袁绍主动调集军队，把兵锋指向当时东汉王朝的都城许都，因为袁绍一直觉得曹操假借朝廷的名义压制自己。在战争过程中，袁绍这边有一位名叫许攸的谋士，向袁绍建议不要跟曹操对攻。因为袁绍在军队数量上多于曹操，机动性更强，所以许攸建议先用一定数量的部队吸引住曹操主力，再另出奇兵，直奔许都，迎接当时的皇帝汉献帝。把皇帝掌握在手中之后，就可以"挟天子以令诸侯"，曹操就不足为虑了。这应该说是一个很好的战术建议，但袁绍还是没有采纳，执意要先围歼曹操。

接下来的战争，对双方来说都非常艰难。双方从这一年开春一直僵持到深秋。曹操虽然取得了几次小规模战役的胜利，但整体上还是处于劣势。为什么呢？袁绍实力太强大了。兵精将锐，可以选择速战速决；粮草充足，可以选择打持久战。但这两个条件，曹操都不具备。无论是拼军队，还是拼粮食储备，曹操都拼不过袁绍。好在袁绍行动力不够强，所以战争推进速度不快。但相持半年之后，曹操的心理压力也非常大。战事没有突破性进展，而粮草储备已经告急，敌人依然这么强大，曹操甚至萌生了退军的念头。

如果曹操真的退军了,历史就要改写了。这个时候,出现了一个关键人物,如果没有他,曹操很可能就败了。这个人名叫荀彧,是许都朝廷最重要的智囊。在这紧要关头,荀彧的一封信改变了曹操的主意。荀彧在信中对曹操说:"您如果现在撤退,袁绍大军从后面一扑,什么都完了。官渡这条战线守不住,您想守许都,那更不可能。怎么办呢?就一个字:等!"首先,为什么要等?荀彧认为双方僵持了大半年,没有什么进展,曹操着急,其实袁绍也着急。袁绍的实

力远强于曹操，他获胜的可能性应该更大，现在居然僵持那么久还是占不到上风，他很难不着急。这个时候，袁绍其实也摸不清曹操的实力，并不知道他能坚持多久。如果曹操此时撤退，反而暴露了他的弱点，使得对方信心大增，乘势追上来消灭他们。所以，千万不能撤退，千万不要着急，耐心等待。等待对方阵营出现变化，一旦抓住对方的弱点，就有出奇制胜的机会。因为对方也在十分艰难的时候，再加上袁绍这个人听不进别人的意见，很有可能出现内部分歧。一旦他们暴露出问题，曹操能抓住机会的话，就有可能扭转局势。果然，不出荀彧所料，这样的机会终于出现了。

转机出现在袁绍的谋士许攸身上。许攸忽然决定背叛袁绍，转而投奔曹操。为什么呢？一个重要原因是，许攸觉得袁绍只会蛮干，什么好的建议都听不进去，这样的人很难成功。相反，曹操是一个很善于接纳合理建议的人，所以许攸最终作出了投靠曹操的决定。

曹操听说许攸来了非常高兴，来不及穿鞋就跑出来迎接了。许攸见到曹操，向他透露了一个重要机密：袁绍的粮草全都囤积在乌巢这个地方，而且防守非常松懈，如果摧毁袁绍的粮仓，袁绍的军心肯定会迅速瓦解，丧失斗志。曹操觉得这个主意非常可靠，于是亲自带领五千精兵趁着夜色迂到乌巢，他让手下放起猛烈的大火，烧了袁绍的粮草。

这个消息传到袁绍军营后，袁绍手下的将领都大惊失色，恳请袁绍赶紧派人援救乌巢，尽可能地保住一些粮食。没想到，这时候袁绍突发奇想，要趁曹操率领精兵在外，派军队去攻打他的大本营。听袁绍这么说，手下的将领都快急哭了！他们对袁绍说："主公，曹操是战场上的顶尖高手，虽然自己领兵在外，但他的大本营能不坚固吗？我们赶去攻打，要是一时半会儿打不下来，乌巢那边的火再烧几个时辰，我们的粮食可都完了呀！"袁绍说："你们听我的没错，赶紧去攻打曹操的大本营。"被他派去攻打曹营的将军名叫张辽。张辽率军到达曹军大本营的时候，发现曹军防御工程非常坚固，根本打不下来，而且出来迎战的曹军将士个个生龙活虎，战斗力极强。张辽一看，得了，他也投降曹操算了。后来，他成为曹操手下非常重要的将领。

　　由于袁绍的决策错误，乌巢的粮食被曹操烧了个精光。这下袁绍这边军心溃散，不用打就全线崩溃了，曹操最终获得了战争的胜利。火烧乌巢是决定官渡之战胜败的关键。

以史为鉴

　　分析这场战役，我们看到曹操之所以能成功，是因为他能听取意见，并且有很强的行动力。袁绍则恰恰相反，听不进好的意见，行动又很迟缓。除此之外，我们还要关注荀彧这个人物。如果不是荀彧劝曹操不要撤兵，曹操可能等不到许攸来投奔，就被袁绍消灭了。所以荀彧判断局势、分析敌我的智慧，也非常值得我们学习。

思考与辨析

否定自己是一件很难的事。但我们应该明白，这世界上没有全能全知的人，也没有永远正确的人，我们每个人都有狭隘的时候，每个人都有犯错的时候。所以需要经常倾听别人的意见，以弥补自身的不足。听到不同意见，先冷静地想一想，对方说得到底有没有道理，而不是一味地维护自己的观点。在得出正确的结论之后，最重要的是将它付诸实践。如果没有行动，那再正确的认识也没有意义。

通鉴小文言

操众少粮尽,士卒疲乏,百姓困于征赋,多叛归绍者。操患之,与荀彧书,议欲还许,以致绍师。彧报曰:"绍悉众聚官渡,欲与公决胜败。公以至弱当至强,若不能制,必为所乘,是天下之大机也。且绍,布衣之雄耳,能聚人而不能用。以公之神武明哲而辅以大顺,何向而不济!今谷食虽少,未若楚、汉在荥阳、成皋间也。是时刘、项莫肯先退者,以为先退则势屈也。公以十分居一之众,画地而守之,扼其喉而不得进,已半年矣。情见势竭,必将有变。此用奇之时,不可失也。"操从之,乃坚壁持之。——《资治通鉴·卷六十三·汉纪五十五》

第十三讲

曹植与曹丕

·按照规则办事·

曹操是东汉末年著名的军事家、政治家。由于当时政治腐朽，社会矛盾激烈，出现了军阀林立、割据势力强盛的局面，国家面临着四分五裂的危险。曹操在努力之下，消灭了很多割据一方的大军阀，基本上重新统一了北方，恢复了社会经济秩序。可惜的是，他没来得及完成统一大业，就去世了。继承他遗志的，是他的儿子曹丕。曹操有很多个儿子，曹丕并不是其中最优秀的，那他是怎么成为曹操继承人的呢？

曹丕最大的竞争对手，是他的弟弟曹植。曹操的夫人卞氏，一共生了四个儿子，其中曹丕是老大，曹植是老三，另外老二和老四分别叫曹彰、曹熊。曹植在四个兄弟里虽然年龄较小，却非常有才华，有一个成语"才高八斗"，最初就是用来形容曹植的。这么有才的儿子，曹操当然也非常喜欢。也有很多人建议曹操，立更有才华的曹植作为继承人。

曹操也这么想过，却又很犹豫，难以决断。为什么呢？因为按照中国传统的继承法则，一般都以正配夫人所生的长子为继承人。在卞夫人的四个儿子中，曹丕是老大，按照传统规则，理应由他来继承父亲的爵位和事业。但历史上把位置传给小儿子的帝王将相也不少。所以，有这样一个厉害的弟弟存在，曹丕的压力很大。

关于这兄弟俩的竞争，《资治通鉴》有一段非常精彩的讲述。首先是说曹操为了在曹丕、曹植之间做出选择，私下咨询了几位亲信大臣。接下来列举了四位向曹操提供建议的大臣，他们分别是崔琰、毛玠、邢颙、贾诩。这四位有一个共同点：他们都支持曹丕作为继承人，而且都强调了嫡长子继承制。这四人中率先发言的是崔琰，而崔琰是曹植妻子的叔叔。也就是说，论亲戚关系，崔琰和曹植更近。如果曹植顺利成为继承人，崔琰也应该能得到更多的好处。崔琰却出乎意料地没有支持侄女婿曹植，而是支持了曹丕。这就叫帮理不帮亲！与此相对应的是，所有支持曹植的人，在《资治通鉴》里都没有获得发言机会。在当时按照嫡长子继承制，由曹丕来继承曹操的地位的确是合理的。嫡长子继承制，就是解决当时政治地位传承最重要的规则。

曹操经过反复思考，终于决定遵守规则，让曹丕来做自己的继承人。当这个消息被宣布后，曹丕异常兴奋，按捺不住躁动的心,一把搂住恰好在他身边的大臣辛毗的脖子,跟他说:"啊,老辛啊,你知道我现在心里有多开心吗?"

那个时代不像今天,人与人间表示激动,抱抱肩、搂搂脖子都很正常,中国古人很讲究礼仪端庄,尤其是贵族、有身份的人,要雍容典雅。所以,被曹丕这么一搂,辛毗肯定觉得他的行为很失态。回家以后,辛毗就把这件事告诉了女儿辛宪英。辛宪英针对曹丕的这个举动做了一个判断,她认为曹丕的行为太轻佻了,遇事难以控制自己的情绪。作为曹

操的继承人，责任很重大，身系着国家和百姓的安危。如果曹丕真是个成熟、稳重的人，这时候他应该深感责任重大，唯恐不能出色地继承父亲的事业。但曹丕对此好像根本没有认识，反而表现得异常兴奋和喜悦，可见他的认识和行为都太浅薄了。

从历史的角度看，这位辛宪英姑娘说得没错，曹丕治国的才能和他父亲比差远了，的确是连基本的稳重、大气都没有。《资治通鉴》在这方面对曹丕的批评也毫不客气。

这么看来，曹丕到底是不是一个讨人喜欢的人物呢？从《资治通鉴》的记载来看，曹丕为人心胸狭隘，公报私仇，很多大臣都反对他、不喜欢他，包括司马光也不喜欢他。那么问题来了，这个故事是不是前后很矛盾？前面还说了，当时的有识之士都支持曹丕做继承人，包括司马光也认同这一点。但现在，他们怎么又都不喜欢曹丕了呢？既然不喜欢他，那为什么之前还要支持他呢？

以史为鉴

继位意味着巨大的利益，所以一定会引起争夺，而争夺就会导致混乱。为了避免这种情况，古代人设计出了一套关于继承的规则。选继承人的标准有很多，比如以才华为标准。但什么是才华，可以有不同理解，很难用唯一的标准来衡量。也可以以品德为标准，但品德有时候是可以伪装的。经过不断的实践，人们发现嫡长子继承制，能够把争议降到最低，做到最客观。谁长谁幼总是一目了然吧？所以，支持曹丕的人都强调了这个规则：嫡长子继承制。

规则一旦被制定，就应该被遵守，否则要规则干什么？从个性的角度看，曹丕很不讨人喜欢，但从维护国家、社会稳定的角度看，嫡长子继承制这一规则必须得到遵守，所以《资治通鉴》还是维护了曹丕继承曹操的正当性。在现实生活中，我们更应当遵守社会上认同的规则，不能以个人喜好为导向去破坏规则。

思考与辨析

人常常是感性的，往往根据自己的情感好恶做出判断。如果人们总是感情用事，那就会出现很多问题。所以社会需要规则，按规则办事，以避免人的情绪、偏好导致不公平。规则一旦被制定，每个人都有义务去遵守、维护。举个例子，偷东西是错误的行为，凡是偷东西的人都应该受到惩罚，这是规则。如果警察抓到一个小偷，发现他是自己的亲戚，就悄悄把他放了。这么做对吗？肯定不对！警察的责任就是执行规则，惩戒小偷。为照顾亲戚而放走他，就是以个人偏好破坏公共规则。如果所有人都以好恶为出发点，而不以规则为出发点，社会不就乱套了吗？

操以函密访于外，尚书崔琰露板答曰："《春秋》之义，立子以长。加五官将仁孝聪明，宜承正统，琰以死守之。"植，琰之兄女婿也。——《资治通鉴·卷六十八·汉纪六十》

第十四讲

临危不乱的司马师

·大智者必大勇·

三国时代，曹魏政权领导人更换速度很快，曹操逝世以后，曹丕在位七年便去世，年仅四十岁。曹丕去世后，他的儿子曹叡即位，在位十四年，三十六岁去世。之后曹叡的养子、年仅八岁的曹芳即位。

公元238年，曹叡临终托孤，将年幼的曹芳托付给了司马懿和曹爽。司马懿是三朝元老，曹爽代表着曹家的势力，曹叡的本意是想让他们两个共掌朝政，辅佐曹芳。但曹叡死后，司马懿和曹爽的矛盾迅速激化。曹爽仗着自己是皇亲，对司马懿明升暗降，夺取了他的军权，随后还安排心腹到朝廷各个重要岗位上，排挤司马懿的势力。

就在曹爽觉得司马懿再也没有翻身机会的时候，意外发生了。公元249年正月，曹爽陪同小皇帝曹芳离开京城九十余里，前去祭拜魏明帝曹叡的陵墓。在众人出发之前，司马懿

还在装病,可就在曹爽刚离开京城不久,司马懿就奇迹般地"痊愈"了,并迅速发动了政变。在司马懿的指挥下,长子司马师带领死士快速攻占了武库,获得了大量武器。接下来他们排兵布阵,或是把守宫廷要道,或是断绝曹爽的归路。

面对突如其来的变化,曹爽犹豫不决,不知如何是好,而司马懿则看准了这个机会,委派使者奉劝曹爽放弃抵抗。最终曹爽思来想去,决定投降。跟老谋深算的司马懿比,曹爽还是太幼稚了。没过多久，曹爽及其党羽都被司马懿杀了。

历史上经常发生这种情况，皇帝年龄太小，就给了朝廷重臣夺权的机会。司马懿在夺取实权之后不久就去世了，他的两个儿子司马师、司马昭先后掌权，最终司马昭的儿子司马炎篡夺皇位，建立晋朝，取代了曹魏。关于这段历史，司马懿的作用当然至关重要，但细读《资治通鉴》我们会发现，司马懿的长子司马师同样重要。

司马懿父子掌权的过程中，有三位大臣先后以匡扶曹氏的名义，起兵反对司马氏。因为这三位大臣起兵的根据地都在淮南地区，所以司马氏称他们为"淮南三叛"。第一次是发生在公元251年的王凌之叛，当时司马懿还健在，是司马懿亲自出兵平定的。第二次是发生于公元255年的毌丘俭之叛，当时司马懿已经去世，当家的是司马师，所以是由司马师率兵平定的。但平叛回来后不久，司马师就去世了，权力交给了他的弟弟司马昭。第三次是发生在公元257年的诸葛诞之叛，是被司马昭平定的。我们重点讲一讲由司马师平定的"毌丘俭之叛"。

这件事情的前因是曹魏的年轻皇帝曹芳和司马师之间起了矛盾，曹芳痛恨司马师专权，想找机会除掉司马师。结果被司马师先下手为强，以武力相胁迫，反而把曹芳给废了，重新立了个小皇帝，叫曹髦。消息传到了淮南，镇守在那里的曹魏大臣毌丘俭就打起了反对司马师的旗帜，宣布正式起兵，要为曹魏皇室讨个公道。作为司马师，该如何应对呢？

司马师先是问了一个名叫王肃的大臣，王肃说："当年关羽率军与东吴激战，东吴派人偷袭了关羽的后方大本营荆州。关羽手下将士的家属全在荆州，当他们得知荆州沦陷后，瞬间丧失了战斗意志，队伍也随之瓦解。"王肃说现在的情况和当年一样，淮南将士的父母妻子全在中原，在司马师的管辖地，如果司马师能率军化解淮南军的攻势，消磨他们的战斗意志，他们很快就会像当年关羽的队伍那样瓦解了。

但问题是，当时的司马师刚割掉了一颗长在眼睛上的瘤。当时的医疗条件和手术水平低下，司马师恢复的速度缓慢，再加上手术造成的创痛很严重。大家都担忧司马师的健康，不主张司马师亲征。

这时候有一个叫傅嘏的人站出来对司马师说："淮南兵历来战斗力很强，这次事关重大，如果你只委派一个将军去，万一在前线有什么闪失，让反对你的人形成气候，司马氏的大业恐怕就要付诸东流了。"结合王肃和傅嘏两个人的建议，司马师觉得还是应该亲自上前线，于是决定带伤亲征。

司马师率领的军队在乐嘉城（在今河南省商水县一带）遇到了一支淮南军。淮南军的将领名叫文钦，他的儿子文鸯年仅十八岁，却非常骁勇善战。文鸯主动请缨说，应该趁司马师的军队刚到,还没站稳脚跟,给他一个迎头痛击。于是当天晚上,淮南军兵分两路,偷袭司马师的军营。其中由文鸯率领的一队壮士率先冲进了司马师的军营,顿时杀声四起。司马师这边的将士被突如其来的袭击惊蒙了,大半夜的也不知道对方来了多少人,陷入一片恐慌与骚乱之中。司马师自己也不知道什么情况,一受惊吓,竟然导致刚动过手术的眼珠从眼眶里突出来了。为了防止剧烈疼痛导致惊厥,司马师只得拼命咬住被子,结果被子都被咬烂了。即便如此,司马师也不撤退,他一撤的话肯定会被敌人乘胜追击,整个局势就不可挽回了。所以他一直咬牙坚持,一步都不后退。

没过多久,司马师麾下的将士们就摸清了情况,开始防卫反击了。再加上淮南军的另一支小分队,没能及时赶到现场和文鸯打配合,到天亮的时候文鸯寡不敌众,只能撤退了。这时候的司马师非常冷静,而且判断力十分敏锐,他认为敌人已经气馁打算逃跑了,决定赶紧追上去。其余的将领还不明所以,文鸯刚才杀得很勇敢啊,怎么断定他们不是诱敌之计,而是真想逃了呢?司马师说,刚才淮南军作战时东张西望,非常犹豫,这说明他们有接应部队没及时赶到。而文鸯这支人马已经勇猛地拼杀了一个晚上了,无论是斗志还是体力都经受了巨大的消耗,所以他们肯定是真想逃,而不是佯装的,这个时候反客为主,发动一轮猛攻的话,淮南军肯定挡不住。果然，当司马师的人马追赶上去的时候，这支淮南军除了文鸯仍有余勇，还能杀几个回合之外，其他人已经没有反抗能力了，被打得大败。

文钦、文鸯父子是毌丘俭的队伍里最能打的，他们的失败沉重地打击了淮南军的斗志。本来毌丘俭起事的时候人心就不齐，这时候更是说散就散了。所以接下来基本没打什么硬仗，毌丘俭的队伍就瓦解了，毌丘俭自己也被杀，这次叛乱就这样被平定了。

但这一仗打下来，司马师自己的身体也被耗得差不多了，大部队撤回许昌不久，司马师就去世了。临终之前，他把权力交到了弟弟司马昭手上，司马氏的事业才得以延续下去。

以史为鉴

我们回顾当年司马懿为夺权而发动的政变，这件事能成功，一方面固然是因为司马懿老谋深算，善于捕捉时机。另一方面，司马师所率领的三百死士第一时间拿下武库、获得武器，也是非常重要的一步。再结合司马师在平定淮南战役中的表现，我们可以看到司马师是一个很镇定、有大勇的人。所以说司马师也是司马家族事业得以成功的灵魂人物。因为他去世得早，留下的事迹不如他父亲司马懿和弟弟司马昭多，所以后人对他不够了解。如果我们真要读懂西晋王朝为什么能够取代曹魏，并统一三国，那司马师一定是个值得我们花时间去仔细琢磨的人物。

思考与辨析

从学习的角度说，我们从司马师身上看到，有大智者必有大勇，这也是支撑起大格局的关键。如果一个人的智慧虽足以做到判断正确、选择正确，然而没有勇气去克服实施过程中的困难的话，那么之前的判断、选择也是徒劳的。司马师忍住眼珠子从眼眶里突出来的疼痛，镇定指挥作战的那一幕，正是以大勇确保战略能得以顺利实施的例证。

俭使文钦将兵袭之。师自汝阳潜兵就艾于乐嘉,钦猝见大军,惊愕未知所为。钦子鸯,年十八,勇力绝人,谓钦曰:"及其未定,击之可破也。"于是分为二队,夜夹攻军,鸯率壮士先至鼓噪,军中震扰。师惊骇,所病目突出,恐众知之,啮被皆破。钦失期不应,会明,鸯见兵盛,乃引还。师与诸将曰:"贼走矣,可追之!"诸将曰:"钦父子骁猛,未有所屈,何苦而走?"师曰:"夫一鼓作气,再而衰。鸯鼓噪失应,其势已屈,不走何待?"钦将引而东,鸯曰:"不先折其势,不得去也。"乃与骁骑十余摧锋陷阵,所向皆被靡,遂引去。——《资治通鉴·卷七十六·魏纪八》

第十五讲

陶侃惜阴

· 安逸悠闲时不可懈怠 ·

东晋时期有一位著名将领,名叫陶侃。他平定过很多次叛乱,卓有功勋。以他的能力和功绩,朝廷应该让他在长江中游的荆州(在今湖北省和湖南省一带)担任长官。荆州是战略要地,陶侃对这个地区也非常熟悉。但陶侃取得的成绩,引起了当时的首席大臣、大将军王敦的嫉妒,再加上有些小人从中挑拨,最终在王敦的安排下,陶侃被派往广州担任地方官。今天的广州市是一座经济发达的大城市,但那时候的广州还远远没有得到开发,人口稀少,地方偏远,交通不便,它的重要性根本不能跟长江流域的城镇相比。所以,像陶侃这样有名望、有能力又有功绩的官员被调到那里去任职,在人们眼里就是非常严重的贬职,而且很有可能是要被朝廷搁置在一边了,以后能不能再得到重用,还是个未知数。

陶侃很多老部下纷纷替他抱不平,甚至有人打算起兵抗争，要为陶侃讨回公道。但陶侃知道，和朝廷对抗是没有好结果的，所以他本人并没有采取抗争行动，而是接受任命，连夜赶往广州。

有句俗话叫"天高皇帝远"，在偏远的地方，治安和管理都容易出问题。当时的广州也是这样，不仅有很多小毛贼，甚至还有地方势力杀死朝廷命官的事件发生。陶侃前往广州赴任的时候，一些反叛势力正在广州盘踞着。凭借着出色的军事能力，陶侃很快就击败了这些反叛势力，顺利进驻广州。

在陶侃的治理下，广州很快变得太平，官府也变得清闲无事。这当然是件好事，本来陶侃可以趁机休息，享受一下生活了。但下属们发现，陶侃并没有因此安逸下来。他每天

一大早起来,就从屋里搬一百块大砖出来,到了晚上再把这一百块砖搬回屋里去。大家看着很纳闷,就有人跑去问他每天搬砖干什么。陶侃回答说:"大丈夫应当志向远大,我不可能在这偏远的地方待一辈子,终归要回到重要岗位上云,我的志向是要为朝廷收复中原效力,为保持这种意志,我不能懒惰下来,不仅要锻炼身体,还要每天警醒自己,必须努力做事。现在地方治理得很好,没有什么公事,如果安于现状,享受安逸,人的精神意志就会懈怠下来,做事的积极性和能力也会衰退。所以我想出搬砖的法子,每天让自己

有事做，保持一种勤奋、不松懈的状态，等到有机会重返关键岗位的时候，才能马上进入状态。"听完之后，大家对陶侃的励志与勤奋都非常敬佩。

后来，陶侃果然再次受到朝廷重用，被调回到战略要地任职，不仅担任了荆州刺史，朝廷还让他监管从四川到湖北，整个长江中、上游地区的军事防务，这是非常重要的职位了。升任要职后，陶侃对待工作更加努力了。他时常教导下属说："大禹领导人民治水和管理国家的时候，都非常珍惜每一寸光阴。大禹是圣人啊，尚且如此精进勤奋，何况我们这些普通人呢？我们一定要把每一寸光阴都用在做有意义的事上。"起初他的下属中有很多人喜欢喝酒、赌博，陶侃让人把他们的酒具、赌博用具都扔掉，督促他们读书、工作。当地老百姓受陶侃的影响，耕田、织布也更加努力了，于是大家都变得很富裕。

东晋王朝以长江为天险，和北方的政权对抗，所以水军非常重要。陶侃在他的辖地里，每年都要督造很多大型战船。造船就要用到木料，在制造的过程中会产生大量的木屑和小木块。以前这些东西都会被当作垃圾扔掉，陶侃却命人把这些东西都收集起来。当时大家都觉得奇怪，留着这些垃圾干什么呢？等到了冬天，木屑的用处就体现出来了。下雪之后，积雪融化的过程中，会使地面变得很滑，陶侃命人把木屑拿出来铺在地上，这样就增加了地面的摩擦力，使得大家在走路的时候不那么打滑。又过了一段时间，朝廷要打仗，需要快速地组装大量的战舰。这时候陶侃又命人把储存的小木块都拿出来，这些小东西很容易被做成榫卯，用来组装战船，大大加快了组装速度。

后来发生了一次重大的叛乱，因为为首的叫苏峻，所以这次叛乱又称为"苏峻之乱"。苏峻原先也是朝中一位很会打仗的将领，因为对朝廷不满而在长江下游地区发动了叛乱。苏峻一度攻克了都城建康（今江苏省南京市），朝廷的情况非常危急。这时候，既有实力又有能力的陶侃承担起了平定叛乱的重任。在他的指挥下，苏峻之乱最终被平定了。然而此时的陶侃已经年老体衰，不久就得了重病。他向朝廷打了辞职报告，在卸任之前，把牵涉到公务的文案、账目，整理得井井有条，等着交给下一任官员。陶侃去世以后，朝廷给了他很高的丧葬礼遇，在当时的舆论中，他也赢得了很好的口碑。

以史为鉴

纵观陶侃的人生与事业，是非常成功的。而他最值得我们学习的，就是从不让自己懈怠、懒惰下来的那种精神。即便处在人生的低谷期，或是非常悠闲的时期，他也努力保持勤奋的状态，随时准备干一番事业。总结历史，我们发现，那些真正取得成功、成就大业的人，很多都具备这种素质。人们常说，机会只留给有准备的人，讲的就是这个道理。如果在没有机会的时候，就一直悠闲着，那等到机会降临的时候，有什么能力可以一下子抓住它呢？如果没有充分的准备，可能机会到了眼前都意识不到！

思考与辨析

　　因为时常保持勤奋、精进的态度，所以陶侃很珍惜光阴，也珍惜很多小的事物，比如木屑、小木块等，认为每一个小事物都会有它的用处。通过这一系列的努力，到最后，陶侃拥有了超凡的能力，不管面对多么困难、多么繁重的工作，都能安排得井井有条，顺利完成，取得成绩。这跟陶侃时刻让自己保持的状态是分不开的。

 通鉴小文言

侃在广州无事，辄朝运百甓于斋外，暮运于斋内。人问其故，答曰："吾方致力中原，过尔优逸，恐不堪事，故自劳耳。"——《资治通鉴·卷八十九·晋纪十一》

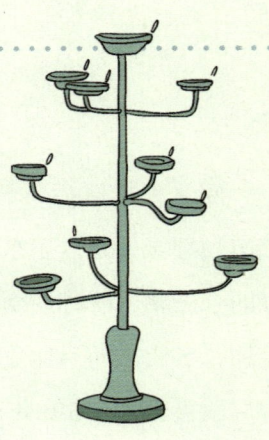

第十六讲

空谈误国

魏晋"清谈"风气的弊端

西晋灭亡以后,晋朝残余势力逃到南方,以今天的南京市为都城,建立了东晋王朝。东晋之后,是宋、齐、梁、陈四个王朝,统称为南朝。在北方地区,则涌入了大批游牧民族,各民族前后建立过十多个政权,相当混乱。这种分裂的局面直到公元589年隋文帝杨坚灭掉南方的陈朝才宣告结束。也就是说,晋武帝灭吴带来的和平统一时代,仅仅维持了短短的十年,随后的动荡、南北分裂,延续时间则长达三百年左右。

东晋时期,有一位风雅名士叫殷浩。《资治通鉴》介绍说,殷浩有很高的见识,擅长谈论《老子》《周易》中的哲学问题,被认为是这方面的一代宗师,在士大夫中人气和名望都很高。甚至有人说,殷浩要是不出来当宰相,天下老百姓都不知道该怎么活了!可以看出,当时的社会是把一个人的哲理思辨能力、言谈能力和治理天下的能力等同起来的。

到永和四年（348），殷浩真的做到宰相了。那他表现得怎么样？他曾在公元350年、352年、353年分别主持过三次北伐，意图恢复中原。但每次都是一败涂地，无论人力、物力还是财力损失都很大，不仅没有在恢复中原方面取得进展，还增加了国家和老百姓的负担。殷浩的失败，根本原因就在于，他虽然很有学问，非常擅长言谈，但缺乏最基本的处理实际事务的能力。

同一时代，与之相反，有一位注重实干的历史人物，名叫桓温。对于殷浩这类有名无实的名士，桓温曾经打过一个比方来讽刺他们。桓温说，东汉末年控制荆州（在今湖北省、湖南省一带）的军阀刘表，养过一头重达一千斤的牛，大家都觉得稀奇。因为一般一头用来拉车的成年黄牛，体重是在四百至六百斤，一千斤的牛就是庞然大物了，非常少见。这头牛的食量也是其他牛的好几倍。刘表就拿它当个宝似的养着，毕竟物以稀为贵。但真让这头牛拉车，就会发现它还不如一头老弱的母牛。刘表死了以后，曹操收服荆州，就把这头牛给宰了，分给将士们做食物。桓温讲这个故事，就是把那些只擅长言谈的名士比作这头大笨牛，看上去很稀奇，其实没什么价值。不实用的大笨牛，浪费了更多的粮食，华而不实的名士身居高位，不也是浪费国家资源吗？

既然批评这些名士华而不实,那自己就得有真才实干啊。对于当时的东晋政权来说,收复中原是首要任务,所以在所有的实干才能中,军事才能尤为重要。桓温为了让自己具备更强的军事才能,可以说是非常努力了。有一年冬天,下着大雪,一般人都躲在家里烤火取暖,懒得出去。桓温却穿戴整齐,带领下属去打猎。奔驰打猎,不仅能强健体魄,而且在古代,打猎活动需要大家的分工协作,所以这又是很好的军事演习方式。在这样严寒的环境下,不贪图暖室里的安逸,而是到冰天雪地里去打猎,更能考验人的毅力,磨炼人的意志。

桓温去打猎的时候,路过一位名叫刘惔的名士的家门口,就顺便拜访了他。这位刘惔也和殷浩一样,是擅长思考、言谈的人物。他看到桓温一身武装,还携带着兵器,就问他:"你想干什么呢?"桓温听了哈哈大笑,回答说:"我要不这样大冬天里去打猎、练兵,你们这些人哪能安心地坐着高谈阔论呢?"意思是说"要是没有我这样懂军事、有实干的人,国家早就灭亡了,哪里还有你们说三道四的机会?"

其实桓温心里最瞧不上的就是殷浩。桓温自己呢,虽然很有能力,但因为出生在一个地位不是很高的家族里面,所以发展得不像名门望族里的名士那么顺利。在那个时候,要么是以家族出身取人,要么是以言谈取人,要么干脆以貌取

人，这些标准都远比真才实干重要。在家庭出身、言谈能力以及外貌长相方面，桓温一项也不出众，所以总受到排挤。

桓温很有韧性，越是压制他，他就越想通过做事来证明自己。公元346—347年，桓温干了一件大事。四川一带存在着一个成汉政权，遏制着长江上游。桓温认为，不能掌握长江上游的话，对东晋的统治是不利的，也不利于全面北伐的展开。但朝廷很怕事，一直不许桓温轻举妄动。经过一番准备，公元346年，桓温不等朝廷的许可就直接出兵了。朝廷上的人知道他人马少，进四川的道路又很险，担心他会失败。但桓温毫不犹豫，有序地推进着计划。

到第二年，桓温的军队进入四川，成汉政权派遣大军前来迎战。当时有参谋建议桓温把军队分为两部分，以分散敌军的注意力。桓温没有听从这个建议，认为本来人马就少，再分散，如果其中一部分遭遇失败，就会影响到另一部分的士气。所以桓温决定集中兵力，直扑成都。成都是成汉政权的都城，所谓擒贼先擒王，只要拿下成都，那分散在外的成汉军队就不足虑了。沿路遇见抵抗的成汉军队，桓温三战三捷，最终顺利地把军队推进到成都郊外。成汉政权的统治者当然很慌，就把能调动的军队全部用来阻击桓温。所以接下来争夺成都的这场战役非常激烈。桓温的前锋部队在进攻时遭遇了失败，一位重要的将领战死，情况紧急到敌人的箭都已经射到了桓温所骑的战马跟前了。很多部将害怕了，都想撤退。这时候，作为主帅的桓温如果稍微退缩一下，就有可能导致军心瓦解，一败涂地。没想到，桓温不仅不退，反而指挥军队奋战向前。这股勇气，让敌人一下子蒙了，瞬间丧失了继续战斗的勇气。扳回一局后，桓温率领军队长驱直入，最终攻克了成都，迫使成汉政权的统治者投降。成汉政权就这样被桓温消灭了。通过这次战役，东晋才真正掌握了南方的大部分区域，可以说桓温为东晋立下了实实在在的大功。这些成就既是桓温能力的体现，也是他的眼界、抱负、格局的体现。

以史为鉴

　　司马光认为，魏晋南北朝的长期动荡分裂和当时士大夫们喜欢"清谈"有关。什么叫"清谈"呢？就是一群人聚在一起讨论哲理，还要求语言风雅、机智犀利。从曹魏到西晋，一直到后来的东晋、南朝，汉族士大夫中一直流行着"清谈"，擅长"清谈"的就被称为"名士"。如果光是这样的话，问题不大，思辨、谈论也有其价值。问题在于朝廷居然把"清谈"能力作为选拔官员的重要标准，"清谈"的名气越大，越是能做大官。这就荒唐了吧！比如西晋末年的宰相王衍，年轻时候就很有名，擅长清谈，长得也仪表堂堂，但完全缺乏处理实际事务的能力，西晋最后一支四万人的精锐部队就丧失在他手中，直接导致了西晋的灭亡。更糟糕的是，即便有了这么惨痛的教训，进入东晋以后，这种依靠"清谈""风雅"来选拔高级官员的风气，仍然没有得到有效遏制，最终导致了这个政权无法振作起来。

思考与辨析

通过殷浩和桓温的对比，我们清楚了什么叫空谈误国，什么叫实干兴邦。当然，"清谈"、哲学思辨，并不是没有意义。对促进思想文化及艺术的发展，"清谈"、思辨能起到很大作用，而且对提高人的思考能力也是非常有意义的。但我们要分清楚，应该把什么样的才能用在什么方面。魏晋时期，把人的谈论、思辨能力和治国实干能力混为一谈，以"清谈"能力的高下作为选拔治国人才的标准，难免暴露其弊端，甚至"清谈"逐渐演变成"空谈"了。

通鉴小文言

桓温尝乘雪欲猎，先过刘惔，惔见其装束甚严，谓之曰："老贼欲持此何为？"温笑曰："我不为此，卿安得坐谈乎！"——《资治通鉴·卷九十七·晋纪十九》

第十七讲

慕容垂建立后燕

· 根据自身实际制定目标 ·

五胡入华时期，慕容氏的祖先从今天的辽宁省逐步进入华北平原，并最终占据河南省、河北省等地区，建立了前燕政权。慕容垂是前燕政权第一任皇帝慕容儁的弟弟。但在慕容儁去世后，前燕内部发生了严重分裂，有着卓著战功和领导才能的慕容垂，遭到掌权者的猜忌打压。无奈之下，慕容垂逃离了前燕，跑到长安投奔前秦苻坚。

那时候苻坚的事业依然蒸蒸日上，还没有发生淝水之战，北方还没有统一起来，正急需人才。听到慕容垂来投奔的消息，苻坚非常高兴，亲自到郊外迎接，给予慕容垂很高的待遇。后来苻坚在慕容垂的帮助下，消灭了腐朽无能的前燕政权，完成了统一北方的重要一步。

苻坚发动伐晋战争时，慕容垂被任命为先锋官之一，率领骑兵南下。淝水之战中，前秦军队大溃败，但《资治通鉴》介绍说，在其他将士都奔亡逃命的时候，慕容垂所率领的三万人马却行伍整齐，岿然不动，这足以证明慕容垂的军事才能和应对危机的能力。幸亏有这三万人马立住了阵脚，苻坚才不至于走投无路。最终在慕容垂的保护下，苻坚得以回到长安。

　　送走苻坚之后，慕容垂有了自己的想法。虽然慕容垂之前在前燕政权里受到打击，后来借助苻坚的力量攻入前燕，消灭了自己的政敌，但前燕政权也因此灭亡了，那毕竟是他们慕容氏的祖业啊！慕容垂觉得能在淝水之战后保全苻坚，已经回报了他当年的知遇之恩。所以，慕容垂决定接下来要做自己的事情，那就是恢复祖业，重新组建大燕政权。

　　趁着苻坚回关中收拾残局，慕容垂开始在关东地区布

局。我们可以把慕容垂兴复大燕政权的活动看成是一次创业。创业总要有目标、有蓝图，如何制定目标、画出蓝图，不同的创业者会有不同的原则、方案。很多创业者一开始都热衷于表达"我想要怎样怎样，我要得到什么、达到什么样的目标"。慕容垂却与众不同，他在一开始创业的时候，不是强调"我要什么"，而是宣布"我不要什么"。这一点不仅值得我们注意，而且非常值得我们学习。

淝水之战后不久，慕容垂就预料到了北方可能重新陷入混乱。慕容家族中很多人都提出要杀了苻坚，全面夺取原本属于前秦的领土。与众人的意见相反，慕容垂一开始就明确表示：他的目标是要重新安定慕容家族世代经营的关东地区（包括今山西省、河北省、河南省等地区），至于关西地区，尤其是今天的陕西省、甘肃省这一带，他不会染指，更不会去争夺。

在平定河南、河北的过程中，慕容垂要处理的最大的问题，就是解决代表苻坚镇守关东的苻丕，他是苻坚的儿子中非常重要、非常能干的一位。苻丕坐镇的城市邺城，曾经是前燕政权的都城。慕容垂要复兴大燕政权，势必要先夺回旧都，这样他和苻丕的摩擦就在所难免。

慕容垂对邺城是志在必得的，但他一开始也向苻丕表明了态度，他非常不希望和苻丕刀兵相见，希望苻丕能够率领人马，平平安安地回到长安，把邺城还给慕容家族，让他恢复祖业，也就是重建大燕政权。之后，慕容氏也表示不愿与前秦政权为敌，只希望作为邻国，和平相处。

慕容垂所说的，并非虚情假意。但苻丕当然不可能就这样放弃邺城，所以双方之间的战争还是爆发了。一则因为慕容垂处世、用兵都更为老到，二则因为在河南、河北地区的确还有很多支持慕容氏的力量，所以好几次战役，苻丕都败了。

战败的苻丕只能困守在邺城内，粮草、兵员补给都成了极大的问题。这时候，只要慕容垂稍稍再加把劲儿，攻克邺城、擒拿苻丕都是很容易的事。但谁都没料到，就在这关键时刻，慕容垂下令撤了对邺城的包围圈，要放苻丕一条生路。最终苻丕率领残余力量离开了邺城。在很多人看来，慕容垂是不是疯了？战争是何等残酷，本来形势一片大好，却要放虎归山，难道不怕留下后患吗？

慕容垂为什么始终坚持不与前秦为敌、不争夺关西的策略？真的如他所说，是感激当年苻坚收容他的恩德吗？当然并非这么简单。这其实代表了慕容垂实事求是的做事态度，以及一种高超的智慧。为什么这么说呢？奋进、创业，是一个不断扩张的过程，无论是出于志向，还是出于贪欲，一般人都会觉得争取得越多就越有利，却忘记每个人的能力和承受力都是有限的，没有一个人能把所有的东西都得到，把所有想做的事情都做成。这是一个非常基本的道理，但很多人无法参透。首先是因为很多人一开始并不知道自己的能力边界在哪里，不知道该在什么时候停下来；其次是因为雄心勃勃的状态，很难让人看清楚边界，及时冷静地停下来。之前我们分析过的苻坚，就是一个很好的例证。他很有能力，但再有能力也不可能靠一己之力把所有事情完成，最终他错误地发动对东晋的战争，其实就是超出了他的能力界限。慕容垂目睹了苻坚从成功巅峰跌入人生谷底的过程，很快认清了这个道理，吸取了苻坚的教训。所以，在一开始的时候，他就给自己的行动划定了一个边界，看上去很保守，事实上是给自己的事业减少了很多压力和不确定性，在局部地区取得成功总比试图一口气吞并整个北方要容易得多。

事实证明，慕容垂是明智的。苻坚回到长安后，关西地区就爆发了复杂的多方战争，氐族、羌族以及鲜卑的其他支系在这个地区互相攻伐，一片混乱，博弈的过程和结局都很难预测。如果慕容垂把自己的事业版图扩大到关西，那么保住在关东的胜利果实，就是一件很难的事情了。放弃了关西之后的慕容垂，一心经营河南、河北，最终成功重建了大燕政权，历史上一般称之为"后燕"。

以史为鉴

慕容垂从一开始就划定界限，不争关西，也是一种谦虚谨慎的态度。毕竟刚开始创业的时候，他的实力相对比较弱，制定不切实际的目标是有害无益的。所以，这一讲分析慕容垂的创业故事，并不是要主张彻底保守、什么都不做，而是要学习慕容垂实事求是、谦虚谨慎的做事态度，懂得既要努力地在实践中摸索，又要知道每个人的能力都是有边界的。

思考与辨析

我们再换个角度看问题：慕容垂的谨慎并不意味着害怕失败、盲目放弃。如果仅仅因为害怕失败，就什么都不做，这样虽不会失败，但也不会获得成功啊！我们该如何辩证地看待这个问题呢？任何人不经历实践，都不会知道自身能力的边界在哪里，能力的边界往往是在实践中摸索出来的。而且这个边界也不是绝对的，在实践的过程中，能力会得到增长，那么这个边界也会随之逐渐扩大。就像我们锻炼身体，体能逐步增强，运动能力、负重能力也会慢慢提高，这就超出了之前的体能极限。我们需要在实践中摸索，不盲目进取并不意味着就要盲目放弃。

垂曰："吾昔为太傅所不容，置身无所，逃死于秦，秦主以国士遇我，恩礼备至。后复为王猛所卖，无以自明，秦主独能明之，此恩何可忘也！若氐运必穷，吾当怀集关东，以复先业耳，关西会非吾有也。"冠军行参军赵秋曰："明公当绍复燕祚，著于图谶；今天时已至，尚复何待！若杀秦主，据邺都，鼓行而西，三秦亦非苻氏之有也！"垂亲党多劝垂杀坚，垂皆不从，悉以兵授坚。——《资治通鉴·卷一百五·晋纪二十七》

第十八讲

东晋名将刘牢之

· 背信弃义不可取 ·

东晋中期有一位名将，叫刘牢之，他是东晋历史上非常有作为、有功绩的人物。他早年曾参与了著名的淝水之战，率领东晋军队战胜了前秦，后来长期担任东晋最重要的军事力量北府军的军事长官，屡立奇功。甚至可以说，刘牢之是东晋中期的第一名将。这样的人物，本应该青史留名，为历史作出更大的贡献。然而，刘牢之的人生并不是以光彩的形式画上句号的，相反，他的后半辈子把一手好牌打得稀烂。

刘牢之打仗能力一流，在政治上却缺乏基本的原则和立场。在他功成名就、步入政坛之后，曾有三次非常关键的背叛，这三次背叛把他一步步推向了失败的深渊。我们先来介绍他的第一次背叛。当时东晋的皇帝晋安帝是个无能之徒，朝廷政务都掌握在皇帝的叔叔司马道子以及他的儿子司马元显手里。另一方面，皇帝的舅舅王恭也是辅政大臣，在都城北面的镇江坐镇，统帅最精锐的北府兵。这样一来，王恭与司马道子父子便形成了相互制衡的关系。而此时刘牢之是王恭的手下。

后来司马道子越来越专权，又沉湎于酒色，把重要的事情都交给儿子司马元显处理。司马元显当时还很年轻，做事情锋芒毕露，得罪了很多人。过了不久，司马元显也变得跟他父亲一样，好酒、贪财、宠信小人，搅得朝廷上下乌烟瘴气。这么大一个国家由这样的人说了算，让很多大臣愤愤不平。

但司马道子对王恭还是有几分忌惮的，因为对方手里有北府兵，又是皇帝的舅舅，所以他很想拉拢王恭，搞好关系。可王恭的性格很倔强，对司马道子父子非常看不惯，每次都把司马道子骂个狗血喷头。司马道子宠信两个小人：王国宝和王绪。他们帮助司马道子建造奢华的府邸，甚至帮他招权纳贿。王恭也曾经当面痛斥司马道子信用小人。后来王恭发现司马道子父子不仅毫不悔改，反而愈演愈烈，他终于按捺不住了，决定利用手里的军事力量起兵反对他们。

司马道子一看王恭起兵了，心里害怕，为了让王恭息怒，他杀了王国宝、王绪，表示愿意痛改前非。但王恭不愿轻易罢手，继续整顿军队，准备进攻。王恭在军事上，仰仗的就是刘牢之。刘牢之是北府兵的军事长官，而王恭是朝廷任命统领北府一切政务的总长官，所以刘牢之要听王恭的指挥。这时候，刘牢之站出来劝解王恭说："既然司马道子已经认识到自己的错误，而且还杀了王国宝、王绪向您认罪，您就不要再率领军队去攻打都城了，毕竟内战对国家不利。退一步说，您是皇帝的舅舅，司马道子是皇帝的叔叔，你们本当同心协力辅政才是。司马道子纵然有不是，但若您这样举兵围攻都城，也是对天子的不敬。"刘牢之这番话讲得很有道理。但王恭这个人比较迂腐，另外他也有私心。他想在推翻司马道子之后，自己把持朝廷。所以刘牢之这番苦口婆心的劝解，王恭听不进去。

过了不久，刘牢之劝解王恭的这番话传到了司马元显的耳朵里。司马元显立马想方设法拉拢刘牢之，希望刘牢之能为己所用。在司马元显许诺了高官厚禄之后，刘牢之决定站到王恭的对立面，协助司马道子和司马元显保卫南京。王恭自己不会打仗，军事上完全依靠刘牢之，刘牢之一背叛，王恭就完了。后来刘牢之帮着司马道子打败了王恭，王恭被司马道子所杀。

这是刘牢之生命中的第一次背叛，这个过程中刘牢之的行为有对有错。王恭擅自兴兵，虽说是针对司马道子父子，但也冒犯了天子，这一点刘牢之说得没错，王恭的做法的确不妥。但刘牢之为了获取高官厚禄投靠司马元显，背叛顶头上司，并导致王恭被杀，这在当时的价值观念里，也是令人

不齿的。之后司马元显兑现诺言,把北府兵完全交付给刘牢之掌管,刘牢之成了北府兵名副其实的统帅。这个回报,刺激了刘牢之的野心。

当时还有个人物名叫桓玄,是桓温的儿子。桓氏家族的势力也很大。桓玄曾和王恭结盟,共同反对司马道子父子。王恭失败之后,桓玄依然和司马氏父子势不两立。在这些人当中,桓玄的政治野心是最大的,他想推翻东晋,自己做皇帝。后来桓玄打着反对司马元显专权纳贿的旗帜,起兵造反了。桓玄继承了父亲的遗产,手下有不少精兵猛将,军事实力不一般。而司马元显能依靠的,只有刘牢之的北府兵。

刘牢之在投靠司马元显后,虽然地位获得了提升,但他只是一个职业军人,而东晋是一个贵族时代,把持朝政的都是贵族。所以他再会打仗,政治前途也有限,很容易碰到天花板,甚至还会被贵族看不起。司马元显之前拉拢他,只是因为他的军事才能,平时没什么事的时候,对他的态度很是傲慢。

刘牢之也很明白这点,但他不甘心就这样被利用,想搏出一番自己的天地。当桓玄起兵造反,司马元显再度来拉拢他的时候,刘牢之决定利用这次机会扩大自己的权势。刘牢之表面上答应了司马元显,实际上却打起了坐山观虎斗的算盘。刘牢之想:"先让桓玄和司马元显打起来,只要我不支持司马元显，司马元显肯定被桓玄打败。而在打败司马元显之后，桓玄也精疲力尽了，我再趁机消灭桓玄。到那时候有军事实力的只剩我刘牢之了，朝政岂不是都由我说了算？"这是刘牢之的第二次背叛，他出卖了司马元显。

这个野心把刘牢之害了，事情没有他想的那么简单。在得不到刘牢之救援的情况下，司马元显的确被打败了，而且被杀。但桓玄并没有精疲力尽，反而因为战胜而威望大增，军事实力也得到了加强。接下来，桓玄顺理成章地掌握了中央政权，刘牢之也只能投靠桓玄，听从他的号令。桓玄是很精明的，早就看透了刘牢之坐山观虎斗的算盘。所以掌权之后，桓玄马上采取措施压制刘牢之，任命他为会稽内史，名义上是给他升官，实际上是把他调离北府，夺走他的兵权。刘牢之当然明白桓玄的用意，非常气愤，决定起兵反对桓玄。这是刘牢之的第三次背叛。

刘牢之手下有一员猛将，名叫刘袭。刘牢之跟刘袭商量说："桓玄有称帝的野心，如果我帮助朝廷讨伐他，有几分胜算？"刘袭很有见识，回答说："桓玄起兵讨伐司马元显，本质上就是造反。司马元显有再多的不是，他也是宰相，代表中央政府。若分正义、不正义，桓玄肯定是不正义的。您身为北府兵统帅、朝廷命官，当时就应该协助司马元显保卫朝廷。司马元显个人的错误，您应该在整顿朝纲的时候再提出来。但您却选择了和桓玄结盟,把司马元显出卖给了桓玄,引狼入室,使得朝廷岌岌可危。桓玄这么精明的人,会完全信任您吗?鉴于您的实力和之前的所作所为,他打压您也是情理之中的事,因为他也怕被出卖啊!现在您若起兵反对桓玄,就是第三次背叛了,那还有多少人愿意信任、追随您呢?"

以史为鉴

刘袭的观点其实很有代表性,在很多人眼里,刘牢之就是一个反复无常的小人。虽然他背叛的对象王恭、司马元显、桓玄,各有各的错,但为了自

身利益背叛上司，这本身也是不当的行为，更何况他是一而再、再而三地背叛。这时候的刘牢之已不再有信誉了，他身边的人纷纷离开了他，最后只剩下儿子和女婿。在这样的情况下，刘牢之其实已经没有能力起兵了，更何况他准备起兵的想法已经被桓玄知道了。为了避免落入桓玄之手，刘牢之只能往北逃，逃到新洲这个地方后无路可走，最终上吊自尽了。

思考与辨析

刘牢之的故事告诉我们什么教训呢？首先，人一定要懂得控制自己的欲望。最初背叛王恭的时候，刘牢之看到背叛能得到很多好处，他的欲望就开始在这个过程中膨胀了，甚至幻想着自己真能掌控天下。他把问题看得太简单了。其次，在为人处世的过程中不停地失信，乃至于不停地背叛，这样的人哪怕能力再强，实力再雄厚，最终也会丧失所有人对他的信任和信心，没有信誉，再好的牌也会被打烂。

于是牢之大集僚佐,议据江北以讨玄,参军刘袭曰:"事之不可者莫大于反。将军往年反王兖州,近日反司马郎君,今复反桓公,一人三反,何以自立!"语毕,趋出,佐吏多散走。牢之惧,使敬宣之京口迎家,失期不至。牢之以为事已泄,为玄所杀,乃帅部曲北走,至新洲,缢而死。——《资治通鉴·卷一一二·晋纪三十四》

第十九讲

刘裕篡位

·知人者智，自知者明·

东晋末年出现了一位名叫刘裕的军事天才，他在帮助东晋王朝平定内乱、消灭外敌两方面都立下了汗马功劳，并且最终形成了自己的势力，取代了东晋，开创了南朝时期第一个王朝——宋。在刘裕创业的过程中，消灭北方后秦政权的故事值得我们思考借鉴。

后秦是五胡十六国时代由羌族建立的政权，以长安为都城，控制着西北部很大一片土地。后秦的第二任皇帝姚兴非常能干，能征善战、崇奉佛教。但姚兴晚年犯了一个错误，他没有把皇位继承问题处理好。在他去世后，继承皇位的是太子姚泓，但其他几个儿子并不服气，对皇位虎视眈眈，造成了巨大的内讧，战争不断，严重消耗了后秦的国力。

姚兴于公元416年去世。刘裕得知这个消息后，认为这是扩大自己功业的绝好机会。如果趁后秦内乱时消灭它，这将有利于他树立更高的权威,并为他篡夺东晋的皇位创造有利条件。到这年秋天,刘裕开始调动兵马。整体上看,他的军队分两个方向进发,一部分经由中原地区,逆黄河而上。黄河是从西往东流的,刘裕用船只运送军队,却是从东往西走,最终目的地是后秦政权的重要关口,也是历来兵家必争之地——潼关。要从正面进攻长安的话,必须攻破潼关。这支队伍是刘裕军队的主力。另一方面,刘裕也安排了一支偏军,从南面绕道到长安南面的门户——武关。

我们先看取道中原的主力部队。中原地区势力分布非常复杂,可以用犬牙交错来形容。当时最重要的三个政权——东晋、后秦、北魏,在河南都有势力范围。比如洛阳是被后秦占领,而在洛阳的东北角,有一个军事重镇叫滑台,它是被北魏势力所占据的。刘裕的军队要打击后秦、夺取洛阳，必然要经过由北魏控制的滑台。而北魏的守将摸不清刘裕到底想干什么，以为刘裕气势汹汹地率领大军是冲自己来的。当时北魏镇守滑台的官员，一看刘裕的军队如此强大，马上就弃城逃走了。这样刘裕的前锋部队不费吹灰之力就占据了滑台。

消息传到北魏皇帝拓跋嗣那里，他听后非常愤怒，把弃守滑台的将领斩了。虽然刘裕向北魏喊话说："我的目标不是要打你们，我只是路过你们这儿，接下来我要去打后秦。"但北魏朝廷上的君臣不知虚实，摸不透刘裕的葫芦里卖的是什么药，心里想："万一刘裕撒谎骗我们怎么办？如果相信了刘裕的话，放松警惕，结果刘裕趁我们不防备来攻打我们，那岂不是很被动？"所以北魏对刘裕的军事行动保持着高度警惕。

刘裕并不理睬北魏，指挥将士们进攻洛阳，把原本被后秦占领的洛阳夺下来了。这一战对于东晋和后秦双方来说都具有重大意义。因为洛阳是西晋王朝的都城，西晋灭亡以后，部分贵族退缩到南方建立了东晋，可以说东晋是西晋的延续。所以夺回洛阳，对东晋来说有收复中原的意味，是一个重大胜利。而对于后秦来说，失去了中原地区最重要的一座城市，是一个巨大的失败。

洛阳之战，东晋和后秦打得热火朝天，虽然印证了刘裕所说的他的目标是后秦,但在一旁观战的北魏仍然不敢掉以轻心。北魏的君臣看到,刘裕的战斗力太强了,万一他杀红了眼,夺取洛阳之后又来攻打自己的地盘,不是没有这种可能啊!所以北魏高层围绕这个问题展开了一场讨论。当时北魏的都城还在平城,就是今天山西省大同市附近。皇帝拓跋嗣率先提出了自己的忧虑,他说:"刘裕号称率领军队去攻打潼关,目标是征服后秦,但他从黄河逆流而上,本来行军难度就很大,即便能到达潼关,可潼关是一夫当关、万夫莫开的天险,刘裕真有必胜的把握吗?现在刘裕的军队正沿着黄河走,如果他最后放弃攻打潼关的计划,不再往西走了,而是换个方向往北打,不就侵入我们的势力范围了吗?而且从地理形势来看,他打我们比打潼关容易啊!"拓跋嗣问他的大臣们:"刘裕扬言要消灭后秦,也攻下了洛阳,但他真正的目标是不是我们啊?"

对拓跋嗣的这个判断,很多大臣纷纷表示赞同,觉得刘裕所谓西进潼关,只是一个虚招,试图用这个手段来麻痹北魏,其实他就是冲北魏来的。如果真是这样的话,还不如不让他往西进,干脆把他堵在黄河边上,然后趁机打败他。

这时候有一位名叫崔浩的年轻官员发表了不同意见。崔浩提醒北魏君臣们注意一个背景:刘裕在东晋的地位越来越高,权力越来越大,势必也会招来很多反对者,其中不少反对他的人是东晋王朝的宗室，他们担心刘裕的强大最终会威胁到东晋政权。这些人和刘裕展开了政治斗争，但由于刘裕掌握着兵权，所以他们都失败了。而这些被刘裕斗败的东晋高官，往往逃亡到后秦，借助后秦的力量继续给刘裕制造麻烦，比如有一位名叫司马休之的人便是如此。崔浩说，鉴于这些原因，刘裕早就惦记着要和后秦干一架，以前一直没有机会，现在姚兴一死，后秦内部一团乱麻，正好给了刘裕机会。如果能消灭后秦，不仅能进一步提高刘裕在东晋内部的权威，加速他篡位的进程，还能顺便消灭他在外面的政敌，这件事关乎刘裕最为核心的利益，他一定会去做，而且志在必得。所以不会像大臣们分析的那样，他嘴上宣扬攻打后秦，其实虚晃一枪试图来袭击北魏，刘裕实实在在想做的事就是攻打后秦。崔浩接着又说，北魏的最佳策略是顺水推舟，由他去，只要北魏不给他制造麻烦，他就不会把北魏放在心上。如果北魏在黄河上游阻断他，不让他去打后秦，那他就真要把怒气转嫁到北魏头上了。这样就是代替后秦受敌了，有什么好处呢？

可惜的是拓跋嗣并没有听取崔浩的意见，还是派了军队去拦截刘裕。结果如何呢？刘裕本来的确没想过与北魏为敌，但面对北魏的阻击，感到很恼火，于是干脆和北魏大干了一仗，把北魏军队打得大败，而且是用三千人击败了北魏

三万人，刘裕军队的战斗力可见一斑。有趣的是，正如崔浩所料，刘裕打赢之后并不恋战，而是继续赶路，直奔潼关找后秦去了，根本没拿北魏当回事。这个结果让北魏皇帝拓跋嗣非常后悔没听崔浩的建议。之后事情的发展，也如同崔浩所预料的那样，刘裕最终消灭了后秦，同时也彻底击溃了躲在后秦内部给他捣乱的几个政敌。之后，刘裕并没有留在长安，而是急急忙忙撤回东南，篡夺东晋的皇位去了。

以史为鉴

这个故事里最值得我们注意的就是崔浩的分析能力。在北魏朝廷上，为什么那么多人都误判了刘裕的动机，只有崔浩能猜到？那是因为只有崔浩洞察到了刘裕内心最想要的是什么。其实攻打后秦也只是刘裕的一个手段，他的真正目标是篡夺东晋的皇位。多打一次仗，多立一次功，都无法让刘裕的人生达到真正的顶峰。只有夺位称帝，才能实现他人生的最高价值。既然如此，就得分析刘裕和后秦、北魏哪一方开战更有利于他篡位。因为后秦内乱、虚弱，刘裕在短时间内打败后秦的把握更大，更易于获得篡位的筹码,更何况后秦还包庇着刘裕的一些政敌。如果刘裕在这时候和北魏开战,虽然也能取得一些局部胜利,但北魏国力强盛,一开战很可能就会陷入持久战的泥潭,这样刘裕捞不到任何实质的好处,反而耽误了他篡位。这样一想,思路就打开了。

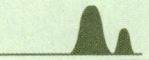

思考与辨析

有时候我们会处于一种多方竞争的混乱状态中,谁是敌谁是友,之前是敌现在还是不是敌,之前是友现在还是不是友,都会变得非常复杂。但只要抓住一条最本质的规律——每个人都想在竞争中有所得,然后顺着这个思路去分析对方最想得到的是什么,通过什么样的手段最有利于他达成目标。把这一层想透,对方是敌是友已经不重要了,因为对方会怎么做,我们都能提前分析出来。重要的是,我们要选择一条最有利于自己的策略去应对这个局面。把这套思维模式、分析方法学到位,不仅朋友是我们的帮手,甚至竞争对手也可以成为我们的助力。

通鉴小文言

太尉裕将水军自淮、泗入清河,将溯河西上,先遣使假道于魏。秦主泓亦遣使请救于魏。魏主嗣使群臣议之,皆曰:"潼关天险,刘裕以水军攻之,甚难。若登岸北侵,其势便易。裕声言伐秦,其志难测。且秦婚姻之国,不可不救也。宜发兵断河上流,勿使得西。"博士祭酒崔浩曰:"裕图秦久矣。今姚兴死,子泓懦劣,国多内难,裕乘其危而伐之,其志必取。若遏其上流,裕心忿戾,必上岸北侵,是我代秦受敌也。"——《资治通鉴·卷一一八·晋纪四十》

第二十讲

高纬嬉戏亡国

· 勤于学习、思考与实践 ·

南北朝分裂之际,北方的统一是由北周消灭北齐实现的,北周消灭北齐的关键一战,是发生在公元576年的平阳战役。当时北周的皇帝是非常精明能干的宇文邕,而北齐的皇帝则是沉湎于酒色、嬉戏无度的高纬。

战争刚开始的时候,北周集结了十五万大军,兵锋直指平阳(在今山西省临汾市)。当时镇守平阳的北齐将领名叫尉相贵,面对来势汹汹的北周军队,他靠着手底下仅有的八千士兵苦苦支撑。虽然很艰苦,但尉相贵并不气馁,因为他知道皇帝高纬就在不远处的晋阳,只要他能顶住一段时间,坚持到皇帝派人来支援,就可以化解这次危机。但令尉相贵想不到的是,他派出了多个求救的使者,却都毫无回音。

平阳城里的北齐将士等不到援军,有些人开始动摇,丧失了斗志,选择了投降。这些投降的将士暗中打开城门,北周军队顺势而入，平阳就这么失守了，尉相贵也被俘虏了。那么在尉相贵苦苦支撑的时候，北齐皇帝高纬在干什么呢？他在晋阳的郊外，陪着自己最宠爱的妃子冯小怜打猎。

　　实际上早在平阳战事危急的时候，就有北齐快马突破北周的包围圈，把平阳被攻占的消息带到了晋阳，但是从这一天的早上到中午，管事的官员一直都没让他们去见高纬。这位官员说，皇帝现在正玩得开心，不要拿边境打仗这种小事去烦他。这位官员居然认为边境打仗是小事，皇帝打猎游玩才是真正的大事。高纬身边为什么会有这样的大臣呢？一定是他平时过于贪玩胡闹，才会选拔出这样的官员替他管事。而这位管事，也非常懂得高纬的脾气、喜好。

　　到了晚上，又来了一封紧急军情函，这次传来的消息不是战事危急，而是平阳已经沦陷了。管事大臣这才把消息报告给高纬。高纬听了之后也吓了一跳，想要赶紧返回晋阳，安排军队支援前线。没想到他的爱妃冯小怜还没玩够，她请求高纬说，能不能再玩一会儿，再打一场猎。高纬看着楚楚可人的冯小怜，脑袋一热，嘴巴一抖，就说好！完全把前线拼死拼活的将士抛在了脑后。等到冯小怜玩够了，高纬才率领军队奔赴前线。

　　接下来高纬率领数万大军，试图从北周军队手中夺回平阳城。北周一位名叫梁士彦的将领，率领一万士兵镇守平阳。高纬率领的北齐军队,刚开始的时候攻势特别猛,以至于平阳的城墙都被打塌了,仅存的城墙也不过只有一米五左右,根本挡不住人。城里的北周士兵都很害怕,在危急时刻,守将梁士彦站出来和大家说:"假如我们今天都要战死在这里,大家放心,我肯定死在你们所有人前面。"说完他拿起兵器就杀进敌人堆里。大家一看将军这么身先士卒,都燃起了斗志,一起击退了北齐的这一波攻势。

趁着北齐稍稍撤退,梁士彦赶紧让城里的士兵和百姓修筑城墙,仅仅三天,就重新把平阳的城墙给筑起来了。北齐的将领一看,觉得正面硬攻肯定是不行了,就研究出一个奇招:挖地道。结果这一招效果很好,平阳的城墙轰然倒塌。

这时候,只要北齐军队攻入平阳,梁士彦和他的一万守军必败无疑,平阳也会重新回到北齐的控制中。可就在大家准备做最后一击的时候,高纬突然下达命令,要求北齐军队停止攻城。北齐将士收到命令之后都觉得自己听错了,这么好的机会,怎么说停就停了?面对大家的疑问,高纬给出的理由是,攻城这么有气魄的事,他要和他的爱妃冯小怜一起见证,让大家稍安毋躁。结果冯小怜磨磨蹭蹭,又是化妆又是打扮,等她打扮完,对面北周的将士们早就做好防御准备了。北齐再度发起进攻,根本攻不进去。

可以看出高纬多么荒谬，多么幼稚，对比之下，宇文邕就显得成熟多了。当宇文邕得知梁士彦守住了平阳城，并且消耗了北齐军队很多实力之后，他知道时机到了，马上率领八万大军再次出征。宇文邕率军快到达平阳的时候，发现路走不通了。原来北齐阵营里有高人，他们早就料到宇文邕会派军支援平阳，所以紧急挖了一条深沟，还将河水引进来，形成了一条很宽的河流，用水势挡住了宇文邕的军队。

就在宇文邕不知道该怎么办的时候，有人帮他解决了难题，这个人不是别人，正是他的对手高纬。当时高纬问身边的人说，现在这种情况，是打还是不打啊？有个擅长溜须拍马的官员跟他说:"河那边的宇文邕是天子,河这边的您也是天子,他宇文邕能率军奔赴千里进攻您,您怎么可以坐在这里消极防御呢?您的天子之威何在啊?"高纬一听,觉得太对了,就应该痛痛快快地一决胜负,于是下令让人填平河流。

　　宇文邕在远处一看,简直都要笑出声来了,马上派军出击。两军相遇以后,互有攻守,不分上下。在不远处的一个小山岗上,北齐这边有两个人骑着马,观看着这场战争,这两个人就是高纬和冯小怜。当时北齐的一支小部队稍稍有后撤的趋势,这在战场上再平常不过,但是冯小怜哪知道这些,她一看北齐军队有后撤的意思,就大声喊:"哎呀不得了,咱们被打败了。"正好当时高纬身边站着另外一位大臣,也是对军事一窍不通,只会拍皇帝的马屁,他听见冯小怜叫唤,就一把拉住高纬让他快跑!

高纬一听,也来不及验证消息真假,扭头就跑,这时候就有其他人提醒高纬说:"战场上有进有退,这是很正常的事,皇帝您别害怕,现在您要是扭头跑了,军心就散了,军心一散,就很难再建立起来了,那咱们就真的必输无疑了,所以恳请您现在回去安抚军队。"但这时候的高纬已经懒得思考了,拽着冯小怜就跑。结果可想而知,北齐军队人心涣散,瞬间瓦解。最后,平阳之战,北周完胜。在拿下平阳之后,宇文邕很快就拿下了晋阳和邺城,不久之后,高纬被俘虏,北齐正式灭亡。

以史为鉴

纵观这次战争,北齐军队的战斗力其实并不弱,很多时候能够给北周军队制造麻烦。北齐将士最大的悲哀在于,他们有一个昏庸的总指挥官,那就是皇帝高纬。前文讲过的汉宣帝和光武帝的故事,让我们明白一个道理:要把皇帝这个角色扮演好,不是光凭手里的权力就可以,要勤于思考、勤于实践,努力去承担相应的责任。高纬的荒诞嬉戏,使得他根本没有时间思考应该如何做好一名皇帝,如何更好地履行职责。面对国运攸关的大决战,高纬这样的态度必然导致失败。

思考与辨析

学习能力，是成长道路上非常重要的一种能力，也是必备的能力。学习的技巧、方法可以因人而异，也可以根据学习的内容作出调整，但有一点是不变的，那就是必须保持勤于学习、勤于思考、勤于实践的态度和习惯。只有这样才能确保我们走在奋发、进步的道路上，不至于让我们玩物丧志，不至于因为荒诞嬉戏而失去成功的机会。

齐主方与冯淑妃猎于天池，晋州告急者，自旦至午，驿马三至。右丞相高阿那肱曰："大家正为乐，边鄙小小交兵，乃是常事，何急奏闻！"至幕，使更至，云"平阳已陷"，乃奏之。齐主将还，淑妃请更杀一围，齐主从之。——《资治通鉴·卷一七二·陈纪六》

第二十一讲

谏臣魏徵

·善于听取他人的建议·

唐朝是中国历史上非常重要的一个王朝，它从公元618年到公元907年，维持了将近三百年时间，疆域非常辽阔，中外文化交流也非常发达。尤其是在它统治的前半段时期内，国家繁荣昌盛，百姓安居乐业。

唐朝之所以能取得这样的成就，跟很多人的努力分不开。其中有一任皇帝特别重要，正是他为唐朝的强盛奠定了基础。他就是唐朝的第二任皇帝，中国历史上大名鼎鼎的唐太宗李世民。李世民治国有很多方法和途径，其中有一点特别引起后来历史学家的注意，那就是他善于接纳不同意见。李世民在位的时候，有很多人给他提过各种各样的意见，其中最著名的就是一位叫魏徵的官员。为了听到更多有利于治国的意见，唐太宗甚至还受过魏徵的委屈。一个皇帝，怎么会受大臣的委屈呢？让我们一起走进唐太宗和魏徵的故事吧。

先讲一个诚信治国的故事。唐太宗刚刚即位时，为了加强军事力量，下诏在全国范围内征兵，只要是年满十八岁的成年男性都要参军。有一位官员对唐太宗说："其实民间有很多十六七岁的男子，长得也已经很结实强壮了，不如不要局限于十八岁这个条件，只要长得强壮，不到十八岁也可以征用。"唐太宗一想，觉得很有道理，这样能够一下子多出好多可以当兵的人，有利于加强军事力量。就跟那位官员说："这个主意很好，就按你说的办。"

但唐太宗没想到，当魏徵得知这个消息之后，坚决不同意。他对唐太宗说："治国要有诚信啊，说好十八就是十八，您自己订下的规矩怎么可以随意改动呢？那不是要失信于老百姓了吗？这次说话不算，那您以后说话，老百姓还能相信吗？老百姓对您连最基本的信任都没有了，那您还怎么治国呢？"

唐太宗听完之后，很感慨，说道："诚信的确是治国的第一要事啊，如果朝廷发布的命令，都是说了不算的，那老百姓该怎么办呢，天下又该如何治理呢？刚才听你这么一说，我觉得自己犯了很严重的错误啊！"这就是唐太宗和其他帝王不一样的地方，他不仅允许不同意见存在，还听得进别人对自己的批评，当别人批评得有道理的时候，他还会深刻地反省自己，并向大臣和老百姓道歉。

到贞观六年（632），唐太宗已经做了六年多的皇帝，国家已经被治理得像点儿样子了。这时候就有很多拍马屁的大臣，劝他去泰山顶上举行"封禅"仪式。什么叫"封禅"？古人称皇帝为"天子"，意思就是说他是上天派下来管理这个国家和百姓的，他是天的儿子。所以皇帝治理国家，做得好不好都要向上天汇报。而"封禅"，就是当达到国泰民安的程度之后，皇帝要举行一种仪式，向老天汇报治理国家的成绩，这个仪式一般都是在泰山上举行。

但历史上也有一些皇帝，国家治理得并不怎么样，还没有达到真正的国泰民安，也想去封禅。这些皇帝，或是因为好大喜功，虚荣心很强；或是想通过这样的方式，掩盖自己的不足，向老百姓宣传虚假的繁荣。同时也会有一些擅长拍马屁的大臣，为了讨好皇帝、满足皇帝的虚荣心，不顾现实状况，劝皇帝去封禅。当有人提议唐太宗也去"封禅"的时候，唐太宗其实还是很动心的。毕竟"封禅"是一件很隆重盛大的事，自己在文武百官的簇拥之下登上泰山之巅，也是很风光的。

这时候有一个一身正气的人站出来了，表示反对，这个人就是魏徵。唐太宗一看，魏徵又来跟自己唱对头戏了，很不高兴，认为魏徵反对"封禅"是因为他觉得皇帝的功劳不够大。魏徵说："陛下的功劳已经够大了。"唐太宗又问:"那是因为天下还没有太平吗?"魏徵说:"没有战乱,基本太平了。"唐太宗接着问:"那是因为还有外敌捣乱吗?"魏徵说:"外敌都被您治得服服帖帖,不敢捣乱了。"唐太宗又问了:"那是因为农业收成不好,老百姓吃不饱吗?"魏徵说:"这两年农业收成很好啊!"

听到这里,唐太宗发怒了,责问道:"那你为什么反对我封禅?"魏徵说:"隋朝末年大乱以来,无论是人口还是社会财富,消耗都很大。这几年来,社会经济状况和老百姓的生活虽然有所好转,但还算不上富裕,社会元气还处在逐步恢复的状态,离真正的国富民强还差得远啊!而'封禅'仪式这么隆重,皇帝要率领文武百官一起去泰山,保驾的军队、随行的人员是少不了的,那得花多少钱啊!再加上,最近河南、河北等地正在发大水,很多老百姓成了灾民。花这么多钱满足一下您的虚荣心,不考虑老百姓的真正感受,您心里过意得去吗?"

听魏徵这么一说,唐太宗觉得的确有道理,于是就取消了"封禅"计划。故事讲到这里,我们除了赞赏唐太宗能包容、听取不同意见的态度之外,对敢于说实话、不怕得罪皇帝的魏徵,是不是也感到敬佩呢?

魏徵这么敢提意见,说话又这么实在,毫不留情面,以至于唐太宗有一段时间一听到魏徵的名字,就有点儿紧

张。有一次,唐太宗正在赏玩一只鹞子。鹞子是一种凶猛的鸟,体型比老鹰小,但也跟老鹰一样,会捕食其他小鸟和小动物。唐太宗正玩得开心呢,忽然手下禀报说:"魏徵来了,要向您汇报公务。"唐太宗一听魏徵来了,赶紧想着要把鹞子藏起来。他怕魏徵看见了,批评他不务正业,玩物丧志。但匆忙之间唐太宗还没想好藏哪里,就听见头魏徵的脚步声已经越来越近了,情急之下,唐太宗只好抓起鹞子塞到了自己宽大的袍子里。唐太宗刚塞好,魏徵就进来了。魏徵坐下以后,就开始跟唐太宗讨论政务,说了好久。等到说完，魏徵走了，唐太宗把怀里的鹞子拿出来一看，鹞子已经被闷死了。唐太宗是不是很委屈？身为皇帝，赏玩一只宠物都怕被魏徵看见。其实这件事让我们看到唐太宗这个人，一方面也是个普通人，有自己的喜好，也爱玩；另一方面，他又有高出普通人的地方，就是善于听取批评意见。他要是不怕魏徵批评，也就不用把鹞子塞进怀里了。可见，他对魏徵是既敬重又有些畏惧的。

以史为鉴

在中国历史上，平庸、昏聩的帝王多，真正伟大的帝王少。通读《资治通鉴》，我们会发现一个规律，凡是伟大的、成功的帝王，都懂得尊重不同意见，不会自以为是。因为再聪明的人，也不可能仅凭一己之力，把所有的事情都看全面、判断准确，更不可能仅靠自己把所有的事情都做好，正确的意见往往是你一言、我一语，充分讨论得出的。唐太宗治理国家很成功，正是因为他能明白这一点。因为他在位时期的年号是"贞观"，这段时期他在国家治理上取得了很大的成绩，所以后人把这段历史称为"贞观之治"。

思考与辨析

通过对魏徵的了解，我们也可以说，"贞观之治"并不是唐太宗一个人的功劳，而是唐太宗和魏徵这样敢于说实话、敢于提意见的有能力的大臣们共同创造的。《资治通鉴》花了很长的篇幅记载了很多魏徵如何给唐太宗提意见的故事，目的就是希望后代的政治家们能够明白，千万不要闭目塞听，若真想让国家强大，就要听取各方意见，采纳良言。把这个观念用到我们的生活、学习、工作中来，不也一样有启发意义吗？

通鉴小文言

徵容貌不逾中人，而有胆略，善回人主意，每犯颜苦谏，或逢上怒甚，徵神色不移，上亦为之霁威。尝谒告上冢，还，言于上曰："人言陛下欲幸南山，外皆严装已毕，而竟不行，何也？"上笑曰："初实有此心，畏卿嗔，故中辍耳。"上尝得佳鹞，自臂之，望见徵来，匿怀中；徵奏事固久不已，鹞竟死怀中。——《资治通鉴·卷一九三·唐纪九》

第二十二讲

姚崇聪明反被聪明误

·家风对家族成员的影响·

唐玄宗时期有位名相叫姚崇。唐玄宗在位四十多年，任用过很多名宰相，从能力、政绩等角度看，姚崇是"四大贤相"之一，评价较高，被认为是帮助唐玄宗创造"开元盛世"的关键人物。但姚崇也有缺点，比如在教育子女、管束部下方面，不仅不得法，还时常靠着自己的精明庇护不守法的子女和部下。这看似精明的做法，导致了姚氏家族巨大的失败。

当时还有一位叫魏知古的人，早年在基层做小官吏的时候，受过姚崇的照顾和提拔。魏知古也颇有能力，做到了宰相。虽然魏知古也是宰相，但在姚崇看来，这是早年受过自己帮助和恩惠的小跟班，并没有用平等心对待他。慢慢地，魏知古就觉得姚崇看不起自己，于是两人之间产生了矛盾。后来魏知古在姚崇的排挤之下，离开了都城长安，被调往东都洛阳去负责选拔人才。遭受排挤的魏知古当然很不开心。

恰巧姚崇的两个儿子也在洛阳任职,他们不知道魏知古和姚崇之间的关系发生了微妙的变化,还认为魏知古是自己父亲提拔的人,可以走门路。这两人接受了一批想升官发财者的贿赂,然后去找魏知古,要求魏知古开后门。不料魏知古把这些情况记录下来,回长安述职的时候,把姚崇两个儿子的不法行为如实地向唐玄宗作了汇报。

  唐玄宗掌握情况后找来姚崇,装作不经意地问道:"你儿子情况怎么样,现在当什么官儿呢?"姚崇非常聪明,也非常了解自己的儿子,皇帝无缘无故地问起,想必是这俩小子又惹事了。会是什么事呢?姚崇在心里飞速地盘算着,他马上想到魏知古正好从洛阳回来不久,一想到这里,姚崇心里就猜到了八九分。于是姚崇非常有策略性地回答道:"我一共有三个儿子,其中两个在洛阳。这两个孩子都不太成器,总是惹是生非。这次魏知古去洛阳办理官吏选拔的事,陛下突然问起,想必是他们又找魏知古去走门路,因此惹祸了吧?"

姚崇的回答让唐玄宗有些意外。唐玄宗起初以为姚崇会替儿子隐讳,没想到他这么坦白地承认了儿子不成器,倒为姚崇的坦诚高兴起来。于是就问:"你怎么知道这事和魏知古有关?"姚崇回答说:"魏知古微贱的时候,我经常照顾、帮助他。我那两个不成器的儿子肯定以为,魏知古会因为感激我而纵容他们为非作歹,所以就去扰乱魏知古的正常工作了。"

姚崇这么一说,唐玄宗反倒觉得是魏知古不厚道了,他受过姚崇的恩惠,现在反倒来告姚崇的状,这样的人不能用。于是唐玄宗打算罢免魏知古。姚崇反而替魏知古求情,说道:"这事的确是我儿子不对,妄图徇私舞弊,破坏国家选拔人才的法度。现在陛下不责罚那两个蠢子,我已经感恩戴德了,若再因此罢免魏知古,那舆论就会认为陛下过于偏袒我,对朝廷的声望不利。"这下唐玄宗更以为姚崇坦诚无私了,他不知道,其实他是中了姚崇的套路。

姚崇上演了高明的"欲擒故纵"之计,表面装作老实坦诚,实则暗藏玄机,不仅博取了唐玄宗的同情,还让唐玄宗对**魏**知古留下了负面印象，让他觉得**魏**知古是一个忘恩负义的小人。但无论姚崇怎么精明，都掩盖不了教子无方的事实。如果说姚崇在唐玄宗面前的那番话，是为了解燃眉之急，那他接下来就应该好好整顿门风、教育儿子，从根本上解决问题。可惜姚崇并没有这么做。他不知道一时的精明，已经为他埋下了长远的祸根。

姚崇的两个儿子继续为非作歹，接受贿赂，受到了舆论的广泛抨击。再加上姚崇有个亲信叫赵诲，也擅长招权纳贿之道。后来赵诲贪赃枉法的事败露，唐玄宗亲自审问，断为死刑，但姚崇还要设法营救。这件事使得唐玄宗对姚崇的印象大打折扣。唐玄宗这么聪明的人，上过姚崇一次当，绝不会再上第二次，而且他对之前姚崇设计的套路也有所省悟。所以当姚崇出面营救赵诲的时候，唐玄宗决定借这次机会教训一下姚崇。

接下来正好碰到一次朝廷大赦，按惯例，赵诲这样的情况是可以得到赦免的。但唐玄宗特别下旨，点名处理赵诲，虽然免除了他的死罪，还是将他杖责一百，发配到岭南。这一严厉的点名处分，重点不是教训赵诲，而是教训姚崇。姚崇因此羞愧地辞去了宰相之职。姚崇作为一代名相，受到老百姓和官员们的景仰，却因儿子和下属招权纳贿而英名扫地。

姚崇的护短行为，助长了子弟、亲信的不法行为，最终对他个人的名望乃至家族命运造成了不良影响。姚崇的三个儿子中,只有年龄最小的姚奕还算有修养,做事也比较谨慎,后来做到比较高的官位,眼看前途大好,却被不良家风拖累而断送了前程。

唐玄宗很会用人,也很重感情,他对姚崇有些看法,但还不至于把姚崇的功绩全部抹杀。姚奕如果按部就班好好表现,受唐玄宗重用是完全有可能的。但后来发生了一件事情,让姚奕断送了前途,但这件事不是姚奕本人的错。姚崇骄纵不法的大儿子,也就是姚奕的大哥姚彝。姚彝的儿子叫姚闳,他在宰相牛仙客手下任职。后来牛仙客病重,打算退休,姚闳竟然逼着牛仙客写奏章,要求他推荐自己的叔叔姚奕接替宰相职位。牛仙客家里人向唐玄宗告发了这件事,唐玄宗大怒,宰相人选怎么可以通过这样的手段巧取豪夺呢?最终,姚闳因为冒犯朝廷被判了死刑。姚奕也受牵连,被贬到地方上去做太守,他这是被愚蠢的侄子给害了。

以史为鉴

本来姚奕认真做事、好好表现,资历渐深之后完全有出任宰相的可能,这样至少可以向世人证明,姚崇教育子弟也不是完全失败的。经过姚闳这一闹，全成了泡影，姚氏家族很快就衰败了。姚闳张扬而不知深浅的性格，应该是受他父亲姚彝影响，在他成长的过程中，从不知道什么叫收敛、约束，所以才会胆子大到敢于逼迫、要挟宰相。姚崇生前不仅忽视教育，还倚仗着精明护短，这是姚氏家族最终失败的重要原因。可以说，姚氏家族正是在姚崇这种毫无底线的护短中，走向失败的。

思考与辨析

姚崇临终前写了封告诫子孙的遗书，大意是要求他们上进，不要迷恋于物质财富的积蓄。这封遗书里大概包含了姚崇教育子弟不成功的悔恨。但他在生前不能身体力行、言传身教地认真管教子弟、纠正家风，而把正家风的希望寄托在一份薄薄的遗书上，显然是不可能实现的希望。

崇子光禄少卿彝、宗正少卿异，广通宾客，颇受馈遗，为时所讥。主书赵诲为崇所亲信，受胡人赂，事觉，上亲鞫问，下狱当死。崇复营救，上由是不悦。会曲赦京城，敕特标诲名，杖之一百，流岭南。崇由是忧惧，数请避相位，荐广州都督宋璟自代。——《资治通鉴·卷二一一·唐纪二十七》

第二十三讲

朴素的卢怀慎

· 留德不留财 ·

唐玄宗时代有一位名叫卢怀慎的人物，和姚崇在同一时期做过宰相。他的能力、功业虽然比不上姚崇，却有非常值得我们学习的地方。卢怀慎出身于贵族家庭，但一直保持着勤俭朴素的生活作风，而且非常注重承担家族责任。在唐朝做宰相，收入并不低，但卢怀慎的日子却过得非常清贫，原因就在于他把收入的一大部分用于周济穷困的家族成员。但他从不利用手中的权力为亲戚谋取官职。卢怀慎的生活清贫到什么程度呢？有一次他生病了，其他官员去探望他。那天正好下着雨，到了卢家后，官员们发现卢怀慎住的屋子门口挂着一领席子。原来卢怀慎家里的门破了，无奈之下只能把席子挂出来挡风雨。大唐盛世的宰相之家，居然简朴到这种程度，真是令人不敢相信！同事们来探望，让卢怀慎很高兴，要设宴招待他们。结果摆出来的菜肴，无非是两份蒸豆子、几份蔬菜而已。就这些，对卢怀慎来说也很奢侈了，如果不是为了招待同事，他还不舍得一次烧那么多菜。

卢怀慎也知道，就能力而言，自己远远不如姚崇。因此在和姚崇一起做了宰相以后，凡事都非常尊重姚崇的意见。卢怀慎当然不是吃白饭的无能之辈，他对国事也有自己的看法，曾经向唐玄宗提过很多中肯的治国意见。但当他发现姚崇能力更强，能更有效地处理问题之后，就主动谦让，为姚崇营造一个更理想的工作环境。他不仅不嫉妒同事的才能，还如此谦退，这本身就是一种可贵的品德。可惜很多人体悟不到这点，还嘲笑卢怀慎是个"伴食宰相"，就是说他只吃饭，不做事。卢怀慎临终前，还向唐玄宗推荐了几个人，他们都成为维护大唐盛世的栋梁之材，其中包括一位名叫宋璟的大臣，后来他成为与姚崇齐名的贤相。这些都足以证明，虽然卢怀慎的干练、机智不如姚崇，但他也有自身的优点，配得上宰相的位置。

《资治通鉴》还讲了一个特别有意思的故事，用来说明唐玄宗把卢怀慎放在宰相位置上的深刻用意。卢怀慎和姚崇一起做宰相，共同处理政务。起初，卢怀慎感觉也没什么不妥，既然姚崇更能干，在决策上多听听姚崇的就行了。后来姚崇长子姚彝去世了，姚崇请假去处理丧事，就只剩卢怀

慎一个宰相办公了。当各种公文纷至沓来,积压在办公桌上需要处理、批示的时候,卢怀慎忽然发现,没有姚崇的情况下,很多事他一个人拿不定主意,不知如何处理才是最妥当的。此时卢怀慎突然产生一种惭愧的心理,觉得自己并不能胜任宰相一职。秉性忠厚的卢怀慎立马去找了唐玄宗,说自己不适合做宰相,希望唐玄宗另择贤能。唐玄宗听完后哈哈大笑,说:"我把你放在宰相的位置上,本来就不是让你处理那些具体事务的。我是感动于你的人格、品德,任你为相,是要起到引导、端正社会风气的作用。不要因为这几件小事而认为自己不胜任,事实上你正起着引导风气的大作用呢！继续保持你的风格，做一个清正廉洁的宰相吧，不用担心那些公务，等姚崇回来以后再处理也不迟。"

我们不得不感慨，早年的唐玄宗的确非常会用人，能开创"开元盛世"，真不是靠运气。真正懂得用人的领导，眼里不会有无用之人，关键在于能不能帮每个人准确定位，找到一个适合他的位置和发挥他作用的方式。就像一个高明的木匠，手里不会有废料，关键是把它用在哪里。更何况，卢怀慎并不是真正的无能，他无法及时妥善地处理这些公务，很可能是过于信任、依赖姚崇的心理在起作用。而他认为自己不称职的自我批评，却体现出一位具有责任感的官员的品行。

卢怀慎有两个儿子，长子卢奂，次子卢奕，都继承了家风。今天广东省一带，在唐代属于南海郡。唐玄宗时期这个地区已经非常富庶了，而多数到这里当官的人，都觉得这个地方天高皇帝远，因此无法无天，贪污腐化。好几任太守、节度使，都因为贪赃被革职查办了。于是唐玄宗把卢怀慎的大儿子卢奂调到南海郡做太守。卢奂到任后，以身作则，整顿吏治，使得贪官无处下手，百姓安居乐业。卢怀慎的次子卢奕，则在安史之乱中殉国。卢奕的儿子卢杞，在唐玄宗的曾孙唐德宗时代做了宰相。从这些事实来看，卢怀慎虽然政绩不如姚崇，但在坚持品行、教育子女这点上，远远胜过姚崇。所以卢怀慎的孙子也有机会做到宰相，姚崇的家族到孙子这一代就彻底衰败了。纵观卢怀慎一生，他生活朴素，为人谦退。分析造成卢、姚两个家族命运不同的原因，会发现是卢怀慎的朴素胜过了姚崇的精明。

以史为鉴

唐玄宗时代还有一位叫张嘉贞的宰相。身边很多人劝他，好不容易做上宰相了，要好好抓住机会经营家产啊！张嘉贞回答道："我已经贵为宰相，还用担心子孙饿死冻死吗？如果他们仗着家里的势力、财力行为不端，触犯了法律，再多的家产又有什么用呢？我看到很多官员，生前积攒的不少家财，去世之后恰恰成为无赖子弟在酒色上挥霍的资本。这样的做法我很不欣赏，也不会这么做。"家族传承的本质，不是财产的聚敛和传承，而是品德的传承。短期来看，张嘉贞没有为子孙留下丰厚的家产，长远来看，这是一种理性的选择。通过节俭、朴素，张嘉贞向家族成员传递了一种价值观：物质财富聚散无常，物质财富的积累不仅不是长久之计，有时反而坏事，把人培养好才是最根本的。张嘉贞的治家理念同样得到了回报，他的儿子张延赏在唐德宗时代做到了宰相。

思考与辨析

卢怀慎、张嘉贞的事迹，不禁让人想起我国现代教育家张伯苓先生，他是南开大学的奠基人之一。张伯苓先生为中国教育、文化事业操劳一生，创办过多所现代学校，还是奥运文化在东方发展的积极提倡者，被称为"中国奥运第一人"。在他创办的学校里，曾走出了周恩来总理这样的伟人。但张伯苓先生去世的时候，银行里没有一分钱存款，皮夹子里只有七块钱，给子女最后的遗言是"留德不留财"。为民族教育事业而努力做事的宽广胸怀，使得张伯苓先生的境界比古代的一些帝王将相高出了许多。时至今日，人们提起张伯苓先生时，记得的是他为之呕心沥血的教育事业。作为子孙来说，最值得他们骄傲的，也必然是张伯苓先生为中华民族作出的巨大贡献，而不是任何物质遗产。

三年春，正月癸卯，以卢怀慎检校吏部尚书，兼黄门监。怀慎清谨俭素，不营资产，虽贵为卿

相，所得俸赐，随散亲旧，妻子不免饥寒，所居不蔽风雨。姚崇尝有子丧，谒告十余日。政事委积，怀慎不能决，惶恐入谢于上。上曰："朕以天下事委姚崇，以卿坐镇雅俗耳！"——《资治通鉴·卷二一一·唐纪二十七》

第二十四讲

忠直栋梁颜真卿

·坚持自己的原则·

颜真卿出生在一个文化世家。颜氏家族从南北朝以来就盛产文化名人，南北朝著名文学家颜延之、《颜氏家训》的作者颜之推、初唐大学者颜师古，都是出自这个家族。颜真卿的母亲则出自另一个书法世家殷氏。颜真卿踏入仕途在唐玄宗时期，不久就遇上杨国忠当权。性格耿介的颜真卿和其他正直的官员一样，遭到杨国忠的排挤，被贬到平原郡做太守。这个地方属于今天的山东省，但在唐代，则属于河北地区，离大军阀安禄山的驻地不远。颜真卿到平原郡上任后，发现安禄山有造反的可能，于是修缮城墙、加强防务。两年之后，果然爆发了改变中国历史的安史之乱。

颜真卿在反抗安禄山叛乱的过程中作出了巨大贡献。但因为叛军势力太大，一时半会儿无法剿灭。后来颜真卿回到朝廷，被任命为宪部尚书和御史大夫，是掌管法律和风纪的官员。在担任这一职务的过程中，颜真卿依然保持着耿直的秉性，严格执法，得罪了不少官员。过了不久，颜真卿再次被排挤出朝廷，并且被贬了官。又过了段时间，他被朝廷召回，担任刑部侍郎。侍郎这个官职，和颜真卿之前担任过的尚书相比，低了一个级别。

那么颜真卿有没有后悔呢？没有。回到朝廷后，颜真卿依旧书生本色，仗义执言，秉性不改。而且，这次回来，他又做了一件惊天动地的大事。什么事呢？当时的皇帝名叫李亨，是唐玄宗李隆基的儿子。安史之乱刚爆发的时候，唐玄宗原本是让李亨以太子的身份去招募军队、主持平叛的。没想到，李亨走到半路上自己称帝了。唐玄宗为了顾全大局，就承认了他的地位，自己退居为太上皇了。这样李亨就成了历史上的唐肃宗。

有些形势的发展往往出乎人们的意料。李亨做了六七年皇帝之后，健康状况越来越差，甚至出现了病危状况；而身为太上皇的唐玄宗虽然快八十岁了，却精神矍铄。李亨和他身边的人，担心在他死了以后唐玄宗重新夺权，清算支持李亨的势力。于是李亨就趁自己还有最后一口气，派人把唐玄宗软禁起来了。这是牵涉王朝最高层的政治斗争，惊心动魄，万分危险，朝廷上的高官们都默不作声，深怕一不小心就把自己卷进去。这时候颜真卿站了出来，就在唐玄宗被软

禁的第二天,他率领一批有正义感的中下级官员,向朝廷质询唐玄宗的安全状况。不用说,颜真卿的这个行为肯定激怒了唐肃宗李亨和他身边的人,于是毫无悬念地,颜真卿又被降职贬黜、赶出了朝廷。

照理说,当时的颜真卿只是一个刑部侍郎。这么大的事,宰相们都不吭声,好不容易回到朝廷的颜真卿为什么非要强出头呢?这是因为,对颜真卿来说,没有比坚持原则更重要的事了。颜真卿跟其他人最大的不同就在于,他不会漠视自己的正义感。

颜真卿在外地做官期间,唐玄宗、唐肃宗先后去世了。等唐肃宗的儿子唐代宗即位后,颜真卿才再次被召回朝廷。这是颜真卿第三次被贬后回到朝廷了,照理说他应该吸取之前的教训,好好为自己的前途考虑一下了,然而他并没有这么做。这次是一位名叫元载的宰相试图专权,他下令,凡是要向皇帝奏禀的事项,都必须先向他汇报,他认为合适的,再转呈给皇帝。这样一来,整个朝廷就变成元载一个人说了算,其他官员都失去了直接与皇帝讨论国家大事的权利。久而久之,元载一定会一手遮天,凡是不利于元载本人的奏报,都到不了皇帝那里。颜真卿又坐不住了,对此感到非常愤怒,趁元载的命令生效之前,抓紧时机直接给皇帝上奏说,元载这不是要把皇帝的耳目都遮蔽起来,不想让皇帝知道更多真相吗?当年杨国忠专权的时候还不敢如此蒙蔽皇帝,更不敢把皇帝架空。杨国忠专权已经导致了天下大乱,元载居然要做比杨国忠更过分的事情!

颜真卿这么做肯定会得罪元载。元载后来就找了个茬,又把颜真卿贬出了朝廷,到地方上去做很小的官。这是颜真卿第四次被贬,而且官越贬越小。颜真卿有没有为自己的行为感到后悔呢?丝毫没有。元载是个大贪官,后来东窗事发，不仅被罢免了宰相之职，还被判了死刑。元载倒台后，颜真卿才有机会回到朝廷。这时候的颜真卿已经是位七十多岁的老人了，为国家操心了一辈子。他高尚的人品也得到了广泛认可，被朝廷授予"太子太师"这一非常崇高的荣誉头衔。天下的人提起他，没有直接称呼他名字的，而是尊称他为"鲁公"，因为他又被朝廷封为"鲁郡公"。

公元748年，颜真卿为了帮助朝廷招抚一支叛军队伍，以七十六岁高龄死于叛军之手。

以史为鉴

纵观颜真卿的一生，是坎坷而悲壮的。后世的人们，都知道他是一位伟大的书法家，却很少有人知道他还是一位忠直的栋梁之臣。也有人说，以颜真卿的资历和威望，本来很早就可以做宰相。但他始终改不了耿直的性格，不仅没有做成宰相，反而换来不停被贬黜的波折的仕途和艰难的生活，他这么做到底值不值得？就当时而言，颜真卿的确是艰难困苦的。但正是这种坚持，才更让他名垂青史。反观那些与颜真卿生活在同一个时代，却擅长见风使舵、溜须拍马的官员们，他们中有谁能把名字留在青史中供后人瞻仰,又有谁取得了像颜真卿这样伟大的成就呢?伟大的成就不是轻易能取得的,一定需要我们付出更多的努力,甚至更多的代价。古人讲"鱼和熊掌,不可兼得",我们不可能既想随时随地享受安逸的生活,又想取得非凡的成就。

思考与辨析

每个人的性格都不同,我们的性格未必和颜真卿一样,但我们可以向他学习。颜真卿值得我们学习的地方是:他勇于做自己。颜真卿有自己的原则,无论面对的是皇帝还是权臣,如果对方违背了原则,他都不会屈从。颜真卿永远是那个坚守原则的颜真卿。如果我们把"颜真卿"看作一个"品牌",那么他勇于做自己,也是在倾一生之力去经营、维护这个"品牌"。从这个角度看,他成功了,"颜真卿"成为一个千余年来响当当的"大品牌"。一个人一辈子努力做一件事,一定会取得成就、获得成功。颜真卿正是用了一辈子时间来做自己。

通鉴小文言

初,平原太守颜真卿知禄山且反,因霖雨,完城浚壕,料丁壮,实仓廪。禄山以其书生,易之。及禄山反,牒真卿以平原、博平兵七千人防河津,真卿遣平原司兵李平间道奏之。上始闻禄山反,河北郡县皆风靡,叹曰:"二十四郡,曾无一人义士邪!"及平至,大喜,曰:"朕不识颜真卿作何状,乃能如是!"真卿使亲客密怀购贼牒诣诸郡,由是诸郡多应者。——《资治通鉴·卷二一七·唐纪三十三》

第二十五讲

善始恶终的李存勖

·靡不有初，鲜克有终·

唐朝灭亡之后，有一个五代时期，包括了后梁、后唐、后晋、后汉、后周五个维持时间都不太长久的王朝。其中后唐开国皇帝唐庄宗李存勖，是一位非常有借鉴意义的历史人物。李存勖早年是一位很成功的"创业者"，建立了后唐王朝，后期却沉湎酒色、宠信宦官和伶人，最终兵败身死，前后的成败形成鲜明的对比。

李存勖幼年就在残酷激烈的战争舞台上崭露头角了。他出身于一个军事贵族家庭，他的父亲李克用效忠唐朝，被唐朝皇帝封为晋王，盘踞在今天的山西省一带，是唐朝末年和五代早期最重要的军阀之一。公元895年，一些不安分的节度使联合起来攻入了长安，打算废掉唐朝皇帝唐昭宗。李克用率兵勤王，打败了那些对唐朝皇帝不敬的军阀。那年，年仅十一岁的李存勖也随军出行，参与了战争。在打了胜仗之后，李存勖见到了唐昭宗。唐昭宗抚着李存勖的背，夸奖这位少年英雄："此子可亚其父。"意思就是说，这孩子将来肯定能像他父亲一样，能征善战。因此，李存勖得了一个雅号，叫"李亚子"。

公元907年，李克用的老对手、另一位重要军阀朱温，废除了唐朝皇帝，自己称帝了。朱温把都城定在汴州（今河南省开封市），国号为"梁"，这就是五代的第一个王朝：后梁。第二年李克用去世，李存勖继承了晋王的爵位后，打起了替唐朝皇帝复仇的旗号，和朱温展开争霸战争。那一年，李存勖年仅二十四岁。

李存勖继任晋王不久，就在潞州（在今山西省长治市一带）打了朱温的后梁军队一个措手不及。朱温先是派兵围困了潞州城，作为身经百战的老帅，他起初根本没把年轻的李存勖放在眼里，认为攻取潞州是十拿九稳的事。在部署好前线军事工作后，朱温便返回他的都城汴州。没想到李存勖妙用奇兵，突然袭击，将围攻潞州的后梁军队打得大败。朱温得到战报之后大惊失色，他不得不承认，李存勖是一位极其优秀的将领。

接下来，李存勖用了十多年时间，打了很多场硬仗，不仅巩固了自己的统治，还对后梁政权造成了极大压力。在朱温去世之后，李存勖称帝，国号为"唐"，取复兴唐王朝之

意，历史上称为后唐。同年，李存勖率军攻入汴州，消灭了后梁政权，至此，李存勖的事业达到了巅峰。

但正是在这期间，情况发生了变化。《资治通鉴》记载了这样一个故事。李存勖称帝以后，有一年夏天非常炎热，李存勖命人在宫廷里寻找可以避暑的地方，结果都不能令他满意。这时有一名宦官对李存勖说："我看唐代长安城全盛的时候，皇宫里楼台亭观有上百所。您现在做了皇帝，宫里面居然连一个避暑的地方都没有，还不如唐代一个公卿的府邸呢！"听了这话，李存勖就决定另外建造一座适合于避暑的宫楼。宦官又提醒说，大臣们可能会以经费不足为理由，阻止建造这座楼。于是李存勖就和他最看重的辅佐大臣之一郭崇韬沟通了这件事。李存勖说:"我以前在军营时,那里既潮湿又闷热,还要身披铠甲亲自出战,我从来没拿这么艰苦的条件当回事。现在身处宫廷之中,不用那么劳顿,却感到暑不可耐,这是怎么回事啊?"郭崇韬回答说:"当年强敌未灭,陛下一心要做大事业,哪顾得上寒暑?现在外患已经铲除,国内也太平,陛下开始追求安逸,有再好的楼台亭阁自然也嫌不够清凉了。如果陛下能不忘创业时期的艰难,暑气的困扰自然就会消除。"郭崇韬劝李存勖不要因一时暑热难耐就大兴土木,因为当时发生了严重的自然灾害,农业歉收,军民的粮食供应得不到保障。郭崇韬希望李存勖不要在这艰难时刻耗费过多人力、物力,但李存勖身边的宦官却又开始挑拨,说道:"郭崇韬自己的府宅可豪华了,他自己舒服了,当然也就不关心陛下您中不中暑了。"于是李存勖下令建造新的避暑楼台,每天耗费无数人力、物力。

  艰难创业阶段的李存勖能够和将士们同甘共苦,身先士卒;事业大成之后的李存勖却不顾百姓煎熬,在灾荒时期大兴土木,极尽奢华。这其实还不是李存勖所犯的错误中最为严重的,《资治通鉴》还记载了另外一个故事。李存勖大兴土木、建造宫殿之后,宦官们为了讨好他,想出了大规模增加后宫妃嫔的主意。他们先是谎称每到晚上宫里面就会有鬼魅出没。接着他们又对李存勖说，之前唐朝的后宫之所以没有鬼魅，是因为后宫人多，人气足。那唐代后宫有多少人呢？宦官们说唐朝末年后宫人数不下万人，现在宫殿造得这么宏伟，一大半却是空着的，不见鬼才怪！于是他们建议李存勖到民间广泛搜罗年轻女子来充实后宫。这些宦官真是鬼话连篇，但李存勖居然采纳了这些建议，接下来便派人大肆搜罗民间年轻女性，连军队将士们的妻女都被掠夺了一千多人。这些军营将士身负着保家卫国的重任，现在却连妻女都保护不了，那谁还会在危难时刻一心一意保卫国家和皇帝呢？

以史为鉴

后两个故事，都显示了李存勖信任宦官的弊端。此外，他还放纵他的皇后大肆敛财。将士们饥寒难耐，皇后却藏着很多金银珠宝，不肯拿出来抚慰将士们。再有就是本讲一开篇就提到的"伶官"问题。李存勖在宠信伶人和宦官之后，甚至给他们高官厚禄。有时候，跟随李存勖出生入死的将士们得不到封赏，受李存勖宠信的伶人、宦官却被授予高官，这如何让将士们服气呢？又怎么会不导致离心离德呢？所以，李存勖在位还不到四年，就激起了很多兵变。最终李存勖不是死在敌人手里，而是死于禁卫军的哗变。

思考与辨析

《诗经》里有一句话："靡不有初，鲜克有终。"意思是说，做事没有人不肯善始，但很少有人善终。李存勖在创业阶段和成功之后，已经判若两人。如果李存勖知道最终是这样的结局，那他当初这么努力、出生入死地去打那么多硬仗，是为了什么呢？开创一个好局面，不就是为了有一个更好的结局吗？如果有一个好的开局，却不好好经营，善始恶终，还有什么意义呢？这看上去是一个很简单的道理，事实上，在实践中却总是被人遗忘。对于我们来说，不也一样吗？我们努力学习，努力成长，是希望最终有一个好的结局。所以一定要记住善始善终的道理，以免"靡不有初，鲜克有终"。

帝苦溽暑，于禁中择高凉之所，皆不称旨。宦者因言："臣见长安全盛时，大明、兴庆宫楼观以百数。今日宅家曾无避暑之所，宫殿之盛曾不及当时公卿第舍耳。"帝乃命宫苑使王允平别建一楼以清暑。——《资治通鉴·卷二七三·后唐纪二》

资治通鉴智慧故事

作者 _ 姜鹏

产品经理 _ 许婷婷　　装帧设计 _ 向典雄　　产品总监 _ 应凡　　技术编辑 _ 白咏明
　　　　　　　　　　责任印制 _ 梁拥军　　出品人 _ 贺彦军

果麦
www.guomai.cn

以 微 小 的 力 量 推 动 文 明

图书在版编目（CIP）数据

资治通鉴智慧故事：全三册 / 姜鹏著. -- 西安：三秦出版社，2024.1
ISBN 978-7-5518-3069-0

Ⅰ.①资… Ⅱ.①姜… Ⅲ.①《资治通鉴》—儿童读物 Ⅳ.①K204.3-49

中国国家版本馆CIP数据核字（2023）第240528号

资治通鉴智慧故事（全三册）

姜鹏 著

出版发行	三秦出版社
社　　址	西安市雁塔区曲江新区登高路1388号
电　　话	（029）81205236
邮政编码	710061
印　　刷	河北鹏润印刷有限公司
开　　本	880mm×1230mm　1/32
印　　张	17
字　　数	300千字
版　　次	2024年1月第1版
印　　次	2024年1月第1次印刷
标准书号	ISBN 978-7-5518-3069-0

定　　价	118.00元

网　　址	http://www.sqcbs.cn

如发现印装质量问题，影响阅读，请联系（021）64386496调换。